Hans-Jürgen Fründt

Ostseeinsel Fehmarn

feg13-069 hjf

W0052441

„Goldene Krone im blauen Meer"
Fehmarner Stolz

Impressum

Hans-Jürgen Fründt
REISE KNOW-HOW Ostseeinsel Fehmarn

erschienen im
REISE KNOW-HOW Verlag Peter Rump GmbH,
Bielefeld, Osnabrücker Str. 79, 33649 Bielefeld

© REISE KNOW-HOW Verlag Peter Rump GmbH
1999, 2002, 2003, 2006, 2008, 2009

**7., neu bearbeitete
und komplett aktualisierte Auflage 2013**

Alle Rechte vorbehalten.

Gestaltung:
Umschlag: G. Pawlak, P. Rump (Layout);
　　M. Luck (Realisierung)
Inhalt: G. Pawlak (Layout); M. Luck (Realisierung)
Fotonachweis: der Autor (hjf), S. Muxfeldt (mux),
　　www.fotolia.de © E. Visakavicius (S. 170)
Titelfoto: der Autor
Karten: der Verlag; C. Raisin

Lektorat (Aktualisierung): M. Luck

Druck und Bindung: Media-Print, Paderborn

Anzeigenvertrieb:
KV Kommunalverlag GmbH & Co. KG,
Alte Landstraße 23, 85521 Ottobrunn,
Tel. 089-928096-0, info@kommunal-verlag.de

ISBN 978-3-8317-2298-3
Printed in Germany

Dieses Buch ist erhältlich in jeder Buchhandlung
Deutschlands, der Schweiz, Österreichs, Belgiens
und der Niederlande. Bitte informieren Sie Ihren
Buchhändler über folgende Bezugsadressen:

Deutschland
　　Prolit GmbH, Postfach 9, D-35461 Fernwald (Annerod)
　　sowie alle Barsortimente
Schweiz
　　AVA Verlagsauslieferung AG
　　Postfach 27, CH-8910 Affoltern
Österreich
　　Mohr Morawa Buchvertrieb GmbH
　　Sulzengasse 2, A-1230 Wien
Niederlande, Belgien
　　Willems Adventure, www.willemsadventure.nl

Wer im Buchhandel trotzdem kein Glück hat,
bekommt unsere Bücher auch über unseren
Büchershop im Internet: www.reise-know-how.de

fehl3-068 hjf

Wir freuen uns über Kritik, Kommentare
und Verbesserungsvorschläge, gern auch
per E-Mail an info@reise-know-how.de.

Alle Informationen in diesem Buch sind
vom Autor mit größter Sorgfalt gesammelt
und vom Lektorat des Verlages gewissenhaft
bearbeitet und überprüft worden.

Da inhaltliche und sachliche Fehler nicht
ausgeschlossen werden können, erklärt der
Verlag, dass alle Angaben im Sinne der
Produkthaftung ohne Garantie erfolgen
und dass Verlag wie Autor keinerlei
Verantwortung und Haftung für inhaltliche
und sachliche Fehler übernehmen.

Die Nennung von Firmen und ihren Produkten und ihre Reihenfolge sind als Beispiel
ohne Wertung gegenüber anderen anzuse-
hen. Qualitäts- und Quantitätsangaben sind
rein subjektive Einschätzungen des Autors
und dienen keinesfalls der Bewerbung von
Firmen oder Produkten.

Hans-Jürgen Fründt

OSTSEEINSEL FEHMARN

Auf der Reise zu Hause
www.reise-know-how.de

➡ Ergänzungen nach Redaktionsschluss
➡ kostenlose Zusatzinformationen und Downloads
➡ das komplette Verlagsprogramm
➡ aktuelle Erscheinungstermine
➡ Newsletter abonnieren

Bequem einkaufen im Verlagsshop

Oder Freund auf Facebook werden

Vorwort

Die Farben sind's! Die Farben im Zusammenspiel mit dem Licht, sie geben der Insel eine unverwechselbare Note. Für diese Farbenvielfalt sorgt vor allem die Landwirtschaft. Fehmarn ist im Kern eine landwirtschaftlich geprägte Insel geblieben, daran haben auch 300.000 Urlauber nichts ändern können. Im Frühjahr zeigt sich die Insel grün, dann später, im Mai, gelb. Wenn der Raps für zwei, drei Wochen blüht, leuchten weite Flächen knallgelb, eine Farbenpracht sondergleichen! Zwischendurch schimmern die grünen Teppiche der Getreidefelder, und beides kontrastiert mit dem Blau des Meeres, beinahe kitschig schön.

Und erst der Himmel! Zerrissene Wolken jagen vorbei, verdecken niemals allzulange die Sonne. Die scheint hier übrigens so lange wie sonst kaum irgendwo in Deutschland.

Ja, auf Fehmarn lockt die Natur, locken klare Luft und Ruhe. Kleine Dörfer liegen verstreut über die Insel, eingebettet in weitläufigen Feldern. Bauernhöfe mit „richtigen" Tieren werden für Kinder zum Abenteuerspielplatz.

Das vorliegende Buch stellt Fehmarns Orte und Natur vor und hilft mit einer Vielzahl von praktischen Tipps, das richtige Feriendomizil zu finden und den Urlaub optimal zu gestalten.

Und wer es mal etwas trubeliger mag, fährt in die Inselhauptstadt Burg – oder aufs Festland, dank der Fehmarnsundbrücke heute spielend zu erreichen. Da Ausflüge nach Ostholstein oder Dänemark eine ideale Ergänzung für den Fehmarn-Urlauber darstellen, werden sie im Buch ausführlich beschrieben.

Nun kann also die Urlaubsplanung beginnen – viel Spaß dabei und gute Erholung auf der Insel Fehmarn wünscht Ihnen

Hans-Jürgen Fründt

Inhalt

1 Burg – die Inselhauptstadt   13

2 Fehmarn, der Osten   41

3 Fehmarn, der Nordwesten   67

4 Fehmarn, der Südwesten   87

5 Ausflüge 129

6 Praktische Reisetipps 155

7 Mensch und Natur 187

8 Anhang 217

Hinweis

Die **Internet- und E-Mail-Adressen** in diesem Buch können – bedingt durch den Zeilenumbruch – so getrennt werden, dass ein Trennstrich erscheint, der nicht zur Adresse gehören muss!

Nicht verpassen!

Diese Tipps am Anfang eines Kapitels erkennt man an der **gelben Hinterlegung**.

Karten

Exkurse

Die Regionen im Überblick

wand hochgeklettert werden. Fischlokale gibt es natürlich auch. Und einmal ums Eck rollt sich beim Südstrand der schönste Strand der ganzen Insel aus.

1 Burg – die Inselhauptstadt   13

An Burg kommt kaum jemand vorbei, die wichtigsten Straßen der ganzen Insel führen in die frühere Inselhauptstadt – hier liegt das wirtschaftliche Zentrum Fehmarns. Etliche große Supermärkte liegen am Ortsrand und an der Hauptstraße (Breite Straße); sie locken nicht nur Urlauber, sondern auch skandinavische Nachbarn, die sich dort unübersehbar vornehmlich mit Alkoholika eindecken. In der schmucken Altstadt ist die kopfsteingepflasterte Breite Straße die Hauptarterie. Hier liegen etliche Lokale, viele mit Außenterrasse. Dort gibt es auch genügend Läden zum Stöbern, wie auch in den kleinen, teils etwas versteckt liegenden Stichstraßen, die hinüber zur Osterstraße führen. Historisch Interessierte können das Heimatmuseum besuchen, zwei schmucke Kirchen und die örtliche Bücherei, in der auch an den „Brücke"-Maler *Ernst-Ludwig Kirchner* erinnert wird. Oder man erkundet die Unterwasserwelt im Meereszentrum, eine spannende, lebendige Ausstellung am Ortsrand im Industriezentrum. Ein Besuch im Hafen darf auch nicht fehlen. Noch immer landen dort Fischerboote an, verkaufen teilweise ihren Fang direkt vom Kutter. Außerdem können ein U-Boot, mehrere Erlebnis-Ausstellungen besucht und an einer Silo-

2 Fehmarn, der Osten   41

Ruhig ist es hier. Ruhig und beschaulich. Aber nicht aus der Welt, der Kirchturm von Burg lässt sich von Weitem und von vielen Orten aus sehen. Ein gewichtiges Pfund in der Gunst der Urlauber: Ruhige Ferien in ländlicher Umgebung zu verbringen, aber nicht zu weit entfernt von der größten Stadt der Insel. Und weit ist es auch nie bis zum Meer. Die Küste ist hier zumeist naturbelassen. Heißt: leicht steinig, oftmals auch als Steilküste, aber immer urig und im besten Wortsinne natürlich gehalten. Eine Promenade mit Kneipen oder Schnickschnack-Läden gibt es nicht. Dafür viel zu erleben bei Ferien auf dem Bauernhof. Oder in einem schmucken Ferienhaus in ländlicher Umgebung. Ein wenig runter-

schalten, das müsste man als Urlauber schon hinkriegen. Zu entdecken gibt es einiges, zum Beispiel das kleine Museum in Katharinenhof, wo es auch eine „Ostalgie-Ecke" mit Ausstellungsstücken aus DDR-Zeiten gibt. Oder der entlegene Leuchtturm Staberhuk, wo einst *Ernst-Ludwig Kirchner* sich im irdischen Paradiese wähnte. Etwas aufregender wäre wohl ein Besuch in Puttgarden, wo die hochhausgroßen Fährschiffe nach Dänemark ein- und auslaufen. Und dazwischen liegen die ruhigen Dörfer. Landwirtschaft wird noch überall betrieben, aber viele Höfe bieten auch Ferienwohnungen auf dem Bauernhof an.

3 Fehmarn, der Nordwesten　67

Hier regiert die Natur. Ländliche Betriebe gibt es in jedem Ort, oftmals sind es große Bauernhöfe mit gewaltigen Scheunen. Die Dörfer liegen nicht weit auseinander, aber doch in respektvollem Abstand. Dazwischen wiegen sich Hafer, Gerste, Raps, Mais und andere Getreide im Wind, drehen sich vereinzelte Windräder. Ruhig ist es hier, und so mancher Landwirt hat auf seinem Hof wunderbare Ferienwohnungen installiert. Ideal für gestresste Städter zum Abschalten. Und perfekt für Kinder, die vielleicht zum ersten Mal „echte", lebende Tiere streicheln dürfen. Trubel? Fehlanzeige. Die Küste ist nie weit entfernt und mit einem Deich geschützt. Dahinter liegen Strände, mal stärker kieselig, mal weniger. Ein Teil der Küstenlinie steht unter Naturschutz, ein spannender Mix aus Dünen, Feuchtgebiet und sogar einer Heidelandschaft. Dort gibt es keine Siedlungen, bestenfalls in der Nähe einige Campingplätze. Das macht aber nichts, von den meisten Orten sind es nur wenige Kilometer zum Meer, das schafft man zur Not auch mit dem Rad. Klassische Sehenswürdigkeiten sind rar, Besucher entdecken hier vor allem die Langsamkeit des Seins wieder und gewinnen vielleicht bislang unbekannte Einblicke in die Natur.

4 Fehmarn, der Südwesten   87

Eine Menge los hier im Süden! Die zwei neben Burg größten Inselorte liegen dort und bieten Supermärkte, Restaurants und lokale Geschichten nebst jeweils einer hübschen Kirche. Petersdorf und Landkirchen sind gemeint, beide schon einige Kilometer im Landesinneren. Die Küstenlinie ist hier durch zwei Buchten geprägt, dort liegen auch einige Orte direkt am Meer, was ansonsten auf Fehmarn gar nicht so häufig der Fall ist. In Wulfen vereint sich tiefe Historie in Gestalt eines uralten Steingrabs mit einem modernen Golf- und einem topmodernen Campingplatz. Im kleinen Ort Gold, der sehr geschützt an der Orther Rehde liegt, treffen sich bei passendem Wind Surfer aus dem ganzen Bundesland. Auch in Lemkenhafen und Orth wird gesurft, aber vor allem gesegelt. Und wie es sich für einen Ort(h) mit maritimen Aktivitäten gehört, gibt es dort auch einige urige Lokale mit klassischem Meerblick. Ganz am Rande, bei Wallnau, liegt ein großes Wasservogelreservat, in dem man aus gut getarnten Aussichtspunkten vielerlei Vögel beobachten kann. In dieser Zone befinden sich auch mehrere sehr gute Campingplätze, die meisten direkt an der Küste. Ferienwohnungen gibt es natürlich auch – kein Dorf ohne entsprechendes Angebot, sei es auf einem Bauernhof oder als moderner Neubau, alles steht zur Auswahl.

> Im Hafen von Orth

1 Burg

Burg, die heimliche Inselhauptstadt, lockt irgendwann einmal jeden. Warum? Weil es hier einfach alles gibt: Shopping in kleinen und großen Läden, Fischbrötchen in die Faust oder ein Menü in einem Terrassenlokal, ein Museum, zwei schmucke Kirchen, einen betriebsamen Hafen und eine spannende Ausstellung zur Unterwasserwelt. Und einen schönen Sandstrand, den gibt es auch noch. Liegt nur knapp außerhalb vom geschäftigen Burg.

◁ Full house am Südstrand bei Burg

1

NICHT VERPASSEN!

Diese **Tipps** sind gelb hinterlegt.

⌂ Terrassenlokal an der Breite Straße

1

DIE INSEL-HAUPTSTADT

Burg ist der Hauptort von Fehmarn mit den meisten Einwohnern und dem größten kommerziellen und gastronomischen Angebot. Außerdem führen alle wichtigen insularen Straßen bis auf eine hierher. Deshalb fahren auch viele Urlauber zum Einkaufen nach Burg, denn das Angebot ist so groß wie sonst nirgends auf der Insel. Auch an Lokalen übrigens. Etwas am Rande liegt mit Burgstaaken der Hafen. Dort liegen einige interessante Erlebnisausstellungen, ein U-Boot, einige Fischlokale, außerdem stechen noch immer einige Kutter in See zu Kurztrips, auch mit Urlaubern. Der ebenfalls nahe Südstrand bietet den schönsten Strand und die größte Marina der ganzen Insel.

Überblick

- **PLZ:** 23769
- **Vorwahl:** 04371

Als so etwas wie die Inselhauptstadt gilt Burg auf Fehmarn, das mit 6000 Einwohnern auch der **mit Abstand größte Ort der Insel** ist. Burg liegt am südlichen Rand Fehmarns, eigentlich einen guten Kilometer von der Küste entfernt. Aber mittlerweile erstreckt sich das Stadtgebiet bis zum Hafen, der einen eigenen Namen trägt: **Burgstaaken.** Eine schnurgerade Straße verbindet „Burg-City" mit Burgstaaken.

Der eigentliche **Ortskern** mit seinen historischen Gebäuden liegt entlang der Breiten Straße zwischen Kirche und Marktplatz. Von außerhalb der Stadt laufen mehrere Hauptstraßen auf Burg zu, die sich zu einer Haupttrasse verbinden, die unglücklicherweise durch die eben angesprochene **Breite Straße** verläuft und am anderen Ende wieder den Verkehr ausstößt. Leicht verkehrsberuhigend wirkt eine Einbahnstraßenregelung, aber wenn in der Saison die halbe Insel zum Bummeln nach Burg kommt, ist das Verkehrsaufkommen enorm. Da bleibt dann nur, ganz schnell die angebotenen Großparkplätze zu nutzen.

1

Von Burg sind es nur knapp 3 km bis zum **Südstrand.** Dieser feine Sandstrand verläuft auf einem Nehrungshaken, der den Namen **Burgtiefe** trägt. Hier entstanden unzählige Ferienwohnungen, auch drei siebzehnstöckige Betonmonster – davon später mehr.

Burg ist das **touristische Zentrum der Insel,** hier konzentrieren sich das breiteste Einkaufsangebot, viele Lokale, Museen, historische Gebäude, ein schöner Strand (Südstrand) und etliche maritime Ausflugsangebote (von Burgstaaken). Kein Wunder, dass die Urlauber, die über die ganze Insel verstreut wohnen, regelmäßig in die „Inselhauptstadt" strömen. Hier sind übrigens die Geschäfte auch am Sonntag geöffnet.

Geschichte

1210 war die Insel als **Seeräubernest** verrufen. Deshalb ließ der dänische König *Waldemar* hier am südlichen Bereich eine Burg errichten zum Schutz der Insel, aber vor allem zum Schutz der Schifffahrt.

Bereits 1202 ließ *Waldemar* die Seinen auf der Insel zählen, und es wurden alle Dörfer samt Menschen erfasst, damit auch steuer- und abgabenpflichtig. Festgehalten wurden so 36 Dörfer und ein **„Castro",** eine befestigte Siedlung, die spätere Stadt Burg. Sie hatte allerdings einen Hafen, der damals noch an anderer Stelle lag und über einen Wasserweg mit dem Binnensee verbunden war.

Über diesen **Hafen** flossen Waren auf die Insel, ein Marktplatz entstand und der kleine Marktflecken entwickelte sich rasch, denn er galt als eine Art Vorposten der Lübecker Hanse, und umgekehrt

konnten die Fehmarner Bauern ihren guten Weizen zum Festland verschiffen.

Bereits 1550 zählte Burg 1000 Einwohner. Allerdings verlandete der Hafen mit der Zeit, Kriege und die Pest taten ein Übriges. Burg hatte an wirtschaftlichem Glanz eingebüßt. Da der erste Hafen nicht mehr existierte, baute man einen neuen Hafen am Binnensee, genannt **„Dat nye Deep"** (Die Neue Tiefe); diese Bezeichnung hat sich bis heute gehalten.

Aber auch dieser Hafen ließ sich nicht halten, obwohl Stadt und Landgemeinden es gemeinsam versuchten. In Burgstaaken wurde schon seit Mitte des 18. Jh. eine Stelle an der Nordseite des Binnensees als eine Art Ersatzhafen genutzt. Diese Stelle wurde ab 1857 und noch einmal ab 1871 ausgebaut, und dort befindet sich noch heute der Hafen von Burg. Die Lage auf der Insel besserte sich auch durch eine beginnende, wenngleich bescheidene **Industrialisierung** und durch die **Eisenbahnverbindungen,** die es später sogar mit Fähranschluss zum Festland gab.

Anfang des 20. Jh. wurde Burg ausgebaut, einige **bedeutende Häuser** entstanden, die heute noch existieren – so beispielsweise die Post (1905, heute geschlossen), der damalige Bahnhof (1905, ebenfalls geschlossen) oder das Rathaus (1901). Auch einige Villen wurden gebaut, die heute noch in den Seitenstraßen von Burg teilweise zu finden sind. Ebenso wurde der heutige Marktplatz angelegt.

Mit den Urlaubern kam nach dem 2. Weltkrieg neuer Schwung auf die Insel, der einen gewaltigen Schub durch die Eröffnung der **Fehmarnsundbrücke** erhielt und durch die großzügige Bebau-

1

ung am Südstrand. Im Jahr 2003 kam es dann zu einer inselweiten Fusion aller Gemeinden zur **„Stadt Fehmarn"**, Burg gab damit sein bisheriges alleiniges Stadtrecht auf.

Sehenswertes

Einkaufszone

Praktisch alle Besucher kommen zum Einkaufen und/oder zum Bummeln. Die Einkaufszone mit etlichen Supermärkten liegt etwas **außerhalb des Zentrums,** an der Gertrudenthaler Straße und dem Landkirchner Weg.

Dort wurden auch großzügige **Parkplätze** angelegt, aber von hier sind es noch gute 500 m Fußweg in die City. Direkt in der Breiten Straße gibt es nur wenige Parkplätze, die kosten obendrein Parkgebühr, und man muss seinen Wagen auf ziemlich steilen Parkplätzen platzieren. Da rutscht der eben sorgsam verstaute Einkauf schnell kunterbunt durcheinander. Ein Großparkplatz liegt auch an der Osterstraße, der füllt sich allerdings auch immer ziemlich rasch.

Breite Straße

Was also gibt's zu sehen? In erster Linie ein ganz angenehmes Ortsbild entlang der Breiten Straße und einigen Nebenwegen. Die Straße trägt noch immer klassisches Kopfsteinpflaster und wird von etlichen hohen **Bäumen** gesäumt. Viele der **Häuser** wurden schon vor gut 100 Jahren erbaut, unübersehbar zählt dazu beispielsweise das Rathaus. In der Saison ballt sich der Strom der Neugieri-

gen tagtäglich in der Breiten Straße. Von genussvollem Bummeln bleibt mitunter nicht viel übrig – dies als Hinweis speziell für Eltern mit Kleinkindern und Kinderkarren. Andererseits bietet die Breite Straße das breiteste gastronomische Angebot der ganzen Insel, genügend Lokale locken zum Verweilen gegen den kleinen und großen Hunger.

Die Breite Straße verbindet den kleinen Kirchhügel mit der St.-Nikolai-Kirche mit dem offenen Marktplatz. Entlang dieser Straße steht das älteste Haus der Insel aus dem Jahr 1611, hier ist heute das **Heimatmuseum Peter Wiepert** untergebracht. Schräg gegenüber befindet sich an der Breiten Straße 28 das helle **Senator-Thomsen-Haus,** erbaut 1783 und heute Sitz einer Kultureinrichtung. Neben dem Eingang hängt noch ein Schildchen mit der alten Ortsbeschreibung „1. Quartier Nr. 31", als Burg noch in fünf Quartiere unterteilt war.

Vor dem benachbarten Restaurant „Zur Doppeleiche" (Breite Straße 32) steht eine **Doppeleiche,** 1898 zur Erinnerung an die Vereinigung von Schleswig und Holstein gepflanzt.

Am **Marktplatz** steht das 1901 gebaute **Rathaus,** der Marktplatz selbst wird von historischen Häusern und Ulmen begrenzt. Heute liegen hier einige Geschäfte und Restaurants, fast alle haben eine große Terrasse zum Marktplatz hin.

Direkt hinter der St.-Nikolai-Kirche verläuft als Verlängerung der Breiten Straße Richtung Hafen die Süderstraße. Von dort zweigt die kurze Straße Badstaven (Badestuben) mit einem historischen Kopfsteinpflaster ab, an der noch ein paar schmucke ältere Häuser stehen. Am oberen Bereich befindet sich auch die Station 2 des **Ernst-Ludwig-Kirch-**

1

ner-Wanderweges. Der Brücke-Maler (siehe Exkurs „Das Paradies Fehmarn") malte an dieser Stelle sein Bild „Bauernhäuser auf Fehmarn".

St.-Nikolai-Kirche

Schlendert man die Breite Straße bis zum Ende, wird die St.-Nikolai-Kirche erreicht (geöffnet Ostern bis Okt. 9–17 Uhr). Wie alle Fehmarner Kirchen stammt sie aus dem 13. Jh. Wenigstens einen Meter über dem Straßenniveau liegt der Kirchplatz mit dem Friedhof davor. Beim Betreten fällt zunächst die Schlichtheit in der **Bauweise** ins Auge, von außen wirkt die Kirche durch die roten Backsteine etwas düster, innen zeigt sie sich angenehm hell durch große weiße Steine. Dann besticht der **Hauptaltar,** eine gotische Schnitzarbeit aus dem 14. Jh. Sehr schön sind auch die drei **Fenster** mit Glasmalereien, die folgende Themen zeigen: Geburt Christi (links), Christus am Kreuz (Mitte) und Auferstehung (rechts). Links vor dem Altar steht ein **Taufbecken** in Form eines Pokals, und darüber hängt ein Votivschiff, eine Hansekogge. Vor dem Mittelgang steht die **Kanzel,** die 1667 geschaffen wurde. Der hintere Bereich wird von der gewaltigen **Orgel** eingenommen, erbaut 1662–1664. Ursprünglich stand sie in meiner Nachbarstadt Glückstadt, wurde 1940 aber nach Fehmarn verkauft. Wer entlang des Mittelgangs vom Altar zur Orgel geht, dem werden die kunstvoll geschnitzten Wappen an den Stirnseiten der **Sitzreihen** auffallen, die zumeist aus dem 17. Jh. stammen.

Leicht zu übersehen ist eine **gotische Inschrift an der Außenwand** (von der Breiten Straße am Museum vorbei kommend gut zu finden). Wer kann schon noch gotische Schriftzeichen lesen? Die Tafel stammt von 1425 und erzählt vom Bau des Chorraumes.

Heimatmuseum

Gleich nebenan in einem kleinen historischen Haus ist das Heimatmuseum untergebracht. In etlichen Abteilungen wurde ein bunter **Querschnitt durch die Fehmarner Historie** zusammengetragen, beispielsweise Funde aus der Steinzeit, Handwerksgerät aus vergangenen Jahrhunderten, Fotos von Handwerkszünften und Familien aus der Jahrhundertwende. Dann: ein großer Webstuhl mit entsprechenden Gerätschaften, die „gute Stube" eines wohlhabenden Insulaners, Literatur über Fehmarn op Platt und Schiffsmodelle.

Außerdem gibt es eine spezielle Abteilung, um den „Unsinn des Aberglaubens" zu zeigen. Ausgestellt sind beispielsweise bestimmte Steine, denen magische Kräfte nachgesagt wurden, oder auch ein bestimmter Draht, der, in die Kleidung genäht, einem Kind das Schreien abgewöhnen sollte. Weiterhin: Totenzähne vom Vieh, neunmal in Kuhmistasche gekocht, sollten alle Zahnkrankheiten bessern und den Wurm austreiben.

▷ Blick auf den gotischen Altar in der St.-Nikolai-Kirche

z6ëte.hjf

Fehmarn – britisch oder russisch?

Fehmarn lag schon immer etwas abseits vom großen Weltgeschehen, und das bekam der Insel und den Bewohnern auch ganz gut. Nur vereinzelt schwappten **politische Wellen an Fehmarns Küste,** und die brachten zumeist nichts Gutes. So im Dreißigjährigen Krieg, als kaiserliche Truppen die Insel heimsuchten, oder als ein Dänenkönig mal wieder Gelüste auf die kleine Insel bekam. Aber so richtig in die Weltpolitik rückte Fehmarn nur einmal, im Jahr 1944.

Schon zwei Jahre vor der Kapitulation der Deutschen Wehrmacht begannen die Alliierten darüber zu beraten, was aus einem besiegten Deutschland werden solle. Militarismus und Na-

zismus sollten zerstört werden, beschlossen *Churchill, Roosevelt* und *Stalin* auf der Konferenz von Jalta im Februar 1945. Die Details wurden bereits seit Januar 1944 von einer **Kommission der drei Mächte** beraten, der European Advisory Commission. Ihr gehörte auch ein gewisser *Lord Strang of Stonesfield* an. Die Kommission entwickelte Pläne für die Verwaltung und Entmilitarisierung Deutschlands, die später auf Jalta beschlossen wurden.

Schon damals wurde vorgeschlagen, das **Deutsche Reich in drei Besatzungszonen aufzuteilen.** Den Sowjets wurde der östliche Teil überlassen, man orientierte sich ganz prag-

matisch an den bestehenden Ländergrenzen. Dies wurde in einem Protokoll am 12. September 1944 festgeschrieben.

Auf einer **Landkarte,** die als Karte A im Anhang dieses Protokolls eingefügt wurde, ist ganz genau der Grenzverlauf festgehalten – „Annex on protocol on zones of occupation of Germany and the administration of Greater Berlin" (Anhang zum Protokoll über Besatzungszonen in Deutschland und die Verwaltung von Groß-Berlin). Klar erkennbar ist in dieser Karte, dass die Grenze zur „Ostzone" an der Lübecker Bucht enden sollte, sich an der alten Landesgrenze Schleswig-Holsteins zu Mecklenburg orientiend.

Und genau darüber gab's Streit. Die sowjetische Seite wollte die Grenze ein paar Kilometer weiter westlich enden lassen, um **Fehmarn in sowjetisches Gebiet zu bekommen.** Das wäre strategisch höchst interessant für die Sowjetunion gewesen, aber Lord *Stonesfield* weigerte sich, dieser Forderung nachzugeben. Beharrlich wies er darauf hin, dass die Insel schon immer zum Gebiet des heutigen Schleswig-Holstein gehörte und dass der Grenzverlauf aller Zonen sich an den alten Ländergrenzen orientierte. So solle es auch hier bleiben. Angeblich hatte die britische Regierung dem Ansinnen schon nachgegeben – was soll ein Streit um dieses Inselchen? –, aber **Lord Stonesfield blieb hart** und setzte sich durch!

Das hatte zur Folge, dass Fehmarn nach dem Krieg die einzige vom Westen aus erreichbare deutsche Ostsee-Insel war, die ostdeutschen Inseln verschwanden hinter dem Eisernen Vorhang. Damit wurden die späteren **Touristenströme** umgeleitet, nicht gerade zum Nachteil von Fehmarn.

Viele Jahre später, als der Touristen-Boom eine neue Ära auf Fehmarn einläutete, wollten die **Insulaner ihrem „Retter" danken.** Die Einladung zu einem Besuch der Insel musste der 75-Jährige bedauernd ablehnen – zu anstrengend. Dafür reiste eine Fehmarner Delegation nach London und überbrachte einen Zinnteller und ein Inselrelief.

Jahrzehnte später waren nach dem Fall der Mauer **Rügen und Usedom wieder erreichbar.** Abermals eine Herausforderung für Fehmarns Touristiker, ihren in der alten BRD gepflegten Status als „einzige" Ostseeinsel verloren sie über Nacht. Neue – alte – Ziele taten sich auf, wurden angenommen. Die Zukunft wird zeigen, ob Fehmarn den Wettbewerb erfolgreich annehmen kann.

Eine am Burger Heimatmuseum angebrachte Gedenkplatte erinnert an den standhaften Lord.

◁ Das Heimatmuseum in Burg

Ein anderer Raum ist den „Monarchen" gewidmet, den herumziehenden Tagelöhnern und ihren Zeichen, die sie an Bäumen und Zäunen anbrachten, um Nachfolgende zu informieren, welcher Typ der Bauer war (siehe auch Exkurs „Monarchen und ihre Geheimzeichen").

An der Außenwand des Heimatmuseums hängt eine **Gedenktafel** zur Erinnerung an *Lord Strang of Stonesfield,* der nach Ende des 2. Weltkriegs standhaft eine britische Position vertrat, nach der Fehmarn nicht zur sowjetischen Besatzungszone zugeschlagen werden konnte (siehe Exkurs „Fehmarn – britisch oder russisch?").

■ **Geöffnet:** 1. Juni bis 31. Okt. Di–Sa 11–16 Uhr.
■ **Eintritt:** 3 €, Kinder 1 €.

Stadtbücherei

Am oberen Ende der Breiten Straße nach links in die Bahnhofstraße geschwenkt, wird alsbald ein kleiner Park erreicht. Dort befindet sich die Stadtbücherei mit der Ernst-Ludwig-Kircher-Dokumentation. Hier findet der Besucher in der oberen Etage **Bilder von Ernst Ludwig Kirchner** (1880–1938) ausgestellt, zumeist Drucke von durchaus schön zusammengestellten Fehmarner Motiven. Zu sehen sind Zeichnungen, Arbeiten mit farbiger Kreide oder schwarzer Kreide aquarelliert nebst ein paar Bildern in „Öl auf Leinwand". Sie bieten dem Betrachter Blicke in eine Welt, die teilweise auf der Insel noch zu finden ist. So beispielsweise die schier endlosen Rapsfelder, die alten Gebäude in Burg, die Kirchen und die Steilküsten. Man muss nur mit offenen Augen die Insel durchstreifen, so wie es einst *Ernst Ludwig Kirchner* auch machte.

⌄ Die kleine St.-Jürgen-Kapelle

Im Sommer finden jeden Sonntag um 11.15 Uhr **Führungen** statt. Wer will, schaut sich die Ausstellung per Walkman an, der gegen Kaution von der Bücherei ausgeliehen werden kann.

Es wurden **vier Touren zu Kirchners Motiven** zusammengestellt (eine zu Fuß, drei per Rad). Eine Wandertour verläuft durch Burg, Ausgangspunkt ist die Stadtbücherei. Eine Tour bringt den Betrachter nach Wulfen (18 km Radtour) und eine nach Staberhuk (21 km Radtour). Die dritte Radtour umfasst auch einen 2,5 km langen Fußweg um die äußerste östliche Inselspitze bei Staberhuk, wo der Maler beim Leuchtturmwärter lebte. Eine Landkarte mit Markierungen seiner Motivstellen liegt in der Kirchner-Dokumentation aus. Eine tolle Idee, seine Bilder mit der heutigen Wirklichkeit abzugleichen. Wie sagte *Kirchner* doch selbst über seine Werke: „Meine Arbeit soll dem Betrachter mitteilen: einen ästhetischen, freien Genuss, eine neue Schönheit des Lebens, ein Geheimnis des inneren Lebens und der sonst nicht mitteilbaren Beziehung von Wesen und Dingen untereinander."

■ **Geöffnet:** Mo bis Fr 9.30–12 Uhr, Mo, Di, Do, Fr auch 14.30–18.30 Uhr.
■ In der Stadtbücherei finden auch regelmäßig **Vorlesestunden** für Kinder statt.

St.-Jürgen-Kapelle

Diese kleine Kapelle der evangelisch-lutherischen Kirche liegt in der Kapellenstraße, unweit der ausgeschilderten Jugendherberge. Sie ist sehr klein, zählt aber zu den ältesten Gotteshäusern überhaupt, erste Erwähnungen datieren auf

das frühe 15. Jh. Hervorzuheben im Inneren sind die Ausmalungen der Apostel sowie das frühgotische Sakramentshäuschen der St. Georgsgruppe.

Die Kapelle entstand auf gräfliche Anordnung, nachdem die **Pest** 1349/50 gewütet hatte und viele Opfer kostete. Damals wurde beschlossen, dass alle Städte außerhalb der Stadtgrenzen eine Aussätzigen- und Pestkapelle bauen sollten sowie Siechenhäuser für die Kranken. Sie sollten weit genug außerhalb liegen, um die Ansteckungsgefahr zu bannen, aber doch nah genug, um sie noch versorgen zu können. So geschah es auch in Burg.

Neben der Kapelle entstanden ein Friedhof und zwei Häuser für die Kranken. Die beiden heutigen Backsteinhäuser wurden 1935 und 1950 als Ersatz für die verfallenen älteren Häuser gebaut. Benannt ist die Kapelle nach dem **Ritter St. Jürgen** (eine Ableitung von St. Georg), dem Drachentöter und Beschützer der Kranken und Siechen.

Die Kapelle liegt auf dem Pilgerweg zum spanischen Santiago de Compostela, der **Via Scandinavica,** die zum Netz der Jakobswege gehört. Einen Pilgerstempel und auch den Schlüssel zur Besichtigung erhält man im Haus Nr. 13D.

Meereszentrum

Das Meereszentrum ist am Ende der Gertrudenthalerstraße bei den Supermärkten zu finden (Nr. 12). Dies ist die Sehenswürdigkeit, die sich wohl kein Fehmarn-Besucher entgehen lässt. Vor allem Kinderherzen schlagen begeistert höher, aber auch so mancher Erwachsene staunt über die bunte Welt der tropischen Fische. Denn darum geht es hier:

1

△ Am Hafen Burgstaaken

dem Besucher einen Einblick in die mannigfaltige **Untersee-Fauna** zu gewähren.

Star des Meereszentrums sind, ganz klar, die **Haie.** Sie schwimmen in einem großen, drei Millionen Liter fassenden Becken. Der Clou ist, dass die Besucher durch einen 10 m langen Tunnel durch dieses Becken gehen können, die Haie schwimmen derweil über die Köpfe des staunenden Publikums hinweg.

Weiterhin werden in mehreren Dutzend Schauaquarien die buntesten **tropischen Unterwassertiere** gezeigt, nicht

1

■ **Geöffnet:** Nov. bis Febr. 10–16 Uhr, März bis Okt. 10–18 Uhr.

■ **Eintritt:** Erw. 11 €, Kinder (4–15 Jahre) 7 €, Senioren, Schüler, Studenten 9 €. Außerdem gibt es Familientarife.

Burgstaaken

Zum **Hafen** von Burg führt der Staakensweg, der von der Breiten Straße direkt zur Hafenmole verläuft. Erreicht wird der Hafen über eine fast schon inselweit einmalige **Kopfsteinpflasterstraße,** die einen ganz schön durchschüttelt. Sie wurde erbaut aus Steinen, die man aus der Ostsee gefischt hatte. Trotzdem lohnt das Durchhalten, denn in Burgstaaken erlebt man noch echtes Hafenfeeling.

Der Hafen hat sich gewandelt, wird heute als **„Erlebnishafen"** angepriesen, was durchaus nicht falsch ist. Ende des 18. Jh. existierte bereits eine Hafenanlage, man konkurrierte aber damals noch mit einem anderen Inselhafen. Trotzdem gab es bereits eine regelmäßige Fährlinie ins dänische Rødby.

So richtig in Schwung kam die Hafenwirtschaft nach 1857, als der Hafen und das Hafenbecken grundlegend ausgebaut wurden. Neben Fischern, die von hier ausliefen, wurde auch Getreide umgeschlagen. Es gab regelmäßige Schiffsverbindungen nach Lübeck und Kiel. Einen weiteren Schub gaben im letzten Drittel des 20. Jh. die sogenannten **„Butterfahrten".** Das waren Einkaufsfahrten, bei denen Passagierschiffe für wenige Stunden außerhalb der deutschen Zollgrenzen fuhren und dort zoll- und steuerfrei Schnaps, Parfüm und eben Butter billiger verkauften. Diese Butterfahrten

nur Fische, auch Seepferdchen, Muränen, Korallen und Krebse. Der Besucher geht im Halbdunkel durch die Ausstellungsräume, betrachtet die bläulich schimmernde Unterwasserwelt und kann sich im angeschlossenen Café zwischendurch erholen.

■ **Infos:** Tel. 44 16, www.meereszentrum-fehmarn.de.

1

waren äußerst beliebt und fanden auch von anderen Küstenorten in Schleswig-Holstein statt, wurden aber 1999 durch EU-Verordnung eingestellt. Sie waren ein erster Schritt – zumindest in Burgstaaken –, den Hafen umzustellen von einer rein gewerblichen Nutzung hin zu einer eher touristisch ausgerichteten.

Fischer fahren noch hinaus und verkaufen teilweise auch ihren Fang direkt vom Kutter. Man kann als Gast auch in der **Hafenräucherei** beim Räuchern zuschauen und später den frischen Fisch dort erwerben. Daneben gibt es noch einige touristische Attraktionen wie ein zu besichtigendes **U-Boot** oder spezielle Ausstellungen. Interessierte können Kurztrips auf die Ostsee machen – zum Angeln oder um einfach mal eine Mini-Schiffstour zu unternehmen.

Silo-Climbing

Etwas ganz Abgedrehtes können Kletterfreaks am Burger Hafen machen, nämlich einen der drei Silos hochklettern! An der Außenwand dieses 40 m hohen Silos wurden kleine Vorsprünge und Griffmöglichkeiten befestigt. Hier können Freeclimber sich hochhangeln, einzige Bedingung: Jemand muss sichern. Zu finden neben dem Geschäft Yachtkontor.

■ **Infos:** Tel. 50 31 02, www.siloclimbing.de.
■ **Geöffnet:** April bis Okt. tägl. 10–18 Uhr, Preis: 5 €/Stunde.

Experimenta

Diese Ausstellung nennt sich selbst **„Das verrückte Labor"** und steht unter dem Motto „Sehen, Staunen, Verstehen". Gezeigt werden physikalische Experimente zum Anfassen und Ausprobieren sowie eine 3D-Show mit ungewöhnlichen optischen Täuschungen.

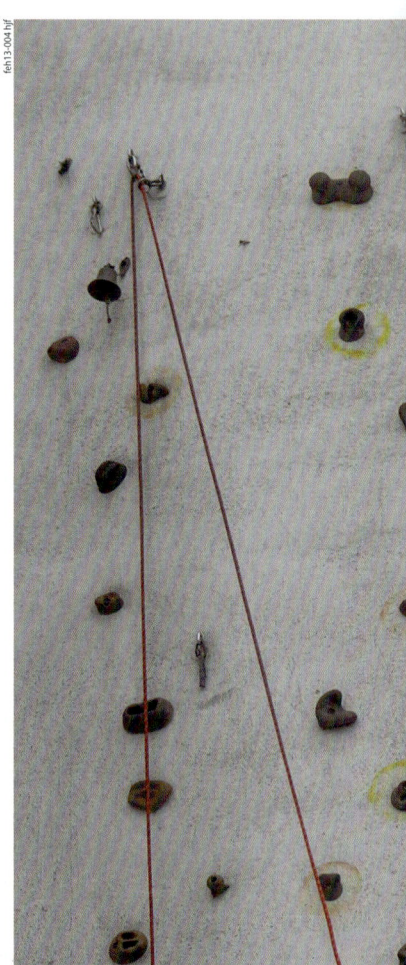

▷ Mutige Silo-Climberin

1

Adresse: Am Hafen, Tel. 86 44 46, www.experimenta-fehmarn.de.

Geöffnet: 1. April bis 31. Okt. täglich ab 10 Uhr, die Schlusszeiten schwanken zwischen 16 und 18 Uhr je nach Jahreszeit.

Eintritt: Erw. 7 €, Kinder 6 € oder zum Spar-Ticket für 14 €/11 €.

Planet Erde

Gleich nebenan befindet sich die Ausstellung „Planet Erde. Entdecke deine Welt", bei der eine (Zitat) „Entdeckungsreise vom Urknall über die Dinosaurier bis zur heutigen Zeit" gemacht werden kann. **Spannend** auch der Erdbebensimulator und ein Gold-Grabungscamp.

Burg – die Inselhauptstadt

■ **Öffnungszeiten** wie Experimenta.
■ **Eintritt:** 6 € bzw. 4,50 € für Kinder (4–16 Jahre) oder zum Dreier-Ticket für 14 €/11 €.

Abenteuer Übersee

Hier kann man eine **Entdeckungsreise um die ganze Welt** machen, ausgestellt sind 1000 Exponate aus anderen Kulturen.

■ **Öffnungszeiten** wie Experimenta.
■ **Eintritt:** 6 € bzw. 4,50 € für Kinder (4–16 Jahre) oder zum Dreier-Ticket für 14 €/11 €.

Jumpy Doo

Das Jumpy Doo ist ein **Indoor-Spieleparadies** für Kinder mit vielen attraktiven Spielmöglichkeiten.

■ **Öffnungszeiten:** April bis Sept. ab 10.30 Uhr.
■ **Eintritt:** 6,50 €.

U-Boot-Museum

Unübersehbar liegt im Burgstaakener Hafen ein 560 Tonnen schweres U-Boot der Bundesmarine, das besichtigt werden kann. Die U-11, so die offizielle Bezeichnung, war 35 Jahre lang im Dienst, bevor sie ausgemustert wurde. Neben der Möglichkeit, das Innere eines U-Bootes kennenzulernen, erfährt der Besucher viel Wissenswertes über die deutsche U-Boot-Flotte.

■ **Geöffnet:** Febr. und März tägl. 10–17 Uhr, April bis Okt. tägl. 10–18 Uhr, Nov. bis Febr. nur am Sa/So.

■ **Eintritt:** Erw. 6 €, Kinder (4–14 Jahre) 4 €, Familie 17 €, Info: www.ostsee-u-boot.de.

Burg Glambeck

Die Burg ist hinter der Kurpromenade oder, vom Strand aus betrachtet, hinter dem Wellenbad FehMare zu finden. 1210 wurde die Burg für den **dänischen Amtsverwalter** erbaut, damit er den Schiffsverkehr und das Eintreiben der Abgaben von hier aus kontrollieren konnte. Von 1430 bis 1460 hausten hier sogar **Piraten,** jedoch nicht der berühmte *Störtebeker.* Die Seeräuber konnten von Glambeck bestens den Schiffsverkehr überblicken und sich gegebenenfalls „bedienen". 1627 kamen marodierende Truppen während des Dreißigjährigen Krieges auch nach Fehmarn und **zerstörten die Festung.**

Erst 1908 wurden dann bei Ausgrabungen die Fundamente und Mauerreste wieder freigelegt, anhand derer **Bauweise und Funktion** der Burgelemente rekonstruiert werden konnte. Damals wurde der heute noch sichtbare Graben angelegt, der ursprüngliche war einfacher gebaut. Der Haupteingang an der Ostseite maß 2,77 m in der Breite, und in der Mauer ist heute noch die Rille erkennbar, über die das Fallgitter auf- und zugedreht wurde. Die Burg war 75 m lang und 34 m breit, hatte Räume für den Burgwart, für Bedienstete und sogar vier Brunnen. Die Verteidiger konnten über einen hölzernen Wehrgang verschiedene Positionen einnehmen, sogar Pechnasen waren an der Westseite über einem zweiten Eingang angebracht. Dort schütteten die Verteidiger heiß gemachtes Pech auf die Angreifer … Und wenn alles zu spät war, konnte die Besatzung durch einen kleinen Fluchttunnel türmen. Der Sage nach verlief der bis nach Burg zur Kirche, aber tatsächlich wohl doch nur wenige Meter. Hoffentlich hat's genügt. Oft und heftig wurde hier gekämpft. Kein Wunder, dass die Burg irgendwann völlig zerstört wurde. Heute ist von der einst stolzen Burg nicht mehr viel übrig geblieben, kaum mehr als einige Mauerreste aus rotem Ziegel.

Südstrand

Hier tobt im Sommer das Leben! Der Südstrand von Burgtiefe erstreckt sich über vielleicht 2 km auf einem Nehrungshaken. Zur Ostsee liegt der helle Sandstrand, auf der anderen Seite begrenzt ein großer Yachthafen am Burger Binnensee die Nehrung (s.u.).

Da diese Strandzone sich ziemlich lang und mit klassischem **weißen, weichen Sand** zeigt, was gar nicht so selbstverständlich ist auf Fehmarn, kommen in den Sommermonaten viele Urlauber hierher. Und natürlich wegen des breiten Übernachtungsangebotes, das eben auch wegen des Strandes hier gebaut wurde. So bedingt eines das andere. An einem Vorplatz, genau unterhalb der drei Hochhäuser, liegen auch ein SB-Markt, eine Touristeninformation und ein paar kleine Kioske, die Eis, Crepes, Quarkspeisen oder Pommes anbieten.

Unterhab der drei großen FeWo-Türme verläuft eine nette, leicht geschwungene **Promenade** unmittelbar am Strand entlang, der hier von einem kleinen Dünensaum begrenzt wird. Dort warten einige wenige Lokale, wie beispielsweise die „Strand-Pizzeria" oder das Bistro „Kuli-

Mare" und es werden Strandkörbe vermietet. Ausgehend vom westlichen Ende beim Café Sorgenfrei können Wanderer als Verlängerung der Promenade gen Osten auf einem Weg bis nach Meeschendorf spazieren.

Schon von Weitem sichtbar sind drei siebzehnstöckige Wohnhäuser direkt vor dem Strand, das **IFA-Ferienzentrum.** Da mag mancher zurückschrecken vor so viel Beton. Aber eine Besonderheit hat der Architekt doch erfolgreich umgesetzt: Von allen Wohnungen blickt der Feriengast aufs Meer. Nach hinten hinaus, also Blickrichtung Binnenland, liegt kein einziges Fenster. Und speziell von den oberen Etagen hat man einen traumhaften Blick über die Ostsee. Eltern wissen außerdem zu schätzen, dass sie ihre Kinder gefahrlos an den Strand schicken können; sie müssen auf dem Weg keine Straße überqueren. Es gibt hübschere Ferienwohnungen, idyllisch gelegenere, keine Frage, aber allzu viele, die direkt am Strand zu finden sind, gibt es auf ganz Fehmarn nicht.

Zur Kurzweil lädt **FehMare** ein, die **Badewelt** am Südstrand mit einer Poollandschaft auf 4500 m², u.a. mit einem großen Meerwasserwellenbecken zum Herumtoben, aber auch mit ruhigeren Zonen. Ergänzend gibt es etliche sportive Angebote, eine Wellness- und Saunalandschaft und drei Lokalitäten, darunter eine Strand-Pizzeria.

Von März bis Oktober wird täglich **Strandgymnastik** angeboten.

Wem die Wolkenkratzer nun doch nicht zusagen, für den kommt vielleicht die **Ferienwohnungssiedlung** weiter hinten auf der Nehrung in Frage. Dort wurden an den Straßen Dünenweg, Stranddistelweg und Strandhaferweg

Karibik-Urlaub an der Ostsee

So etwa Ende der 1960er Jahre, Anfang der 1970er war's. Erste Exkursionen Richtung Adria und Costa Brava wurden erfolgreich bewältigt, man war wieder wer und hatte Arbeit. Und damit auch Urlaub. Und den sollten die Bundesbürger nun nicht ständig im sonnigen Süden verbringen, dachten sich einige **Großinvestoren an Schleswig-Holsteins Küsten.** Es gibt genügend Ostsee-Fans, aber wir müssen denen etwas bieten. Etwas völlig Neues, noch nie Dagewesenes. Ein Zimmer mit Kochgelegenheit lockte schon damals niemanden mehr hinterm Ofen hervor. Nein, es musste irgend etwas Größeres sein, Besseres vor allen Dingen. Beinahe zeitgleich entstanden so mehrere Projekte ent-

lang der Ostseeküste. Zwar war die Umsetzung durchaus unterschiedlich, aber die Grundtendenz doch überall ähnlich: Hauptsache Größe! Das hieß entweder in die Höhe bauen oder in die Breite gehen.

Auf **Fehmarn** ging man in die Höhe. Am Südstrand entstanden 1971 drei Hochhausriesen mit 17 Etagen! Wer sich heute dieser Anlage nähert, glaubt, eine geschlossene Betonwand vor sich zu sehen, kein einziges Fenster ist erkennbar. Das immerhin hat der Architekt umgesetzt, alle Ferienwohnungen haben Meeresblick, kein einziges Fenster öffnet sich zur Landseite. Natürlich, wer ganz oben wohnt, genießt einmalige Ausblicke.

feh13-005 hjf

Auf dem nahen ostholsteinischen Festland in **Heiligenhafen** weihten die Planer im gleichen Jahr eine ähnliche Anlage ein. Hier zog man aber nicht drei Betonfinger gen Himmel, sondern sich allmählich verbreiternde Gebäude, allerdings auch über etliche Stockwerke hoch. Neben den modernen Ferienwohnungen wurde ein komplettes Freizeit- und Versorgungszentrum geschaffen mit Kneipen, Wellenbad und weiteren Angeboten.

Nur wenige Kilometer entfernt entstand die nächste Ferienanlage, **Weißenhäuser Strand.** „Das Ostseebad der vier Jahreszeiten – 365 Tage geöffnet", so lautet die Eigenwerbung, und die dahinterstehende Philosophie wird rasch deutlich, viele der angebotenen Aktivitäten finden unter Glas, also drinnen statt. So entstand ein Badeparadies mit konstanten Karibik-Temperaturen, eine Shopping-Meile unter Glas (Dünenpassage), eine Freizeithalle mit breitem Angebot, und auch genügend Lokale locken zum Indoor-Drink. Bei den Unterkünften wählten die Macher die Breite, keine Hochhausriesen ragen in den Himmel. Dafür sind die Wege etwas weiter, aber die Häuser haben einen individuelleren Charakter.

Dieser wird in **Damp** noch stärker postuliert, baute man doch hier, an der nördlichen Ostseeküste, 292 einzelne Ferienhäuser. Diese liegen in einem geschickt bepflanzten Bereich, sodass der Gast wenig vom Nachbarn mitbekommt. Das ist aber nur ein Teil der 1973 eröffneten Anlage, die unter dem prophetischen Namen „Damp 2000" startete. Wahrscheinlich sollte das

Entstandene richtungsweisend wirken, was es auch war, jedenfalls nach Maßstäben im dörflichen Schleswig-Holstein. Neben den eben erwähnten Ferienhäusern entstanden ein Apartmentkomplex mit 188 FeWos und 298 Ferienhäusern, der sowohl in die Höhe als auch in die Breite ging, weiterhin eine Reha-Klinik mit rund 900 Betten und ein mehrgeschossiges Hotel. Eine gigantische Betonlandschaft, die sich da an der Küste erhebt, links und rechts gibt's nur kleine Dörfer und Getreideäcker. Aber auch hier relativiert es sich schnell. Die Anlage ist autofrei, ein schöner Strand verläuft direkt dort, ein großer Seglerhafen, ein Meerwasser-Wellenbad, ein subtropisches Badeparadies und mehrere Lokale runden das Angebot ab.

Natürlich, alle Komplexe sind **künstliche Ferienwelten,** mehr oder weniger gelungen in die Landschaft gesetzt. Viel Beton, alles ist künstlich, die Luft, die Sonne, das Programm, die Pflanzen. Aber das dazugehörende Angebot ist groß und vor allem witterungsunabhängig. Lass den Regen doch draußen aufs Dach pladdern, sagen sich die Gäste, wir hocken hier schön mollig warm drinnen. Und für Kinder kann es kaum ein vielfältigeres Programm geben. Karibik-Urlaub an der Ostsee wird beinahe wahr, ohne langen Flug und lästige Impfungen. Und billiger kommt es auch noch. Nun gut, ganz so simpel darf man es wohl nicht sehen. Das Angebot wird jedenfalls erkennbar angenommen, der viele Beton verdrängt und die Kunstwelt genossen.

Die erfolgreicheren Anlagen wurden ständig modernisiert und erweiterten entsprechend den aktuellen Trends ihre Angebote. Wer da nicht mitzog, blieb auf der Strecke, wie beispielsweise das **Ferienzentrum Holm,** unweit von Kiel. Ein leerer Hochhauskasten, in den sich schon lange keine Urlauber mehr verirren.

Man muss diese Anlagen ja nicht mögen. Aber ein **Blick über die Ostsee** aus dem siebzehnten Stock, also, mal ehrlich, möchten Sie nicht auch mal? Nur ein einziges Mal?

◁ Vamos a la playa – auf zum Südstrand!

noch weit über hundert Ferienwohnungen gebaut, die sich in drei Reihen geschmeidig an der Nehrungsspitze entlangziehen. So wurde der Platz optimal ausgenutzt. Die Häuser der ersten Reihe mit direktem Strandkontakt haben nur eine Etage, die zweite Reihe zählt drei, die letzte fünf Etagen. Alle FeWos haben einen Balkon zur Strandseite, wie überhaupt die ganze Anlage völlig gleich gebaut wurde. Hier urlauben wohl zumeist Selbstversorger, denn neben der einzigen Einkaufsmöglichkeit gibt es hier nur wenige Lokale. Aus der Ferne betrachtet, wirkt dieses Ferienzentrum doch arg „betonlastig". Wer sich daran nicht stört, urlaubt an einem der schönsten Strände der ganzen Insel.

Yachthafen

Auf der anderen Seite des Nehrungshakens liegt am Burger Binnensee der große Yachthafen von **Burgtiefe,** er hat Liegeplätze für 600 Schiffe. Neben mehreren klassischen Stegen, die schnurgerade ins Wasser ragen, wurde an der Spitze auch ein etwas ungewöhnlicher **Rundsteg** gebaut, dieser war sogar der erste, der Anfang der 1970er Jahre fertiggestellt wurde. Für so viele Segler musste auch die entsprechende Infrastruktur ge-

☑ Impressionen vom Südstrand: Marina und Ferienwohnungen

feh13-006 hjf

schaffen werden; deshalb gibt es hier einen kleinen Supermarkt, einige Lokale, einen Bootskran und für Einsteiger auch eine Segel- sowie Surfschule.

Praktische Tipps

Unterkunft

Am Südstrand

■ **IFA Ferienzentrum Südstrand** €€–€€€€, Südstrandpromenade, 23769 Burg, Tel. 890, Fax 89 20 00, www.ifa-fehmarn.de. Jede Menge unterschiedliche Räumlichkeiten und Preise, abhängig von Saisonzeiten, Größe und Haustyp. Obendrein spezielle Angebote wie „14 Tage reisen – 12 Tage zahlen". Hier sollte man sich direkt erkundigen.

■ **Strandhotel Bene** €€€€€, Südstrandpromenade, Tel. 86 53, Fax 71 37 65, www.bene-fehmarn.de. Ein First-Class-Hotel direkt am Strand gelegen. 44 großzügige Zimmer im modernen Design, viele mit Blick auf die Ostsee. Einige Zimmer haben sogar eine eigene Sauna.

■ **Die Strandburg** €€€–€€€€€, Südstrandpromenade. Direkt am Strand liegt dieses größere FeWo-Haus mit FeWos unterschiedlicher Größe (33–111 m²). Infos und Buchung: Tel. 86 96 66, Fax 86 96 77, www.strandburg.com.

■ **Haus am Strand** €€€, Südstrandpromenade, Tel. 96 25, Fax 12 59, www.fehmarn-haus-amstrand. de. Insgesamt vier Apartments werden neben dem reetgedeckten ehemaligen Lotsenhaus vermietet.

■ **Etliche FeWos** werden von den Besitzern privat vermietet, die in den seltensten Fällen selbst auf Fehmarn leben. Hervorhebungen sind unmöglich,

Burg – die Inselhauptstadt

feh13-007 hjf

denn rein optisch ähneln sich alle Einheiten. Interessenten müssen nur das Unterkunftsverzeichnis durchstöbern und auf folgende drei Straßen achten: **Stranddistelweg, Strandhaferweg** und **Dünenweg.** Letzterer liegt in der ersten Reihe mit direktem Blick aufs Meer. Das Preisniveau liegt bei etwa €€–€€€.

■ **Neue Tiefe** heißt der Ortsteil zwischen Burg und dem Südstrand am Binnensee. Dort können einige FeWos gemietet werden, die etwas mehr individuellen Charme haben als die Häuser direkt am Südstrand. Etwa 500 m muss der Gast bis zum Ostseestrand zurücklegen, allerdings entlang der einzigen Zufahrtsstraße am Südstrand.

■ **Strandhotel** €€€, Am Binnensee 1, Tel. 31 42, Fax 69 50, www.strandhotel-fehmarn.de. Insgesamt 21 Zimmer bietet dieses Hotel an, das etwa 500 m vom Strand entfernt, aber am Binnensee liegt.

Direkt in Burg

■ **Hotel Burgklause** €€€–€€€€, Blieschendorfer Weg 1–5, Tel. 50 020, Fax 17 35, www.burg-klause.de. Unweit der Kirche gelegenes Haus mit angeschlossenem Restaurant, insgesamt 13 korrekte Zimmer.

■ **Hotel Schützenhof** €€€€, Menzelweg 2, Tel. 5 00 80, Fax 50 08 14, www.hotel-restaurant-schuetzenhof.de. 28 Zimmer bietet dieses Haus im Burgstaakener Wäldchen, etwa 200 m vom Hafen entfernt. Netter Biergarten.

■ **Wissers Hotel** €€€€, Am Markt 21, Tel. 31 11, Fax 66 20. 40 Zimmer hat dieses altehrwürdige Haus mitten im Zentrum von Burg. Ein Restaurant ist angeschlossen.

■ **Jugendherberge,** Mathildenstraße 34, Tel. 21 50, Fax 66 80, jhburg@djh-nordmark.de. Insgesamt 182 Betten können in diesem Haus belegt werden. Lage: an der Straße zum Südstrand, vielleicht 500 m vom Zentrum entfernt.

■ **Wohnmobile:** Einen Stellplatz mit Entsorgungsstation bietet die Firma Hintz Heizungsbau an, Tel. 86 160, Landkirchener Weg 1B. Das Gelände vor dem Bahnhof befindet sich in ca. 300 m Enfernung vom Zentrum. Die Hauptzufahrtsstraße (Landkirchener Weg) in Richtung Zentrum von Burg befahren und unmittelbar vor dem Stadtpark links in die Straße „Am Steinkamp" abbiegen. Nach ca. 100 m liegt auf der linken Seite der WoMo-Stellplatz, in Sichtweite zum Bahnhof. Ein weiterer Platz für WoMos befindet sich auf dem großen Parkplatz an der Osterstraße.

Essen und Trinken

■ **Café Börke,** Osterstr. 2, Tel. 50 010. Klassisches Café mit großer Frühstückskarte, ab 6 Uhr.

■ **Restaurant Stadtcafé,** Am Markt 1, Tel. 65 27. Nicht nur Kaffee und Kuchen, sondern auch Mittagessen wird geboten.

■ **Restaurant Don Camillo und Peppone,** Am Markt 12, Tel. 42 57. Seit vielen Jahren bewährte Pizzeria.

■ **Landhaus Kröger,** Breite Str. 10, Tel. 67 53. Mischung aus Kaffeehaus und Speiselokal.

■ **Fischbistro Kombüse,** Breite Str. 12, Tel. 87 315. Fischgerichte in allen Variationen, die man auch draußen auf rustikalen Möbeln genießen kann.

■ **Zur Doppeleiche,** Breite Str. 32, Tel. 99 20. Breite Auswahl an Fisch, Fleisch und Geflügel, italienischen Gerichten, aber auch an Kuchen. Kleine Außenterrasse vorhanden.

■ **Steak- und Fischhuus,** Landkirchener Weg 1A, Tel. 90 19. Der Name ist Programm, es gibt Steaks, Fleisch, Fisch, aber auch Kindergerichte. Geöffnet: 11.30–14 Uhr, 17–23 Uhr, Mi nur abends.

■ **China-Restaurant Pazifik,** Landkirchener Weg 1B, Tel. 15 77, täglich 12–14 und 17–22 Uhr geöffnet. Mittags gibt es ein Büffet zum Festpreis, abends auch, aber da kostet es knapp das Doppelte.

▷ Das Lokal „Zur Traube" in der Orthstraße

1

■ **Burgklause,** Blieschendorfer Weg 1–5, Tel. 50020. Hier werden u.a. Spätzle angeboten, in einer gemütlichen, von der bayerischen Heimat des Chefs geprägten Atmosphäre. Auf der Karte stehen neben bayerischen auch norddeutsche Spezialitäten.

■ **Radden's Eis,** Süderstr. 40, Tel. 12 55, in der Saison 13–21 Uhr. Die langen Schlangen vor dem kleinen Eisladen können nicht irren, hier gibt es sehr leckeres Softeis und das bereits seit 1947.

■ **Netti's,** Süderstr. 34, Tel. 87 92 42, Di bis Sa 17–22 Uhr, So 12–14.30 und 17–22 Uhr. Hier gibt's Fleisch, Fisch, Vegetarisches und auch Burger, einige Gerichte werden „satt" serviert, also mit der Möglichkeit, sich einen Nachschlag zu ordern.

■ **Frau Schmidt,** Bahnhofstr. 1, Tel. 88 98 414, 10–18 Uhr. Bistro mit Terrasse am Kopfende der zentralen Breiten Straße, es gibt Frühstück, Eis, Cocktails in entspannter, chilliger Atmosphäre.

■ **Q-Ba,** Niendorfer Str. 2, Tel. 95 98. Mischung aus Café und Bar mit Außenterrasse. Bistro-Küche mit Salaten, Baguette, Pizza, aber auch Fleischgerichte stehen auf der Karte und es gibt auch eine gute Auswahl an Cocktails.

■ **Café Liebevoll,** Bahnhofstr. 17, Tel. 88 95 898, 9–18 Uhr, Sa 9–24 Uhr. Kleines Café mit Mini-Terrasse. Gemütlich eingerichtet. Kaffee, Kuchen, Frühstück in zwölf landestypischen Variationen. Obendrein regelmäßig kulturelle Veranstaltungen.

■ **Zur Traube,** Ohrtstr. 9–11, Tel. 50 38 52, 12–15, 18–22 Uhr. Fisch, Kinderteller, Fleisch und gute Weine, hinten eine von Weinreben umrankte Sonnenterrasse.

■ **Kartoffelhaus,** Ohrtstr. 23, Tel. 86 38 39, geöffnet tägl. 12–21.30 Uhr, durchgehend warme Küche. Der Schwerpunkt der Speisekarte dürfte klar sein.

■ **Café Jedermann,** Ohrtstr. 25, Tel. 14 11, geöffnet tägl. ab 10 bis ca. 19 Uhr. Kleines, gemütliches Café mit nettem Garten. Hausgemachte Kuchen und Torten, Pfannkuchen und Apfelstrudel.

Am Südstrand

■ **Café Sorgenfrei,** Südstrandpromenade 1, Westmole, Tel. (01577) 40 16 365. Das Café liegt sehr schön am westlichen Zipfel im alten Rettungshaus, mit Hafenblick, am So Frühstücksbuffet von 10–13 Uhr, an manchen Vollmondnächten Partys.

feh13-008 hjf

■ **Haus am Strand,** Südstrandpromenade, Tel. 96 25, durchgängig geöffnet, Di Ruhetag. Direkt vor dem Strand, mit Terrasse, außerdem breite Karte.

■ **Karibikbar Charchulla,** Strandallee 27 in Burgtiefe, Tel. 34 00. Hier geht die Post ab, vor allem, wenn die Zwillingsbrüder *Charchulla* Musik machen, so richtig schön im karibischen Rhythmus. Aber auch sonst sitzt man dort sehr nett bei einer Caipi …

■ **Fehmarner Fischlädchen,** Burgstaaken 81, Tel. 86 010, Mo bis Sa 9–19 Uhr, So 11–18 Uhr. Hier bietet die Fischereigenossenschaft Fehmarn Fischgerichte, Fischbrötchen oder auch Salate und Marinaden im Selbstbedienungssystem an.

■ **Lotsenhus,** Burgstaaken 65, Tel. 55 97, in der Saison 11.30–14.30 und ab 17.30 Uhr. Jede Menge Fisch-, aber auch einige Fleischgerichte stehen auf der Speisekarte. Das Lokal hat eine größere Terrasse und ein angeschlossenes Bistro.

■ **Café Kontor,** Burgstaaken 59, Tel. (0173) 61 64 247, tägl. ab 12 Uhr. Liebevoll dekoriertes Café in einem ehemaligen Bürogebäude, das nur von außen etwas schlicht wirkt. Kleine Gartenterrasse, leckere hausgebackene Torten.

Fahrradverleih

■ **Marquardt,** Süderstr. 24, Tel. 33 26.
■ **Conny's Fahrradverleih,** Breite Str. 46, Tel. 13 03.
■ **Fahrrad Shop,** Landkirchener Weg 23, Tel. 60 88 69.

Hochseeangeln

■ **Reederei Lüdtke** bietet **Hochseeangeltouren** mit dem MS "Südwind" an, ausgelaufen wird um 7.15 Uhr, Rückkehr ca. 15.30 Uhr. Infos und Anmeldung unter Tel. 12 63. Die MS "Karoline" läuft tgl. um 7 Uhr aus auf Angelfahrt.

■ **Fischkutter „Tümmler"** veranstaltet Fahrten und Schaufischen sowie Touren u.a. zur Fehmarnsundbrücke. Sogar ein Videofilm über das harte Leben der Fischer wird gezeigt. Infos: Tel. (0171) 99 48 697, www.gerth-hansen.de.

Segeln

■ **Segelschule Dübe,** Yachthafen 5–7, Burgtiefe, Tel. 64 26.

Indoor-Kart

■ **Kart-Sport-Center Monte Carlo,** Tel. 50 24 30. Die Anlage liegt etwas versteckt an der Hafenstraße 69B in Burgstaaken. Dort brausen Nachwuchs-Schumis mit kleinen Kisten über die 400 m lange Piste, täglich von Mai bis Sept.

Surfen

■ **Windsurfingschule Charchulla,** Südstrand, Am Binnensee, Tel. (0160) 17 89 055, www.surfschule-charchulla.de. Die beiden rauschebärtigen Zwillinge *Manfred* und *Jürgen Charchulla* helfen allen Einsteigern aufs Brett (*Manfred* in Burgtiefe, *Jürgen* in Strukkamphuk) und servieren abends in ihrer Karibik-Bar exotische Drinks.

■ **Windsport Fehmarn,** siehe „Einkaufen".

Schwimmen

■ **FehMare,** Südstrandpromenade 1, Tel. 88 99 60, www.fehmare.de. Geöffnet tägl. 10–20 Uhr (Saison), sonst 14– 21 Uhr. Eintritt: Erwachsene 12 €/ 3 Std., Kinder 6 €, Familie 30 €.

Tennis

■ **Tennisclub Burgtiefe** am Südstrand, Tel. 98 22, verfügt über vier Ascheplätze.

Strandkörbe

■ Der Südstrand ist in **acht Zonen** aufgeteilt, von denen drei strandkorbfrei bleiben. Die übrigen fünf teilen sich fünf Vermieter. Wer eine bestimmte Strandzone vorzieht, sollte sich das Unterkunftsverzeichnis über die Touristen-Information besorgen. Darin sind auf einem Luftbild die Zonen markiert und die Vermieter benannt.

Kino

■ **Burg-Film-Theater,** Breite Straße 13A, Tel. 67 28, Programmansage Tel. 95 55.

Einkaufen

■ **Imkerei,** Staakensweg 67, Tel. 48 24.
■ **Windsport Fehmarn,** Osterstr. 45, Tel. 8 77 92, www.windsport.de. Alles rund ums Surfen und Kiten, inkl. Anfängerkurse; auch Verleih von Inline-Skates.
■ **Angelausrüstung:** Angelsport, Landkirchener Weg 24, Tel. 50 21 63; Baltic-Kölln, Am Hafen, Tel. 31 51.
■ **Bernsteinhütte,** Breite Str. 19, Tel. 90 45. Hier gibt's das „Ostseegold" als Rohbernstein oder als fein gearbeitetes Schmuckstück. Außerdem eine Menge Hintergrundinfos zum Bernstein.
■ **Kerzenwerkstatt,** Osterstr. 49, Tel. 8 77 66. Von 14–17 Uhr kann man selber Kerzen ziehen.
■ **Bauernmarkt,** Osterstraße vor dem Parkplatz.
■ **Inseltöpferei,** Niendorfer Str. 12, Tel. 67 75.
■ **Wochenmarkt:** Mi 7–14 Uhr auf dem Marktplatz.

■ **Fehmarn Pralinen Manufaktur,** Süderstr. 2, 10–18 Uhr, Sa ab 11 Uhr. Ein Geschäft voller Leckereien, 80 verschiedene Pralinensorten sind im Angebot, hergestellt mit Lübecker Marzipan. Kunden können dem Chocolatier-Meister sogar bei der Arbeit hinter Glas zuschauen.
■ **Ostertwiete** ist eine schmale Gasse, die zwischen Osterstraße und Breite Straße verläuft und an der mehrere kleinere, individuelle Shops liegen. Einfach mal durchstöbern!
■ **Buchhandlung Niederlechner,** Am Markt 7, Tel. 31 00.
■ **Buchhandlung Rauert,** Niendorfer Str. 5, Tel. 86 92 82.
■ **Knust Hus,** Niendorfer Str. 3, tägl. ab 10, in der Saison auch So ab 11 Uhr. Geschenk- und Deko-Artikel, beispielsweise aus Marmor, Holz, außerdem maritime Artikel und (Zitat) „Tüdelkram".
■ **Aalräucherei Böhrk,** Staakensweg 96, Tel. 22 00. Fischbrötchen, Krabben, Räucherfisch wird in diesem kleinen Laden auf dem Hinterhof verkauft; alles kann aber auch gleich auf dem Hof verzehrt werden, Tische und Bänke stehen bereit.
■ **Die kleine Stube,** Süderstr. 20, Tel. 43 41, tägl. ab 10 Uhr, So ab 11 Uhr. Der Eingang liegt an der Straße Badstaven. Sehr hübsch dekoriertes Geschäft mit Wohnaccessoires.
■ **Kunst-Atelier Böse,** Burgstaaken 20, Tel. 86 41 59, www.kunst-atelier-boese.de, 10–18 Uhr, So ab 11 Uhr. *Susanne Böse* stellt eigene Werke aus und gibt auch Malkurse.
■ **Atelier Kokon,** Orthstr. 20. Hier werden auch Kurse gegeben, u.a. in Seidenmalerei.
■ **Atelier Kirsch,** Osterstr. 13, Tel. (0172) 98 34 377, www.fehmarn-atelier-kirsch.de, Mo bis Fr 10–18 Uhr, Sa 10–16 Uhr. *Gerd Kirsch* stellt seine Werke von Insel- und Küstenlandschaften in einem ausgebauten Teil einer Scheune auf einem Hinterhof aus. „Besucher sind ausdrücklich erwünscht", heißt es auf seiner Homepage.

1

Post und Internet

■ **Postfiliale** im Kaufhaus Stolz in Burg, Tel. 50 22 46, geöffnet: Mo bis Sa 9–19 Uhr.
■ **Postagentur Aral-Tankstelle,** Landkirchener Weg 46, Tel. 30 11, geöffnet. Mo bis Sa 6–21 Uhr, So 8–20 Uhr.
■ **Internet:** in der Stadtbücherei.

Bahnhof

■ Fehmarn hat jetzt **zwei Bahnhöfe,** der neue Bahnhof **„Fehmarn-Burg"** liegt an der Straße „Am Steinkamp"; hier halten die Regionalzüge nach/von Lübeck (alle 2 Stunden) und am Wochenende verkehren auch einige Direktzüge nach Hamburg; außerdem halten hier auch einige Intercitys. Einige andere IC-Züge enden in Puttgarden. Vom Bahnhof erreicht man in gut 10 Minuten Fußmarsch das Zentrum von Burg, bei Ankunft eines Zuges stehen meist auch Taxis bereit.

Buslinien

Ab dem ZOB, Niendorfer Weg

■ **Linie 5811:** Puttgarden – Landkirchen – Heiligenhafen – Oldenburg, stündlich zwischen 5 und 21.30 Uhr.

Wie kommt das Schiff in die Buddel?

Ja, das fragt sich so manche Landratte, wenn sie zum ersten Mal an der Küste in einem Schaufenster **eine dieser hellglasigen Flaschen** sieht, in der ein Dreimaster gegen Wind und Wellen stampft. Ganz einfach: Um ein Schiffsmodell wird eine extra mundgeblasene Glasflasche konstruiert! Ha ha ha, so'n „Tüünkroom", erzählen die Kapteins jedenfalls nach dem dritten Schluck Rum ausser Buddel.

Also, wie nun segelt ein Dreimaster durch den viel zu engen Hals in den Bauch der Buddel? Wird da etwa die Flasche fein säuberlich aufgesägt? Nein, nein, **das geht ganz anders:** Zunächst werden mittels eingefärbtem Fensterkitt die Wellen geformt. Dies geschieht mit selbst gefertigtem, feinem Handwerksgerät, und zwar wirklich durch den Flaschenhals. Also nix mit Aufsägen! Aber vorher muss das Segelschiff schon „an Land", also außerhalb der Buddel, fertig gebastelt sein. Und nun kommt die eigentliche Kunst: Die Masten werden eingeklappt und mit kunstvollen und feinen Fäden verknüpft. Dann schiebt man das Schiff in die Flasche und bugsiert es in den noch weichen Wellen-Kitt. Das allein erfordert schon höchste Geschicklichkeit, aber nun kommt die Krönung des Ganzen, das Aufrichten der Masten. Mittels der vorher angebrachten Zug-Fäden werden die Masten jetzt aufgerichtet, diese sind nämlich nicht fest gezimmert auf dem Schiffsrumpf, sondern auf winzigen Drahtbügeln. Durch geschicktes Ziehen am Faden richten sich die Masten auf, unterstützt durch einen dünnen Haken. Jetzt noch die Zugfäden abschneiden, verleimen und die Segel aus feinstem Papier mit Pinzette festkleben, fertig – beinahe jedenfalls. Die Flasche muss perfekt austrocknen, bevor ein Korken mit Siegellack sie für immer verschließt, denn „echte" Feuchtigkeit soll ja nun wirklich nicht auftreten. Und dann kann der Dreimaster endlich auf dem Wohnzimmerschrank mit stolz geblähten Segeln durch die aufgewühlte See stampfen – Schiff ahoi!

1

🔴 **Linie 5751** nach Puttgarden (etwa stündlich).
🔴 **Linie 5753** nach Katharinenhof (dreimal vormittags an Schultagen).
🔴 **Linie 5754** nach Orth (alle zwei Stunden an Schultagen, sonst seltener).

Bürgerbus

Der Bürgerbus, eine Initiative Fehmarner Bürger, stellt eine Ergänzung zum Busangebot dar und steuert **speziell touristisch attraktive Ziele** an. Fünf Routen sind derzeit im Angebot, gefahren wird von Ende März bis Ende September, Mo bis Fr jeweils dreimal am Tag, meist vormittags, mittags und am Nachmittag. Abfahrt in Burg vom Niendorfer Platz. Der Bürgerbus befährt folgende Strecken:

☑ St.-Nikolai-Kirche

🔴 **Tour 1:** Burg –Avendorf – Camping Miramar – Burg
🔴 **Tour 2:** Burg – Wulfen – Burgstaaken – Burg
🔴 **Tour 3:** Burg – Staberndorf – Meeschendorf – Camping Südstrand – Burg
🔴 **Tour 4:** Burg – Katharinenhof – Klausdorf – Burg
🔴 **Tour 5:** Burg – Landkirchen – Albertsdorf – Lemkenhafen – Burg

Preise: Erwachsene einfach 2 €, Sechserkarte 10 €, Kinder einfach 1 €, Sechserkarte 5 €, Gruppenkarte 7 €.

Außerdem gibt es eine Verbindung von Burg zum Wasservogelreservat Wallnau, Anfang April bis Ende Sept., ausschließlich drei Abfahrten (10.30, 13.30, 16.30 Uhr). Fahrpreis: Erwachsene 2,50 €, Kinder 1 €. Bei Vorlage des Fahrscheins ermäßigter Eintritt. Infos: www.buergerbus-fehmarn.de.

Burg – die Inselhauptstadt

feh13-009 hjf

PORTCENTER

2 Der Osten

Ruhig und etwas abgeschieden, aber zugleich auch nahe genug zum Trubel des Hauptortes Burg, so zeigen sich die Dörfer in Fehmarns Osten. Viel Natur empfängt die Besucher dort, Bauernhöfe, eine naturbelassene Steilküste und ein grandioser Weitblick über die allgegenwärtigen Felder.

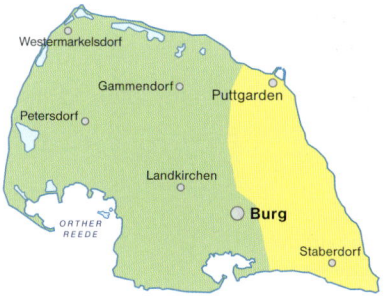

◁ Puttgarden: Das Port Center ist ein schwimmender Shop

➡ **Staberdorf:**
auf den Spuren des Malers
Ernst-Ludwig Kirchner | 46

➡ **Meeschendorf:**
eine Runde „Adventure Golf" spielen | 49

➡ **Museum in Katharinenhof:**
Historisches und Ostalgisches
aus der DDR | 52

➡ **Hafen von Puttgarden:**
riesige Fährschiffe bestaunen | 58

NICHT VERPASSEN!

Diese **Tipps** sind gelb hinterlegt.

VON STABERDORF BIS NIENDORF

Katharinenhof

Staberdorf

Ferienresidenz
Staberdorf   Gut
                Staberhöf

Staberhuk

Ruhige Dörfer liegen hier, die meisten in einer gewissen, aber überschaubaren Distanz zur Küste. Weit ist es trotzdem nie zum Wasser, auch nicht nach Burg, in die Inselhauptstadt. Die Strände sind eher naturbelassen, manchmal auch leicht steinig, und insgesamt ist es ziemlich ruhig hier. Nur ganz oben in Puttgarden herrscht eine gewisse Geschäftigkeit am Fährterminal nach Dänemark.

Staberdorf

- **PLZ:** 23769
- **Vorwahl:** 04371

Dieses Dorf liegt im äußersten südöstlichen Zipfel von Fehmarn. Diese **abseitige Lage** hat wohl viele Jahrzehnte das Bild geprägt, alle drei Straßen tragen plattdeutsche Namen. Die Hauptstraße heißt Dörpstraat (Dorfstraße), die nördliche Ringstraße „An Hinrichsbarg" (Am Hinrichsberg) und die südliche „Achter de Höf" (Hinter den Höfen). Dieser Name dürfte früher mal Pro-

gramm gewesen sein, befanden sich dort wohl die Bauernhöfe. Vereinzelt sieht man sie auch noch, aber doch mehr einzeln stehende **Häuser,** die schon das eine oder andere Jahrzehnt auf dem Buckel haben. In der Straße Achter de Höf wurden eine ganze Reihe Neubauten errichtet, mit herrlich weitem Blick über die Felder. Auch einige FeWos sind hier zu finden.

Die Straße „An Hinrichsbarg" führt rasch aus dem Ort hinaus durch die Felder leicht ansteigend Richtung Küste. Und das „leicht ansteigend" ist dabei durchaus von Bedeutung, denn genau hier liegt die **höchste Erhebung** der gan-

2

zen Insel, der **Hinrichsbarg,** ein länglicher Hügel, der 27 m misst. Tja, das ist die höchste natürliche Erhebung auf Fehmarn, immerhin.

Im Ortskern erhebt sich unweit vom Dorfteich ein **Kriegerdenkmal** zur Erinnerung an die nicht mehr Zurückgekehrten aus den beiden Weltkriegen. Hier findet man erschreckend viele Namen für ein derart kleines Dorf.

Staberdorf liegt ruhig, aber der Feriengast hat es nicht weit nach Burg und noch weniger zu den Stränden, speziell dem schönen vom Südstrand.

Zu Staberdorf zählt verwaltungstechnisch auch **Fehmarnstrand,** deswegen sind etliche FeWos auch im Unterkunftsverzeichnis dort zu finden. Fehmarnstrand ist kein Ort, sondern eine größere Anlage von Ferienwohnungen. Allzu viel Fantasie haben die Architekten leider nicht walten lassen, es handelt sich durchweg um zwei- bis dreigeschossige Wohnblocks. Von denen, die in der ersten Reihe stehen, schaut man traumhaft auf die Ostsee, das schon! Der Strand ist äußerst schmal, teilweise misst er keine 5 m. Die Mehrheit der Wohnungen scheint privat genutzt zu werden, einige wenige werden aber auch vermietet. Details im Unterkunftsverzeichnis, da ich keine „Favoriten" erkennen konnte.

Strandprofil

Knapp 2 km entfernt endet eine schmale, asphaltierte Straße am **Strand von Staberhuk** bei der dortigen kleinen Marinestation. Etwa 10–15 m breit, mit Steinen durchsetzt, erstreckt er sich vor einer nicht allzu hohen Steilküste. Die letzten Meter bis zum Strand sind nur über eine Schotterpiste zurückzulegen, hier parken all diejenigen, die es zu dieser abseitigen Stelle zieht, vor allem Ang-

feh13-011.bif

 Ruhiges Strandleben bei Staberdorf

ler und auch Taucher. Kuriosum am Rande: Irgendwer hat einmal ein WC gebaut, weiß Gott nicht überall zu finden.

Wer noch einmal 2 km fahren mag, passiert **Gut Staberhof** (ausgeschildert) und erreicht beim Leuchtturm von Staberhuk schließlich die **äußerste Südostspitze Fehmarns**. Nicht nur bei gutem Wetter sollte das Festland zu erkennen sein, es sei denn, Nebel kommt auf.

Der 22 m hohe **Leuchtturm** kann nicht besichtigt werden. Er wurde 1903 erbaut und erhielt die außer Dienst gestellte gusseiserne Laterne des Helgoländer Leuchtturms. Die gelben Ziegel an der westlichen Seite, der sogenannten Wetterseite, mussten später ersetzt werden durch rote, sodass dieser Leuchtturm eine außergewöhnliche Optik hat.

Neben dem eigentlichen Turm steht noch ein Wohnhaus, in dem früher der Leuchtturmwächter lebte. Genau hier hatte der **Expressionismus-Maler Ernst Ludwig Kirchner** die Sommermonate zwischen 1912 und 1914 verbracht. Ganz in der Nähe liegt auch der **größte**

Das Paradies Fehmarn

„Ich habe dort Bilder gemalt von absoluter Reife, soweit ich das selbst beurteilen kann. Ocker, Blau, Grün sind die Farben von Fehmarn, wundervolle Küstenbildungen, manchmal von Südseereichtum, tolle Blumen mit fleischigen Stielen …" Derart schwärmerisch urteilte ein gerade 32-jähriger Maler über sein Werk. **Ernst Ludwig Kirchner** hieß der junge Mann, eigentlich ein Stadtmensch, den es in die tiefste dörfliche Provinz verschlagen hatte. Hier, so schwärmte er, habe er sein irdisches Paradies gefunden. Das will ja was heißen – wer war der Mann?

Ernst Ludwig Kirchner wurde am 6. Mai 1880 in Aschaffenburg geboren. Wie es so oft passiert, lernte er erstmal „was Vernünftiges", absolvierte ein Studium als Architekt, das er 1905 mit der Diplomprüfung beendete. Schon lange beschäftigte er sich als Autodidakt mit der Malerei.

In Dresden traf *Kirchner* auf Gleichgesinnte, die die starren preußischen Lebenswelten ablehnten und etwas Neues suchten. Am 7. Juni 1905 gründeten vier junge Menschen die **Künstlergemeinschaft „Brücke".** Neben *Kirchner* waren dies *Erich Heckel, Karl Schmidt-Rottluff* und *Fritz Bleyl.* Sie versuchten, neue Mal- und Ausdruckstechniken zu finden, später spricht die Fachwelt von dem Beginn des Expressionismus. Ein kühnes, fast wagemutiges Unterfangen, zählten die vier doch alle knapp über 20 Jahre und versuchten, aus dem Stand heraus als freischaffende Künstler zu überleben. Und damals zumindest war niemand von ihnen bekannt, konnte schwerlich von seinen Künsten leben. Sie mieteten ein Atelier in einem leer stehende Fleischerladen und legten los – Gründereuphorie eben.

Um bekannter zu werden – und wohl auch, um ökonomisch zu überleben, wurden passive Mitglieder geworben. Diesen wurde eine jährliche Mappe mit exklusiven Arbeiten versprochen – gegen monetäre Unterstützung in Form einer Vorauszahlung. Größenwahn oder gesundes Selbstbewusstsein? Immerhin konnte die „Brücke" einen damals durchaus schon renommierten Maler gewinnen, *Emil Nolde.* Auch *Max Pechstein* schloss sich 1906 der „Brücke" an. 1907 schied *Nolde* bereits wieder aus, auch *Fritz Bleyl* wählte die bürgerliche Karriere eines Lehrers.

Im Sommer 1908 zog es die Künstler raus aus der Stadt in die dörfliche Idylle, so fuhr **Kirchner erstmals auf die Insel Fehmarn.** Ein größerer Kontrast war damals kaum denkbar, aus der kunstsinnigen Großstadt Dresden in die preußische Provinz im hohen Norden, auf die damals kaum bekannte Insel. *Kirchner* kam mit seiner Freundin, wohnte in der Villa Port Arthur **in Burg** und war vom Fleck weg begeistert. Täglich streifte er durch die Straßen, malte Häuser, die Nikolaikirche, die Himmelsfarben und was ihm sonst so auffiel.

Zurück in Dresden, folgten erste Ausstellungen, die Jahresmappen wurden umfangreicher, die Künstler kehrten von ihren animierenden Sommerzielen zurück. 1910 stieß *Otto Müller* zur Brücke, die ersten Mitglieder zogen um **nach Berlin,** 1911 folgte die gesamte Gruppe. Langsam stellten sich erste Erfolge ein, mehrere Ausstellungen und die mittlerweile sechste Mitgliedsmappe waren das Ergebnis.

1912 reiste *Kirchner* **wieder nach Fehmarn.** In Begleitung seiner Freundin zog es den Maler in einen der abgelegensten Winkel der ganzen

Insel, nach **Staberhuk.** Dort im äußersten Südosten Fehmarns wohnte er wochenlang beim Leuchtturmwärter und seiner großen Familie. *Kirchner* fühlte sich so glücklich wie noch niemals zuvor in seinem Leben. Täglich zog er über die Felder, entlang der Steilküste und malte alles, was ihm vor die Staffelei kam. Er baute sich eine Hütte am Strand, lebte völlig zufrieden im Einklang mit der Natur, zeichnete auch diverse Male die Töchter des Leuchtturmwärters. Unzählige Landschaftsbilder und Akte entstanden, aber auch Holzschnitzereien. Ein größerer Kontrast zum quirligen Berliner Großstadtleben ließ sich damals kaum denken. Kirchner schätzte diese Idylle derart, dass er in drei aufeinanderfolgenden Jahren wiederkam.

Im Herbst ging es zurück nach Berlin, um das Ergebnis der Sommerarbeiten zusammenzutragen. 1913 schrieb *Kirchner* im Auftrag der anderen Mitglieder eine Chronik der „Brücke", aber diese fand nicht deren Billigung. *Kirchner* hätte seine Position zu stark in den Vordergrund gestellt. Daraufhin wurde die **„Brücke" aufgelöst.**

Kirchner reiste im Sommer erneut **nach Fehmarn** und wiederholte seine Erfahrungen vom Vorjahr. Und auch 1914 verbrachte er den Sommer wieder beim Leuchtturmwärter auf Fehmarn, seinem „irdischen Paradies". Insgesamt 125 Bilder entstanden in den drei Fehmarn-Jahren, das entspricht knapp einem Zehntel seine Lebenswerkes. *Kirchner* erlebte auf Fehmarn eine Freiheit, die er später nie wieder so genießen sollte.

Der Kontrast hätte kaum größer sein können: 1915 wurde er **zum Militär einberufen.** Raus aus der Freiheit, rein in soldatische Enge und

Gehorsamkeit. Die Folge: *Kirchner* erlitt nach einigen Monaten einen Nervenzusammenbruch und schied aus. Die nächsten zwei Jahre verbrachte er u.a. in einem Sanatorium.

1917 zog er um in die Schweiz, nach **Davos.** In den folgenden Jahren entstanden viele großartige Werke, jetzt geprägt von der Schweizer Bergwelt, sogar eine neue Künstlergruppe entstand: „Rot-Blau". Aber immer noch träumte er von Fehmarn, plante immer wieder einen erneuten Besuch, aber dazu kam es nicht. *Kirchner* hatte Erfolg, wurde 1931 Mitglied der Preußischen Akademie der Künste in Berlin.

Dann der **Schock durch die Nazis:** 1937 wurden 639 Werke *Kirchners* beschlagnahmt, 32 Arbeiten sogar gezielt als „entartete Kunst" vorgestellt. Ein Jahr später war *Kirchner* völlig verzweifelt und wählte am 15. Juni 1938 den **Freitod.**

Was bleibt, sind vier glückliche Sommer auf Fehmarn, die *Kirchner* als paradiesisch empfand und in denen **unvergleichliche Bilder** entstanden. Einige davon sind heute noch im Landesmuseum Schleswig ausgestellt, etwa zwei Stunden Autofahrt von Fehmarn entfernt. Wer nicht so weit fahren möchte, besorge sich die vom „Ernst Ludwig Kirchner Verein Fehmarn" herausgegebene Landkarte, in der vier Rad-Fußwege ganz gezielt zu seinen Motiven eingezeichnet sind. Hier wandelt man wirklich hautnah auf des Meisters Spuren.

Adrettes Meeschendorf

Wald von Fehmarn, der allerdings kaum über fünf Hektar Größe hinauskommt. Dieser gehört zum **Gut Staberhof,** das bereits 1765 errichtet wurde und heute nur über eine Privatstraße erreichbar ist. Es werden sechs FeWos vermietet (www. staberhof.de). Auch hier malte *Ernst Ludwig Kirchner,* und zwar vor allem die große historische Scheune mit der geschweiften Dachfassade.

Praktische Tipps

Unterkunft

■ **Ferienhof Beneken,** Dörpstraat 21, Tel. 31 35, Fax 86 98 91, www.ferienhof-staberdorf-fehmarn. de. Mehrere FeWos €–€€€ unterschiedlicher Größe auf einem 20.000 m² großen Hof, mit Landhaus, Reetdachhaus und Hofanlage. Große Liegewiese, Pferdekoppel, Tennisanlage, Grillplatz, Aufenthaltsraum runden das Angebot ab.

■ **FeWo Paulsen** €–€€€, Dörpstraat 34, Tel. 43 79, Fax 87 616, www.ferienhof-paulsen.de. Mehrere Fewos (für zwei bis sechs Personen) unterschiedli-

Essen und Trinken

■ **La Casa,** Dörpstraat 15, Tel. 50 32 39, geöffnet 11–23 Uhr. Kleine Pizzeria mitten im Ortskern.

Meeschendorf

■ **PLZ:** 23769
■ **Vorwahl:** 04371

Meeschendorf liegt im südöstlichen Teil der Insel. Viel mehr als zwei Verbindungsstraßen zu den benachbarten Orten lassen sich auch kaum aufzählen. Burg ist recht nah, kaum 3 km entfernt nämlich, eine ähnlich „weite" Distanz muss der Urlauber zum **Strand** zurücklegen, alles keine Entfernungen also. In Meeschendorf findet man übrigens die schöne Einrichtung eines **Gemeinschaftshauses,** neben einem Spielplatz und einem kleinen Teich gelegen.

Das ganze Dorfbild zeigt sich ziemlich adrett, es gibt einige wirklich schicke Häuser mit hübsch und geschmackvoll angelegten Gärten. Von vielen Häusern geht der Blick weit über die Felder, teilweise bis zum Meer. Landwirtschaft findet hier eher nicht statt. Ein ausgeschilderter Weg führt hinunter zum **Südstrand,** auch die Campingplätze, die an der Küste liegen, sind ausgeschildert.

Aktivitäten

Adventure Golf

Das ist doch mal was anderes: eine **Mischung aus Minigolf und klassischem Golfspiel.** Man schlägt die Bälle nicht so

cher Größe in einer Art Reihenhaus im Ortskern beim Teich, oder in einem Haus am Dorfrand.

■ **FeWo Meislahn** €€–€€€, Dörpstraat 43, Tel. 31 67, Fax 86 47 92, www.ferienhof-meislahn.de. Mehrere Einheiten, untergebracht in unterschiedlichen Gebäuden, hauptsächlich im Reihenstil gehalten für 2-8 Personen. Als Service werden geboten: Brötchendienst, Sauna, Solarium, Fitnessgeräte, eine Spielescheune und überhaupt einiges an Spielen für Kinder nebst einigen Sportmöglichkeiten.

■ **Landhaus Voß** €€, Dörpstraat 46, Tel. 95 08, Fax 95 44, www.landhaus-voss.de. Ein neues, etwas „über Eck" verwinkelt gebautes Haus mit sechs Einheiten und großem Garten.

weit wie beim Golf, muss aber doch Hindernisse überwinden wie beim Minigolf. Auf einem immerhin 12.000 m² Spielfeld, mal auf Kunstrasen, mal auf Holz, müssen 18 Löcher gespielt und dabei pfiffige Hindernisse überwunden werden! Mal geht es durch ein Heckenlabyrinth, mal einen Deich hinauf, mal übers Wasser auf ein schwimmendes Boot, oder durch ein Wasserrad, einen Tunnel und es gibt noch weitere herausfordernde Hindernisse.

■**Adventure Golf,** am Ortsausgang von Meeschendorf Richtung Staberhuk, Tel. 88 88 574, www.adventure-golf-fehmarn.de, geöffnet in der Saison ab 10 Uhr, Mo geschlossen.

Hochseilgarten

Knapp außerhalb von Meeschendorf liegt ein Hochseilgarten, in dem in luftiger Höhe Teams oder auch Einzelpersonen über Seile und Balken klettern können. Nach vorheriger Einweisung und natürlich doppelt gesichert.

■**Hochseilgarten,** von der Hauptstraße in Meeschendorf rechts abbiegen in Richtung Camping Südstrand (ausgeschildert), Tel. 21 89, www.hochseilgarten-fehmarn.de.

Praktische Tipps

Unterkunft

■**Alte Schmiede** €, Haus Nr. 31, Tel. 41 72. Zwei FeWos in einem hellen Gebäude, in einem 6000 m² großen schönen Garten gelegen.
■**Ferienhof Kleingarn** €–€€, Haus Nr. 15, Tel. 31 03, Fax 87 543, www.ferienhof-kleingarn.de. Meh-

rere Einheiten in unterschiedlichen Häusern, sowohl auf einem Hof als auch in einer kompakten Apartmentanlage oder in zwei Ferienhäusern.
■**Gertrudenhof** €€–€€€, Haus Nr. 35, Tel. 54 31, www.gabyreimers.de. Sechs nett eingerichtete FeWos in restaurierter Fachwerkscheune inmitten eines Naturgartens.

Camping

■**Campingplatz Südstrand** €€€, Tel. 21 89, Fax 49 90, www.camping-suedstrand.de, geöffnet 1. April bis 7. Okt. Sowohl 200 Dauerplätze als auch 250 Touristenplätze. Große Anlage, direkt am Strand gelegen vor weitläufigen Getreidefeldern. Für Kinder wurde eine riesige Spielwiese eingerichtet, und eine finnische Sauna lockt als ungewöhnliches Angebot.
■**Europa-Camping** €, Tel. 24 19, Fax 77 79 96, www.euro pacamping-vintz.de, geöffnet 1. April bis 30. Sept. Ein kleiner Platz mit 70 Dauer- und 60 Touristenplätzen, direkt an der Ostsee gelegen. Für Kinder wurden ein Spielplatz und eine Spielstube eingerichtet. WLAN auf allen Plätzen.
■**Insel-Camp Fehmarn** €€€–€€€€, Tel. 50 300, Fax 50 30 10, www.inselcamp.de, geöffnet 1. April bis 15. Okt. Nicht ganz 350 Stellplätze hat dieser Platz, alle mit Wasser-, Abwasser- und Stromanschlüssen. Außerdem gibt es einen Wellnessbereich mit mehreren Saunen, WLAN- und TV-Anschluss, diverse Freizeitmöglichkeiten runden das insgesamt gute Angebot ab. Mietwohnwagen sind übrigens auch vorhanden.

▷ Einladung zum Shoppen

2

Sahrensdorf

● **PLZ:** 23769
● **Vorwahl:** 04371

Dieser kleine, ruhige Ortsteil liegt etwa 2 km vom Südstrand entfernt und bestenfalls 3 km von Burg. Weit genug also vom städtischen Trubel und nah genug, um schnell mal an den Strand zu fahren. Hier stehen viele schmucke Einzelhäuser mit adretten Gärten, aber es gibt auch einige größere Bauernhöfe, von denen manche auch Ferienwohnungen vermieten. Ergänzend befindet sich ein größerer **Yacht**-Service am Ort, in dessen Hallen im Winter Segelschiffe eingelagert werden können. Direkt dahinter befindet sich ein kleiner Shop, die **„Butik Unikate"**, wo hübscher Schmuck und Windspiele angeboten werden (geöffnet: Ostern bis Oktober Di, Mi, Do 11–17 Uhr, Tel. 23 84).

Praktische Tipps

Unterkunft

● **Büdlfarm** €€€–€€€€, Sahrensdorf 18, Tel. 31 58, Fax 87 91 58, www.buedlfarm.de. Eine größere Anlage mit FeWos unterschiedlicher Größe und einem beachtlichen Angebot für Kinder, wie einem Abenteuerspielplatz, einer Abenteuerscheune, einem Sportplatz und eigener Tierhaltung auf einem großen, eingewachsenen Gelände mit einem vorbildlich eingezäunten kleinen Teich.

Fehmarn, der Osten

feh13-013 hjf

Katharinenhof

● **PLZ:** 23769
● **Vorwahl:** 04371

Bereits die Anfahrt bietet etwas Besonderes, die Zufahrtsstraße führt durch eine mehrere hundert Meter lange **Lindenallee.** Die Straße beschreibt dann vor einem größeren Hof eine scharfe Linkskurve und endet schließlich direkt an einem Campingplatz vor der Ostsee. Das zeigt, dass Katharinenhof eigentlich auch nur ein Straßendorf ist, allerdings mit einigen nett hergerichteten **Ferienhöfen.** Die Mehrzahl hat die Landwirtschaft aufgegeben, und die Touristen schätzen das Ambiente.

Im Jahr 1765 bestand das Dorf nur aus dem Gutshof Katharinenhof, damals noch in kleineren Dimensionen. Nachfolgende Besitzer vergrößerten nicht nur die landwirtschaftliche Fläche, sondern bauten auch weitere Gebäude. Hier sind heute die unterschiedlichsten Ferienwohnungen eingerichtet, sogar im ehemaligen hochherrschaftlichen **Gutshaus,** von deren oberer Etage man sogar Ostseeblick hat. Entlang der heute noch existierenden Lindenallee entstanden mit der Zeit weitere Ansiedlungen und Höfe, in denen heute ebenfalls etliche FeWos angeboten werden. Die einzige Straße endet an der Steilküste, vor der sich ein kieseliger Strand erstreckt wie an der ganzen Ostküste.

Das kleine **Museum Katharinenhof** bietet einen Querschnitt durch die Vergangenheit. Im Haupthaus werden unterschiedliche Exponate dargeboten, wie historisches Spielzeug, Musikspielgeräte, Antiquitäten, aber auch so bunte Dinge wie eine Sammlung von Gehstöcken oder Tabakdosen. Im Obergeschoss ist eine „**Ostalgie-Ecke**" der untergegangenen DDR gewidmet. Dort strahlt *Honni*, blitzt ein FdJ-Blauhemd und steht sogar ein Trabi. Alles drapiert unter einer riesigen Hammer-und-Sichel-Fahne.

In weiteren Gebäuden kann historische Handwerkskunst bewundert werden, wie die 470 Jahre alte Rauchkate oder eine Schreinerwerkstatt aus den Tagen vor der Jahrhundertwende. Da muss dann angesichts der alten Handwerksgeräte auch so mancher Papi mit der Antwort passen, wenn Sohn oder Tochter neugierig nachfragen. Und in der alten Backstube wird noch regelmäßig Brot gebacken. Abgerundet wird die Ausstellung mit einer Sammlung historischer Kutschen, und hinter dem Backhaus liegt ein Zeugnis aus ganz alten Tagen: ein Hügelgrab.

Das zugehörige Café ist ab 14 Uhr geöffnet.

● **Museum Katharinenhof,** Tel. 12 30, geöffnet von Ostern bis Ende Okt. 11–17 Uhr, Eintritt: Erw. 5 €, Kinder 2,50 €.

Praktische Tipps

Unterkunft

● **Ferienhof Augustenhöhe** €€–€€€, Haus Nr. 3B, Tel. 33 91, www.ferienhof-augustenhoehe.de. Insgesamt neun FeWos in drei verschiedenen Gebäuden. Modern und gut eingerichtet, mit Terrasse oder Balkon und Garten. Angeschlossen ist das nette Allee-Café.
● **Gut Katharinenhof** €€–€€€, Haus Nr. 13, Tel. 86 99 45, Fax 86 98 87. Ein ehemaliger Gutshof, neu renoviert, mit mehreren FeWos und Ferienhäusern.

2

Fast klassisch ostholsteinisch, mit breiter, kiesbe-
streuter Auffahrt, hohen Bäumen vor dem Haus und
nur 300 m bis zum Strand.

🟥**Hof Liesenberg** €€–€€€, Haus Nr. 14, Tel. 50 23
80, Fax 50 31 38, www.liesenbergkatharinenhof.de.
Mehrere Einheiten auf ehemaligem Gutshof mit
großzügiger Liegewiese, Haustieren, Spielplatz und
Ponys. 300 m über eigenen Weg zum Naturstrand.
Bei Ostwind hört man mit etwas Glück das Meeres-
rauschen. Breites Angebot für Kinder.

🟥**Landhaus Katharinenhof** €€€, *Susanne Klein,*
Haus Nr. 15A, Tel. u. Fax (040) 65 68 11 19,
www.landhaus-katharinenhof.de. Vier Komfort-Fe-
Wos in Haus mit Ostseeblick, unweit des Museums.

Camping

🟥**Campingplatz Ostsee** €€, Tel. 90 32 und 32 40,
Fax 86 35 90, www.camping-katharinenhof.de, geöffnet von Anfang April bis Mitte Okt. Insgesamt
450 Stellplätze. Der Platz liegt unmittelbar an der
Ostsee am Ende einer Zufahrtsstraße, also in ruhigs-
ter Umgebung. Eine Tauchschule mit Füllstation ist
am Platz zu finden.

Essen und Trinken

🟥**Restaurant Waldpavillon,** Tel. 87 99 13. Das
Lokal liegt direkt vor der Steilküste in einem kleinen
Wäldchen, von der Terrasse entsprechend grandio-
ser Blick auf die Ostsee. Von April bis Juni Mo und Di
Ruhetag, im Sommer tgl. von 12–22 Uhr geöffnet,
warme Küche: 12–14.30 und 17.30–21.30 Uhr.

🟥**Allee-Café,** Katharinenhof 3, Tel. 50 38 38. Ein
kleines, nettes Hof-Café mit Garten und Hofladen,
Sa/So Frühstück ab 8.30 Uhr, geöffnet von Pfingsten
bis Herbst täglich 11–18 Uhr, in der restlichen Jahreszeit Sa/So ab 14 Uhr.

▽ Gemütliche Ecke im Allee-Café

feh13-014 hjf

Tauchen

■ **Tauch-Basis Katharinenhof,** Dorfstr. 27, Tel. 54 93. Spezielle Tauchkurse für Einsteiger und solche, die es werden wollen; Stichwort: Schnuppertauchen. Es werden aber auch reguläre Tauchkurse angeboten. Verleiht auch Tauchausrüstungen.

Vitzdorf

■ **PLZ:** 23769
■ **Vorwahl:** 04371

Der kleine Ort besteht aus kaum mehr als einer Durchgangs- und einer Ringstraße. Großer Durchgangsverkehr findet hier aber nicht statt, sodass es insgesamt ziemlich ruhig in Vitzdorf zugeht. Die Inselhauptstadt Burg liegt etwa 3 km entfernt, zum Südstrand sind es ca. 4 km, genau wie auch zu den Stränden

☐ Vitzdorfer Dorfteich

an der Ostküste. Landwirtschaft wird noch betrieben, ansonsten stehen hier etliche Einzelhäuser unter zum Teil sehr hohem Baumbestand. Einige davon sind ausgesprochen schick zu nennen und besitzen einen ebenso ansehnlichen zumeist auch noch großen Garten. An der Ringstraße liegt ein gar nicht mal so kleiner Teich. Insgesamt also ein **ländlich-ruhiges Bild.** Wer Abgeschiedenheit sucht, ist hier richtig, und für etwas mehr Trubel fährt man eben mal zum Südstrand oder nach Burg.

feh13-015-bjf

Gahlendorf

■ **PLZ:** 23769
■ **Vorwahl:** 04371

Ein von den Hauptstraßen abseits gelegenes **Dörflein.** Wenn es eine Steigerung für „ruhig" gäbe, dann hätten wir sie hier. Eine Straße, die Vitzdorf mit Klausdorf verbindet, verläuft am Ortsrand vorbei, hier liegen einige Einzelhäuser und auch ein paar Bauernhöfe.

Eine zweite Straße, die als Sackgasse endet, zweigt von der Durchgangsstraße ab und führt durch den Ortskern. Dort stehen überwiegend Einzelhäuser, einige davon sind eingewachsen mit blickdichten Büschen und Hecken.

Hierher kommen also nur einige wenige Feriengäste und die Bauern, die noch ihre Höfe betreiben. Eine schmale, 2 km lange Straße führt von hier an die Küste, sie endet an einem kleinen Parkplatz. Der **Strand** ist schmal, vielleicht 10 m breit und leider auch mit Steinen gesprenkelt. Wie überall an der Ostseite erhebt sich auch hier eine wild bewachsene Steilküste.

Praktische Tipps

Unterkunft und Reiten

■ **Hof Rickert** €€, Gahlendorf Nr. 1, Tel. 22 94, Fax 87 650, www.rickert-fehmarn.de. Ferienwohnungen auf einem Hof in einem umgebauten Bauernhaus, zum Teil mit Seeblick. Es wird Reitunterricht angeboten. Außerdem gibt es Ferienhäuser für bis zu fünf Personen und ein Doppelhaus.

Klausdorf

- **PLZ:** 23769
- **Vorwahl:** 04371

Klausdorf liegt an der Ostseite, etwa 2 km vom Meer entfernt. Eine durchaus ländlich geprägte Siedlung mit einigen **Bauernhöfen,** die auch noch bewirtschaftet werden. Die Dorfstraße schlängelt sich als „Hauptstraße" hindurch, ein paar abzweigende Nebenstraßen ergänzen das Bild. Etwa im Zentrum liegt, von hohen Bäumen umgeben, der kleine **Dorfteich.**

In Klausdorf findet schon etwas mehr Tourismus statt als in vielen Orten vergleichbarer Größe. Einige Anbieter von Ferienwohnungen haben richtig schicke Anlagen errichtet von schon beachtlicher Größe. Auch die Bauernhöfe können nicht gerade klein genannt werden und der Campingplatz an der Küste zieht ebenfalls viele Gäste an. Ein kleiner **Hofladen** mit angeschlossenem Café und einem Mini-Streichelzoo liegt sehr schön zentral im Ort. Dort gibt es Lebensmittel, Brötchen, Zeitungen und im Café Frühstück, Kuchen und Eis.

Auf den umliegenden Äckern drehen sich Windräder, ein regelrechter **Windrad-Park** ist so entstanden. Das Geräusch der Rotoren dürfte aber nur bei hohen Windstärken zu vernehmen sein.

Strandprofil

Der Klausdorfer Strand erstreckt sich als schmaler, weitgehend **steiniger Streifen,** vor dem sich eine 5–8 m hohe **Steilküste** erhebt. Wer nach links oder rechts läuft, hat recht schnell eine einsame Stelle gefunden.

Praktische Tipps

Unterkunft

- **Ferienhof Brücker** €–€€, Dorfstr. 18, Tel. 98 15, Fax 50 26 65, www.ferienhof-bruecker.de. Ein umgebauter Bauernhof mit drei Einheiten und großem Garten.
- **Ferienhof Klausdorf** €–€€, *Susanne Kleingarn-Bolley,* Dorfstr. 3, Tel. 86 140, Fax 86 14 55, www.ferienhof-klausdorf. de. In einer 25.000 m² großen Gartenanlage liegen mehrere Häuser. Im Angebot sind FeWos in einer modernen Wohnanlage, in einem umgebauten Bauernhaus, im ehemaligen Backhaus und in der reetgedeckten Fischerkate. Für Kinder gibt es einen Spielplatz. Außerdem werden Fahrräder verliehen und ein Brötchen-Service wird auch angeboten. Weiterhin werden einige Häuser unterschiedlichster Größe entlang der Dorfstraße angeboten.
- **Ferienbauernhof Kohlhoff** €–€€, Dorfstr. 32, Tel. 23 21, Fax 50 36 15, www.ferien-bauernhof-kohlhoff.de. Drei Einheiten auf umgebautem Hof mit großem Garten. Hier werden noch Kleintiere gehalten.
- **Bauernhof Riessen** €–€€€, *Christine Riessen,* Dorfstr. 12, Tel. 32 95, Fax 92 56, www.bauernhof-riessen. de. FeWos für zwei bis acht Personen in unterschiedlichen Häusern, sei es in der Alten Kate, einem urigen Bauernhaus, oder in netten Landhäusern.

▷ Weiter Blick über die Felder bei Klausdorf

2

Fehmarn, der Osten

Camping

■ **Campingplatz Klausdorfer Strand** €€, Tel. 25 49, Fax 24 81, www.camping-klausdorferstrand.de, geöffnet Anfang April bis Mitte Okt. 250 Dauerplätze, 210 Touristenplätze und zwei freie Wiesen, eine davon direkt vor der Steilküste. Wer hier sein Lager aufschlägt, genießt traumhafte Ausblicke, muss aber auch den ständigen Wind hinnehmen. Warmduschen sind gratis, Fahrradvermietung.

Einkaufen

■ **Klausdorfer Hofladen,** Dorfstr. 30, Tel. 87 97 84. Einkaufen auf dem Hof: Brötchen und weitere Lebensmittel, zumeist aus eigener Herstellung, ab 7 Uhr geöffnet.

Reiten

■ **Peter Rauert,** Tel. 43 66.

Presen

■ **PLZ:** 23769
■ **Vorwahl:** 04371

Ein Dorf, eine Straße, ein Löschteich, aber etliche attraktive Unterkünfte. Presen darf man getrost ein Straßendorf nennen, denn viel mehr als eine Straße weist der Ort nicht auf. Macht nichts, denn Presen liegt so richtig schön abseits. Nicht allzu weit vom Meer entfernt, nicht völlig aus der Welt, aber doch ein wenig am Rande. Das ist gut so, fließt hier doch keinerlei Durchgangsverkehr durch. Wer hierher kommt, der bleibt, denn die Urlauber schätzen genau diese **ruhige Lage.**

237fe hjf

Praktische Tipps

Unterkunft

■ **Presener Deichkrone** €€€€, Presen 21, Tel. 92 17, Fax 87 98 57, www.presener-deichkrone.de, und **Pension Hinterm Deich** €€, Tel. 96 78. Mehrfach ausgezeichneter Betrieb mit FeWos auf einer Hofanlage. Daneben gibt es ein Nichtraucherhaus sowie ein altes Bauernhaus mit zwei rustikalen FeWos. Frau *Prange*, die gute Seele des Ganzen, ist mit ihrem rustikal-freundlichen Charme schon beinahe eine Fehmarner Institution.

■ **Ferienhof Rießen** €€€–€€€€, Haus Nr. 16, Tel. 86 220, Fax 86 22 14, www.ferienhof-riessen.de. Auf einem nicht mehr bewirtschafteten Hof werden mehrere FeWos unterschiedlicher Größe für zwei bis neun Personen angeboten. Ponys, Pferde und Kleintiere werden auch gehalten, mit der Möglichkeit zum Reiten.

Puttgarden

■ **PLZ:** 23769
■ **Vorwahl:** 04371

Der vielleicht bekannteste Ort Fehmarns, zumindest seitdem die **„Vogelfluglinie"** existiert. 1963, als die Brücke vom Festland auf die Insel eröffnet wurde, war der Weg frei für eine durchgehende Bahn- und Straßenverbindung nach Dänemark. Ab sofort konnte direkt gereist werden, eben so, wie die Vögel schon immer flogen.

Fährhafen

Und seit jenen Tagen besteht der **große Fährhafen** in Puttgarden an der Nordseite Fehmarns. Im Halbstundentakt laufen heute Fährschiffe aus, machen den kurzen Sprung hinüber nach Rødby auf der dänischen Insel Lolland. Die Europastraße E 45 endet direkt vor dem Hafen, und auch der Bahnhof Puttgarden liegt unmittelbar vor der Kaianlage. Da könnte man jetzt hektisches Treiben erwarten, dem ist aber nicht so. Zwar verschwinden Lastwagen und Pkws zügig im Bauch der Fähren, auch ganze Züge werden hineinrangiert, das war's dann aber auch schon. Besucher können dies prima von einer Brücke, einer Art Besuchergalerie, aus beobachten. Im Hafen liegt auch eine Art schwimmendes Kaufhaus, das vier Decks hohe „Port Center". Hauptsächlich Skandinavier decken sich hier mit Alkoholika und anderen Artikeln ein, die in ihren Ländern deutlich teurer sind.

Seitdem eine feste Querung hinüber zum dänischen Nachbarn geplant ist, herrscht Unruhe. Ursprünglich sollte eine Brücke gebaut werden, nun wird es wohl ein **Tunnel** werden. Das dürfte zu Lasten des Fährbetriebes gehen, und natürlich werden die Bauarbeiten auch das Leben in Puttgarden beeinträchtigen, aber das allerletzte Wort ist in dieser Sache noch nicht gesprochen. Noch pendeln die Fähren jede halbe Stunde und das tags wie nachts.

Wo bekomme ich **Tickets für die Fähre?** Wer über die E 45 Richtung Puttgarden fährt, gelangt zwangsläufig an eine Verkaufsstelle, die ein wenig an eine Mautstation an einer französischen Autobahn erinnert. Ungewöhnlich, aber praktisch: Einreihen in eine der Schlangen, bezahlen und rauf aufs Schiff, niemand muss das Auto verlassen, einen Parkplatz und dann das Büro suchen.

Einem **Kurzbesuch in Rødby** steht nichts im Wege, alle 30 Min. legt ein Schiff ab, die Überfahrt dauert 45 Min.

Für eine Tagestour lohnt der Kauf eines **Tagestickets**. Der **Preis** liegt in der Hauptsaison vom 1. Juni bis 31. August etwas höher, das Ticket gilt Mo bis Fr ab 9.15 Uhr, Sa/So auf allen Abfahrten. Die Tickets können auch online gebucht werden.

■ **Pkw** bis 6 m Länge: 68–83 € (Nebensaison) oder 83 € (Hauptsaison).

■ **Motorrad** inkl. 2 Personen: 49 € oder 56 €.

■ **Fahrrad** inkl. Radler: 6 € oder 11 €.

■ **Erwachsener:** 6 € oder 11 €.

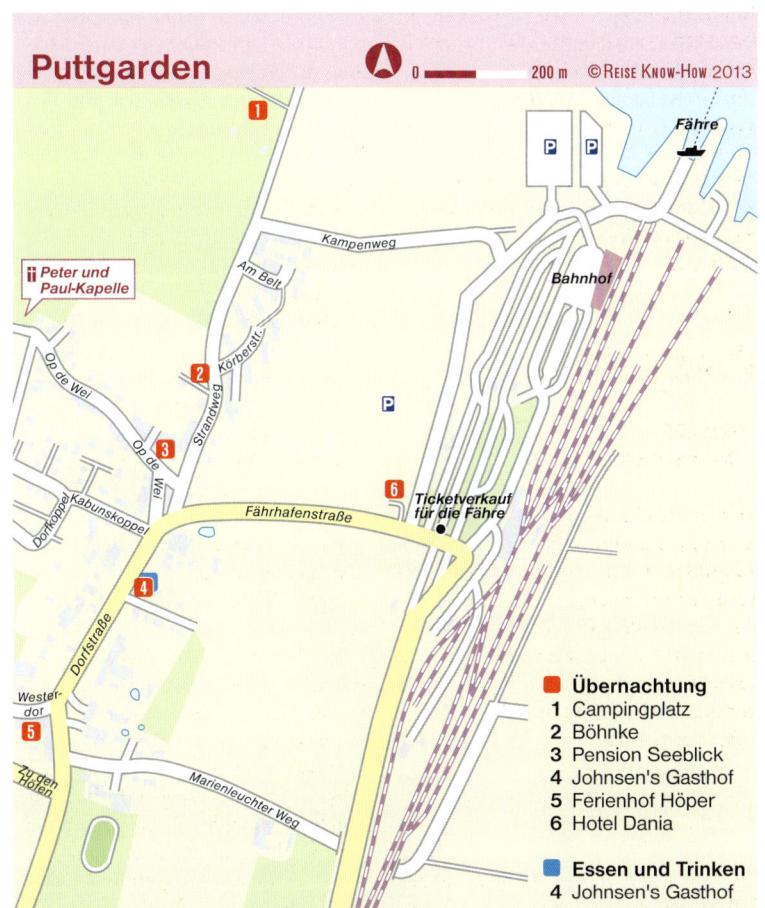

Puttgarden

0 ▬▬▬▬ 200 m ©Reise Know-How 2013

Fähre

P   P

Kampenweg

Am Belt

Bahnhof

ℹ️ *Peter und Paul-Kapelle*

Op de Wei

Körberstr.

Strandweg

2

Op de Wei

3

Dorfkoppel Kabunskoppel

P

6   Ticketverkauf für die Fähre

Fährhafenstraße

4

Dorfstraße

Wester-dorf

5

Zu den Höfen

Marienleuchter Weg

1 Campingplatz

■ **Übernachtung**
1 Campingplatz
2 Böhnke
3 Pension Seeblick
4 Johnsen's Gasthof
5 Ferienhof Höper
6 Hotel Dania

■ **Essen und Trinken**
4 Johnsen's Gasthof

■ **Kinder (4–11 Jahre):** 4 €.
■ **Familie** (Erw. u. max. 3 Kinder): 16 € oder 26 €.

Außerdem gibt es **Kombi-Tickets** für die ganze Familie, inkl. Pkw und Eintritt für verschiedene dänische Zoo- bzw. Freizeitparks, z.B. Knuthenborg Safaripark, das Mittelalterzentrum in Nyköping oder das BonBonLand auf Seeland. In der Sommersaison (Mitte Juni bis Anfang September) gelten am Wochenende höhere Tarife.

■ **Infos und Buchung: Scandlines,** Tel. (01805) 11 66 88.

Das Dorf

Etwa 1 km entfernt liegt das Dorf Puttgarden. Wenig spürt man dort vom Fährbetrieb, **alles geht seinen ruhigen Gang.** In einem schwungvollen Bogen führt die Dorfstraße, später Fährhafenstraße, zum Terminal, die meisten Puttgardener leben in Einfamilienhäusern, die in abzweigenden Straßen stehen. Ein guter Kilometer bleibt noch bis zum schmalen, mit Steinen durchsetzten Strand, dort liegt ein Campingplatz. Von der Deichkrone lassen sich die Fährschiffe gut beobachten.

Historisch betrachtet stand hier ab 1198 eine kleine Kapelle, die **Peter-und-Paul-Kapelle.** Sie gilt als das erste Gotteshaus auf der Insel. Der genaue Standort ist nicht bekannt, aber man vermutet ihn etwas außerhalb von Puttgarden und hat dort einen Gedenkstein mit einem schmiedeisernen Kreuz platziert. Errichtet wurde sie auf Wunsch des damaligen Papstes, damit skandinavische Pilger auf ihrer Pilgerreise christlichen Schutz erbitten und vor allem wohl auch nach der überstandenen Seereise von Dänemark kommend, ein Dankesopfer für die geglückte Überfahrt spenden konnten.

Die Kapelle wurde 1644 von schwedischen Truppen zerstört. Für heutige Pilger ist nun ein Pilgerweg quer über die Insel eingerichtet, der zur **Via Scandinavica** zählt, von Fehmarn über Lübeck nach Göttingen führt und auch ein Teilstück eines deutschen Jakobsweges ins spanische Santiago de Compostela ist – ausgeschildert, wie üblich, mit dem Symbol der Jakobsmuschel. Der Pilgerweg beginnt am Bahnhof in Puttgarden und verläuft teilweise auf unterschiedlichen Routen für Radfahrer und Wanderer, bevor diese in Burg wieder zusammentreffen. Dabei wird dort auch die kleine **St.-Jürgen-Kapelle** passiert, wo der Opferstock aus der Peter und Paul-Kapelle aufbewahrt wird.

Der vermutete damalige Standort der Kapelle liegt etwas abseits. Aus Puttgarden heraus der Verlängerung der Straße „Op de Wei" etwa 1,2 km folgen.

Marienleuchte

Ganz oben an der Nordküste, nur 1,3 km südöstlich von Puttgardens Fährhafen, erhebt sich der **rot-weiß gestreifte Leuchtturm** Marienleuchte, erbaut im Jahr 1964 als Ersatz für einen bereits 1832 errichteten, gelb geklinkerten quadratischen Turm, der noch unter dänischer Herrschaft entstand. Er war seinerzeit der erste und bis 1872 einzige Leuchtturm auf Fehmarn und diente zur Sicherheit der Schiffe, die regelmäßig zwischen Kopenhagen und Kiel verkehrten. Deshalb prangt noch heute auf der Südseite des Turms das dänische Wap-

feh13-016.hjf

◁ Fähre auf dem Weg nach Puttgarden

pen; ursprünglich hieß er „Mariefyr", benannt nach *Marie Sophie Frederike*, der Ehefrau des dänischen Königs. 1864 geriet Fehmarn unter preußische Herrschaft, der neue Name des Turms war nun Marienleuchte. 1963 entstand der rot-weiß gestreifte, 33 m hohe Leuchtturm, das alte Gebäude wurde stillgelegt und harrt einer neuen Nutzung. Eine kleine **Feriensiedlung** etablierte sich im Laufe der Jahre unterhalb des Leuchtturms, sie trägt ebenfalls den Namen Marienleuchte.

Praktische Tipps

Unterkunft

■ **Hotel Dania** €€€€, Am Fährbahnhof, Tel. 86 60, Fax 86 61 66, www.hotel-dania.de. Siebengeschössiges, buntbemaltes Haus unmittelbar neben dem Fährterminal mit funktionalen Zimmern.
■ **Johnsen's Gasthof** €€€, Dorfstr. 22, Tel. 37 84, Fax 67 30. www.johnsens-gasthof.de. Funktional eingerichtete Zimmer mit Sitzecke und Vorflur.
■ **Pension Seeblick** €€, Op de Wei 8–10, Tel. 86 760, Fax 86 76 16. Vier Zimmer in ruhiger Seitenstraße – allerdings ohne Seeblick.
■ **FeWo Böhnke** €–€€, Strandweg 17A, Tel. 87 053, Fax 87 054, www.ferienhof-boehnke.de. FeWos für 2–5 Personen in einem mittelgroßen Haus mit großem Garten und Spielplatz. Auf Wunsch Brötchenlieferung.
■ **FeWo Höper** €€–€€€, Westerdor 5, Tel. 22 77, Fax 8 76 44, www.bauer-hoeper.de. Vier Einheiten, die separat auf einem Bauernhof in einem angenehmen Umfeld stehen.

Camping

■ **Campingplatz Puttgarden** €, Tel. 34 92, geöffnet 1. April bis 3. Okt., 70 Dauerplätze, 56 Touristenplätze. Der Campingplatz liegt direkt hinter dem Deich, mit Blick auf den Fährverkehr. Einkaufsmöglichkeit und Gaststätte sind vorhanden sowie ein Kinderspielplatz.

▷ Die Kirche von Bannesdorf 4 km südlich von Puttgarden

Essen und Trinken

■ **Johnsen's Gasthof,** Dorfstr. 22, Tel. 37 84, geöffnet: 10–15 und 17–21 Uhr, Do Ruhetag. Bodenständige Fleischgerichte aus der Pfanne und auch Fisch aus der Ostsee, aber es gibt auch Bockwurst und Brotzeit.

Einkaufen

■ **Port Center Border Shop,** ein vierstöckiges Einkaufsschiff, das direkt am Fähranleger liegt und vor allem Alkohol anbietet, aber auch die leckeren, leicht salzig schmeckenden dänischen Lakritz. Alle Preise sind übrigens auch in dänischen und schwedischen Kronen angegeben, denn hauptsächlich kaufen hier Skandinavier ein. Geöffnet: 6–20 Uhr täglich.

Bannesdorf

- **PLZ:** 23769
- **Vorwahl:** 04371

Bannesdorf liegt im Nordosten von Fehmarn. Meist sind einzeln stehende Häuser zu finden, das Ortsbild ähnelt ein wenig einer Vorstadtsiedlung. Direkt hinter dem Dorf breiten sich wieder die Felder der Bauern aus, im Ortskern fehlt aber der ländliche Eindruck.

Örtliche Sehenswürdigkeit ist die **Johanniskirche,** erbaut aus rotem Backstein, mit einem nur unwesentlich höheren schwarzen Holzturm. Die Kirche datiert aus dem 13. Jh. Auffällig ist, dass der Glockenturm, erbaut 1701, neben der Kirche steht.

Es handelt sich um die kleinste evangelische Kirche auf Fehmarn. Ihr Standort, leicht am Rande des Ortes, wird auch von dem sie umgebenden **Friedhof** mit seinen hohen Bäumen geprägt. Im Inneren sticht der **Rokokoaltar** aus dem Jahr 1777 heraus, sowie das **Taufbecken** (13. Jh.), das erbaut wurde mit Steinen von der schwedischen Insel Gotland. Darüber besticht ein spätgotisches Wandgemälde. Über den Kirchbänken befinden sich drei schmuckvolle **Logen-Emporen** aus dem 18. Jh., in denen die örtlichen Honoratioren früher dem Got-

Bannesdorf

0 — 100 m   ©Reise Know-How 2013

■ **Übernachtung**
1 Viktor Radon
2 Pension Bannesdorf

3 Zum Landhaus
4 Landhaus Gerber
5 FeWo Löffler

■ **Essen und Trinken**
2 Gasthof
  Bannesdorf

2

tesdienst lauschten. Die Orgel wurde farblich ähnlich wie die Kirchenbänke gestaltet und passt farblich auch zu den Logen, ein insgesamt also sehr stimmiges Bild.

Praktische Tipps

Unterkunft

■ **Gasthof Bannesdorf** €€€, Kirchenstieg 12, Tel. 88 99 880, Fax 88 99 885, www.gasthof-meetz.de. Diese Pension mit neun Zimmern liegt unweit der Kirche in einer Nebenstraße, ein angeschlossenes Restaurant bietet gutbürgerliche Küche. Mit angeschlossener Kegelbahn.

■ **FeWo Zum Landhaus** €€–€€€, *Matthias Meetz*, Kirchenstieg 12, Tel. 38 48, Fax 38 30, www.gasthof-meetz.de. Acht FeWos in neuerem Haus mit größerem Garten. Die oberen mit Balkon, unten mit Terrasse.

■ **Ferienhaus Viktor Radon** €€, Kirchenstieg 9, Tel. 68 53, www.fehmarn-fewo-radon.de. Einzeln stehendes Haus unweit der Kirche, immerhin 103 m² groß.

■ **FeWo Löffler** €€, Rosenstr. 3A, Tel. (0234) 46 16 06, www.fehmarnferien.com. Sehr schönes Reetdachhaus auf einem 1500 m² großen Grundstück mit zwei liebevoll eingerichteten FeWos.

■ **Landhaus Gerber** €€–€€€, Rosenstr. 20, Tel. 87 97 60, www.ostseeinsel-urlaub.de. In einem renovierten ehemaligen Bauernhaus in Ortsrandlage befinden sich drei FeWos von 50, 60 und 130 m² Größe. Großer Garten sowie eine Sauna sind vorhanden.

Essen und Trinken

■ **Restaurant Gasthof Bannesdorf,** Kirchenstieg 12, Tel. 88 99 880. Gutbürgerliche Küche mit Fleischgerichten – die Tiere stammen aus eigener Aufzucht –, aber auch mit Fischspezialitäten.

Niendorf

■ **PLZ:** 23769
■ **Vorwahl:** 04371

Niendorf als kleine Siedlung wurde schon im **13. Jh.** erstmals urkundlich erwähnt. Ob der Ort schon damals einen beinahe rechteckigen Zuschnitt hatte, ist nicht bekannt. Wer aber heute einmal das Glück hat, Niendorf von oben zu betrachten, dem fällt diese fast **rechteckige Anordnung** auf. Durch das Zentrum verläuft die Dorfstraße, an der mehrheitlich einzeln stehende Wohnhäuser zu finden sind, weniger Bauernhöfe.

Überhaupt ist Niendorf weniger landwirtschaftlich geprägt als andere Orte. Im Gegenteil, im äußeren Bereich findet sich sogar ein geschlossenes Neubaugebiet. Ähnlich sehen dann in anderen Landesteilen die Vororte von größeren Städten aus, aber da würde man Niendorf unrecht tun, denn Burg, die Insel-„Metropole", wurde 1202 erstmals erwähnt, Niendorf nur unwesentlich später, nämlich 1231.

Burg wurde dann Inselhauptstadt, während Niendorf seinen nachbarschaftlichen Platz fand. Dennoch ist es nur ein Katzensprung nach Burg, der dortige Kirchturm ist von Weitem zu erkennen. Die viel befahrene Straße von Puttgarden nach Burg verläuft in sicherer Entfernung zum Ort. Insgesamt zeigt sich Niendorf ziemlich ruhig, aber eben nicht dörflich.

Fehmarn, der Osten

feh3-023.hjf

3 Der Nord-westen

An den Küsten liegen flache Sandstrände hinterm Deich, ansonsten gibt es hier viel Natur und Land-wirtschaft. Die Dörfer sind schmuck und meist von großen Bauernhöfen geprägt, viele davon mit schönen Ferienwohnungen. Die Höfe verwandeln sich so für die Kleinen in einen natürlichen Abenteuerspielplatz, für die Großen in einen Hort der Ruhe und zum tiefen Durchatmen.

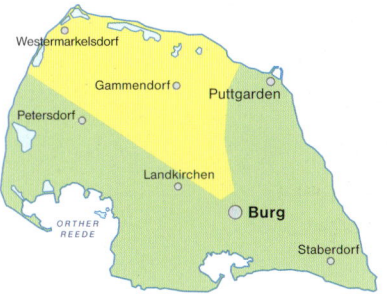

◁ Prächtige Allee in Vadersdorf

➡ **Vadersdorf:**
ein Vizemeister im Wettbewerb
ums schönste Dorf | 70

➡ **Naturschutzgebiet Grüner Brink:**
erholsame Spaziergänge | 75

➡ **Dänschendorf:**
gemütliche Pause auf
einer Radtour bei Hein und Bea | 79

➡ **Westermarkelsdorf:**
adretter Ort mit rauer Küste
und achteckigem Leuchtturm | 83

NICHT VERPASSEN!

Diese **Tipps** sind gelb hinterlegt.

VON OSTER-MARKELSDORF BIS SCHLAGS-DORF

Etliche kleine, überwiegend sehr ruhige Dörfer liegen hier, hübsch verteilt, wie hingesprenkelt auf eine riesige grüne Wiese. Denn hier herrscht überwiegend Landwirtschaft, Tourismus findet so nebenbei statt. Was durchaus angenehm ist, denn Urlauber finden auf vielen Bauerhöfen toll umgebaute Ferienwohnungen. Die Küstenlinie steht teilweise unter Naturschutz. Auch gibt es einige feine Sandstrände, aber ohne Flanierpromenaden und Eisbuden, sondern eingebettet in die Natur hinterm Deich.

Ostermarkelsdorf

■ **PLZ:** 23769
■ **Vorwahl:** 04371

Das sehr kleine Dorf besteht aus einer Straße und liegt etwa 3 km von Burg entfernt. Bauernhöfe mit großen Scheunen prägen das Bild, aber es gibt auch ein paar nette ältere Häuser. Etwas außerhalb des Dorfes quert die Straße, die Richtung Burg und Landkirchen führt, einen Schienenstrang. Diese Gleise sind Reste der seit Langem stillgelegten **Inselbahn,** die einst von Fehmarnsund über Landkirchen und Petersdorf nach Orth führte.

Bisdorf

■ **PLZ:** 23769
■ **Vorwahl:** 04371

Bisdorf ist von den kleineren Dörfern schon ein etwas größeres und ziemlich gemischt bebaut. Es gibt einige Bauernhöfe von beachtlicher Größe, ansonsten aber dominieren Einzelhäuser, überwiegend neueren Datums. Den Ortskern

3

bildet eine **Dreieckskreuzung,** von der Straßen in drei Richtungen streben. Keine davon zählt zu den wichtigsten Durchgangsstraßen der Insel. Es bleibt also ziemlich ruhig in Bisdorf.

Einige größere Hofanlagen haben entsprechend große Gärten, die überwiegend sehr schön eingewachsen sind durch hohe Bäume. Auch viele der Einzelhäuser haben **tolle Gärten,** was ein insgesamt stimmiges Ortsbild ergibt. Neben der Feuerwehr liegt ein kleiner öffentlicher Spielplatz.

Praktische Tipps

Unterkunft

■ **Ferienhotel Nielson** €€€€–€€€€€, Bisdorf 35, Tel. 5629, www.ferienhof-nielson.de. Ein Bauernhof mit großem Garten, Liege- und Spielwiese und sogar einer Spielscheune. Es gibt zwei FeWos für vier bzw. sechs Personen, die größere Wohnung hat 110 m², sowie ein Ferienhaus für bis zu 10 Personen auf einem separatem Grundstück. Außerdem gibt es Ponyreiten, eine Grillterrasse und Streicheltiere.

Essen und Trinken

■ **Hof-Café,** Bisdorf 15, Tel. 1403, geöffnet: täglich 14–18 Uhr, auch in der kalten Jahreszeit. Nach Einstellung des landwirtschaftlichen Betriebes wurde das Café eröffnet. Selbstgebackene Kuchen und Torten werden serviert, im Sommer auch auf der Terrasse, vorzugsweise mit Produkten aus der Region. Die Spezialität des Hauses nennt sich übrigens „Hoftorte".

Vadersdorf

■ **PLZ:** 23769
■ **Vorwahl:** 04371

Das lang gestreckte Dorf wirkt richtig **schick.** Kein Wunder, dass Vadersdorf schon einmal den zweiten Platz im Wettbewerb zum schönsten Dorf im gesamten Kreis Ostholstein erringen konnte. Mitten durch den Ort führt eine malerische **Lindenallee;** an ihr liegen auch die Häuser, teils älter, teils neuer, aber fast alle mit einem hübschen Garten.

Bauernhöfe mit gewaltigen Scheunen gibt es auch und sogar einige Dienstleister, wie einen Tierarzt oder einen Physiotherapeuten. Im Ortskern liegt der übliche Löschteich, außerdem sind einige **Wanderungen** rund um Vadersdorf ausgewiesen mit einer Beschilderung im Stil des Berliner Ampelmännchens.

Praktische Tipps

Unterkunft

■ **Bauernhof Hopp** €€€€, Lindenallee 24–26, Tel. 86 43 64, Fax 50 24 74, www.bauernhof-hopp.de. Auf einem noch aktiven Bauernhof werden sieben Ferienwohnungen in einem Land- oder Fachwerkhaus angeboten für 2–5 Personen. Ein sehr schöner großer Garten mit Liegewiese, Strandkörben, Grillplatz, Spielbereich für Kinder, Trampolin, Ponyreiten und ein Streichelzoo sind auch vorhanden.

▷ Diese Allee führt durch Hinrichsdorf

3

Hinrichsdorf

- **PLZ:** 23769
- **Vorwahl:** 04371

Eine kleine ländliche Gemeinde im Zentrum der Insel gelegen. Weit ist es trotzdem nicht zu den Stränden (3–5 km) oder auch nach Burg (3–4 km). Die einzige Straße wird von hoch gewachsenen Bäumen gesäumt, sodass schon eine Art **Allee** entstanden ist.

An dieser Straße liegen die Höfe der Bauern und auch die Einzelhäuser. Vereinzelt umschließt eine Backsteinmauer diese Höfe, aber zumeist kann man frei in die großen Gärten schauen. Wer Ferienwohnungen vermietet, hat meist auch eine Spielecke eingerichtet. In manchem Garten steht beispielsweise ein Trampolin für Kinder bereit. Und zwischendurch grasen ein paar Schafe friedlich auf einer Wiese nicht weit vom **Löschteich** entfernt, was das angenehme Bild schön abrundet.

Todendorf

- **PLZ:** 23769
- **Vorwahl:** 04371

Todendorf liegt im nördlichen Bereich von Fehmarn, bis nach Puttgarden sind es 3 km und zu den Stränden bei Niobe etwa 5 km. Durch die Ortschaft führen zwei Straßen, die sich am Ortsausgang wieder vereinen. Hier stehen überwiegend Einzelhäuser, darunter auch einige reizvolle ältere Gebäude.

feh13-022 hjf

Viele Häuser haben sehr **schöne große Gärten.** Einige Bauernhöfe ergänzen das Bild, und zur Landwirtschaft gesellt sich die Vermietung von Ferienwohnungen, darunter ausgesprochen schicke Anlagen. Insgesamt zeigt sich das Dorf sehr ruhig, nicht völlig ländlich, und die Strände sind rasch erreicht, selbst per Fahrrad.

Praktische Tipps

Unterkunft

■ **Bauernhof Kühlsen** €€€, Haus Nr. 50, Tel. 50 24 52, www.bauernhof-kuehlsen.de. Urlaub auf dem Bauernhof in einer gemütlichen Ferienwohnung in einem schicken weißen Fachwerkhaus. Dazu gehören auch ein großer Garten mit Liegewiese, ein Spielplatz mit Trampolin, eine Spielscheune, eine Grillecke und Streicheltiere.

■ **Bauerhof Rauert Anno 1858** €€€, Haus Nr. 55, Tel. 32 18, www.bauernhof-cp-rauert.de. Dieser Hof wird durch eine Alleezufahrt erreicht, durch die das helle Haus schon von Weitem durchschimmert. Eine sehr schöne, große Hofanlage mit drei FeWos, 1000 m² großer Spielscheune, Terrasse, Trampolin, Streichelzoo und finnischer Sauna.

⊡ Rinder in der ersten Reihe am Grünen Brink bei Gammendorf

feh13-021 hjf

Gammendorf

- **PLZ:** 23769
- **Vorwahl:** 04371

3–4 km von der Küste im nördlichen Teil der Insel gelegen, ist Gammendorf primär **Durchgangsstation.** Die meisten Reisenden streben zur Küste, zu einem der Campingplätze vor allem, aber auch zum Niobe-Denkmal oder zum Naturschutzgebiet „Grüner Brink". Gammendorf prägen nicht wie viele Fehmarner Dörfer landwirtschaftliche Betriebe, das Ortsbild beherrschen einzeln stehende Häuser. Neben der Durchgangsstraße gibt es noch eine Umgehungsschleife und wenige Stichstraßen. Ein kleiner **Kiosk** sorgt für die Nahversorgung mit (Fisch-)Brötchen und Zeitungen. Im Ort leicht zu finden, da ausgeschildert: Hausnummer 13, geöffnet ab 6.30 Uhr, So ab 7.30 Uhr.

Strandprofil

Etwas mehr als 3 km sind es bis zum Strand, der hier recht ansehnlich ist. Er dehnt sich auf gute 30 m aus, ist nur stellenweise mit Steinen durchsetzt. Ein kleines Wäldchen und ein nicht besonders hoher Deich schützen vor **Wind.** Der bläst hier aber dennoch zumeist, deshalb tummeln sich auch Surfer auf

Fehmarn, der Nordwesten

My Strandkorb is my castle

Die Sonne brennt vom Himmel, ein laues Lüftchen weht vom Meer, das monotone Brechen der Wellen macht schläfrig, wohlig rekelt sich der Urlauber, die Augen fallen zu. Entspannung! **Wie Perlen in einer Kette stehen sie, alle in Blickrichtung zur Sonne gerichtet.** Von wem die Rede ist? Von Strandkörben natürlich. Kein Seeurlaub ohne Strandkorb; wer sich keinen mietet, dem entgeht etwas.

Alte Chroniken berichten, dass 1882 ein Korbmachermeister aus Rostock einer rheumageplagten Urlauberin einen Wäschekorb als Sitzgelegenheit zur Strandbenutzung umbaute. Eine Idee war geboren, trat ihren Siegeszug an der Ostseeküste an. Schon ein Jahr später wurde die ersten Körbe vermietet, von der Frau des Korbmachermeisters. Und dann ging es auch bald richtig los, etwa ab der Jahrhundertwende. Ein ehemaliger Lehrling des Korbmachers der

ersten Stunde stieg in den 1920er Jahren zum größten Hersteller von Strandkörben überhaupt auf. Beschleunigt wurde die Entwicklung durch die Gründung von immer mehr Seebädern und gleichzeitig durch immer bessere Bahnanbindungen.

Kuriose Modelle gab es auch: zusammenlegbare Körbe, als Boot nutzbare und sogar drehbare (auf Kugellagern). Aber das Grundmodell hat sich seit den Anfängen kaum verändert.

Immer mehr Urlauber finden so sehr Gefallen an den gemütlichen „Zweisitzern", dass sie sich extra einen **für den heimischen Garten** herstellen lassen. Mehrere Firmen produzieren für den Kurgast, etwa 1785 Euro kostet ein schicker, persönlicher Strandkorb.

Warum ist er nun so beliebt? Steht er als Häuslebauer-Ersatz? Zeigt er den Rückzug ins Private, selbst am Strand? My Strandkorb is my castle? Vielleicht ist's ja viel profaner, nämlich einfach saugemütlich! Der Urlauber mietet sich einen Strandkorb, der in 14 Tagen zu „seinem" wird. Ein **zweites Zuhause,** ein home away from home. Aber wie wird ein x-beliebiger zu einem persönlichen Strandkorb? Durch die Nummer! Unübersehbar prangt sie auf der Rückseite, macht jeden Korb unverwechselbar.

An **praktischen Details** wären da noch die Handschlaufen, außen angebracht. Zwei Mann – zwei Ecken und schon wird er etwas gedreht, schön hinein in die Sonne, den Wind (hoffentlich) im Rücken. Dann die Verriegelung kurz ausrasten lassen, das ganze Ding in Rückenlage stellen. Jetzt noch das Fußteil ausziehen, hier werden T-Shirt und Sonnencreme verstaut. Danach ein kleines Brettchen ausklappen und Getränke platzieren. Schließlich das Handtuch über die in Kopfhöhe gespannte Schnur hängen – und endlich kann man sich fallen lassen!

235Re hjf

dem Wasser. Und noch eine inselweite Besonderheit: Hier gibt es **kleine Dünen,** die schön mit Dünengras bewachsen sind.

Niobe-Denkmal

„Es ist nicht nötig, daß ich lebe, wohl aber, daß ich meine Pflicht tue", so steht es geschrieben am Fuß eines schlichten Denkmals, das sich direkt am Strand erhebt. Nur ein Mast ragt in die Höhe und erinnert an die Tragödie des **Untergangs der „Niobe",** die sich am 26. 7. 1932 etwa 8 km von hier im Meer ereignete. Das Segelschulschiff „Niobe" hatte überwiegend junge Offiziers- und Unteroffiziersanwärter an Bord, die noch keine allzu große seemännische Erfahrung hatten und auf diesem Schulschiff der damaligen Reichsmarine ausgebildet werden sollten. Nach dem Auslaufen aus Kiel näherte sich die Niobe gerade der Insel Fehmarn, als sich das Wetter dramatisch verschlechterte. Plötzlich schoss eine Fallbö herunter, die „Niobe" legte sich auf die Seite und kenterte schließlich. Das ganze Unglück dauerte kaum zwei Minuten. Glücklicherweise waren zwei Schiffe schnell bei der Unglücksstelle, ließen Rettungsboote zu Wasser und konnten 40 Überlebende bergen. Dennoch ertranken 69 Menschen.

Die Meldung von dem Unglück traf die Bevölkerung wie ein Schock, galt die „Niobe" doch als äußerst seetüchtig. Vier Wochen nach dem Untergang wurde das Wrack geborgen, es lag in nur

28 m Tiefe, die Leichen wurden auf dem Nordfriedhof in Kiel beerdigt.

Am 15. Oktober 1933 wurde das Denkmal mit dem schlimmen **Gedenkspruch** enthüllt, knapp neun Monate nach *Hitlers* Machtergreifung. Vor diesem Hintergrund muss wohl der Text des Gedenksteins gesehen werden, wobei die Frage erlaubt sein sollte, warum dieser nicht mal irgendwann geändert werden konnte?

Grüner Brink

Dieses **Naturschutzgebiet** umfasst ein gut 2,5 km langes Feuchtgebiet mit einem Nehrungshaken. Immerhin wurden

▷ Niobe-Denkmal

hier bislang 170 **Vogelarten** gezählt, zumeist Zugvögel, aber auch 50 Arten, die am Grünen Brink brüten.

Ungewöhnlich auch, dass hier Lebensraum für **Pflanzen** des Strandes, der Dünen und eines Strandwalls gefunden wurde. Sogar die Heide blüht hier, was als Besonderheit gilt, denn dieses Phänomen gibt es an der Ostseeküste sonst nur im nördlichen Schleswig-Holstein an der Geltinger Birk und bei Grömitz auf der Schafheide.

Zwischen Strand und Heide hat sich im Laufe vieler Jahre ein **Strandsee** gebildet, sodass auf engstem Raum Ostsee, Strand, Heide und Feuchtgebiet zu finden sind.

Ein **Wanderweg** – auch für Radfahrer – führt auf dem Deich am Naturschutzgebiet entlang. Diesen bitte nicht verlassen, er führt schließlich bis zum Strandabschnitt vom Niobe-Denkmal und von dort weiter bis zur Nordspitze Fehmarns.

Praktische Tipps

Unterkunft

■ **FeWo Weiland** €€, Haus Nr. 38, Tel. 29 36, Fax 86 91 47, www.ferienhof-weiland.de. Ein Hof aus dem Jahr 1929, der heute als Naturlandbetrieb läuft und wo u.a. selbstgebackene Brötchen offeriert werden. Vier FeWos sowie ein neues Ferienhaus für bis zu sechs Personen.

■ **Ferienhof Hopp** €€€, Haus Nr. 14, Tel. 33 69, www.ferien hof-hopp.de. Moderne FeWos im nordischen Stil für zwei bis fünf Personen und ein Bungalow für bis zu sechs Personen in einem großen Garten mit gutem Spielangebot für Kinder sowie einer Hofwiese mit Tieren.

■ **Kämmererhof** €–€€, Familie *Micheel-Sprenger*, Haus Nr. 70, Tel. 32 48, Fax 87 819, www.kaemmererhof.de. FeWos in gemütlichem Bauernhof mit großem Garten unter hohem Baumbestand. Zum Entspannen laden Strandkörbe ein. Kinder können sich beim Ponyreiten vergnügen oder auf einem großen Spielplatz bzw. in der Spielscheune.

Camping

■ **Camping Am Niobe** €€, Tel. 32 86, im Winter 29 32, Fax 50 37 83, www.camping-am-niobe.de, geöffnet von Anfang April bis Mitte Okt. Je 150 Plätze für Dauercamper und Touristen werden angeboten. Der Platz liegt unmittelbar hinter dem Deich, wird aber durch einen parallel verlaufenden Tannengürtel vor den Winden geschützt. Der Strand ist feinsandig und nur ganz schwach mit Steinchen gesprenkelt, wie er an der Ostsee so häufig zu finden ist. Er hat eine Breite von ca. 30 m, somit bleibt genügend Platz rund ums Handtuch. Das Naturschutzgebiet Grüner Brink schließt sich unmittelbar an.

■ **Wohnmobilplatz Johannisberg** €, nicht ganz 3 km von Gammendorf entfernt an der Straße nach Puttgarden. Auf einem einfachen Platz existieren Entsorgungsmöglichkeiten und Stromanschlüsse für immerhin 50 Wagen, Sanitäranlagen und ein Restaurant sind ebenfalls vorhanden. Geöffnet: ganzjährig. Infos: www.womoplatz-fehmarn.de, Tel. 91 31.

Dänschendorf

■ **PLZ:** 23769
■ **Vorwahl:** 04372

Dänschendorf ist ein Dorf mit einem knappen Dutzend Straßen und zählt damit zu den etwas größeren Ortschaften in Fehmarns Westen. Gleichwohl muss

3

die Bezeichnung „größer" relativiert werden, denn sie bezieht sich mehr auf den subjektiven Eindruck.

Der Ortsname erinnert an die lange Phase der dänischen Dominanz auf Fehmarn (1320–1864). Das Dorf zeigt sich in einer Mischung aus Alt und Neu, so stehen auch einige für Fehmarn eher ungewöhnliche Reetdachhäuser mitten an der Durchgangsstraße. Am Ortsrand erhebt sich noch die alte **Windmühle „Flinke Laura"** aus dem Jahr 1871, allerdings heute ohne Flügel und deshalb auch nicht mehr in Betrieb.

Die **Durchgangsstraße,** über die die Urlauber an die Nordwestspitze fahren, zerschneidet den Ort. Wer aber in einer Nebenstraße seine Unterkunft wählt, erlebt auch in Dänschendorf ruhige Ferien. Bäuerliches Ambiente wechselt sich ab mit dem Charme eines gerade aus den Kinderschuhen herausgewachsenen Dorfes. Und immerhin: Es gibt Einkaufsmöglichkeiten und wenigstens zwei Lokale – schon das ein Unterschied zu vielen anderen Fehmarner Gemeinden.

Ein Spaziergang endet wohl unweigerlich am **Dorfteich,** dort laden ein

Dänschendorf   0 ▬▬▬ 100 m   ©REISE KNOW-HOW 2013

Übernachtung
2 Becker
4 Obertreis
6 Osterhof

Essen und Trinken
1 Dänschendorfer Hof
3 Hofcafé Hein und Bea's Scheune
5 Schnitzelparadies

Sonstiges
2 Fahrradverleih Becker

3

Hof-Café: Restaurant,
Café und Veranstaltungsort

paar Bänke zum versonnenen Blick aufs
Wasser ein.

Bis zur **Ostsee** sind es 3–4 km, was
selbst für ungeübte Radfahrer kein Hindernis sein sollte.

Praktische Tipps

Unterkunft

■ **FeWo Obertreis** €, Dorfstr. 9, Tel. 18 16. Eine Fe-
Wo in nett gestaltetem Haus.

■ **FeWo Wilhelm Becker** €–€€, Middeldor 1, Tel.
331, Fax 17 10, www.bauernhof-becker.de. Fünf Fe-
Wos verschiedener Größe in rotem Backsteinhaus mit
Garten, außerdem ein komfortables Ferienhaus für
bis zu vier Personen.

■ **Osterhof** €€–€€€€, *Anne-Kathrin Detlef,* Tel. 334,
Fax 452, www.ferienhof-detlef.de. Sieben FeWos von
35 bis 90 m² in ausgedehntem Garten sowie ein gro-

■ **Schnitzelparadies,** Dorfstr. 1, Tel. 80 62 16. Der Name des Lokals verrät schon den Schwerpunkt des Hauses, denn neben dem klassischen Schnitzel gibt es auch noch einige fantasievolle Varianten. Geöffnet ab 12 Uhr. Nebenan werden in einem Kiosk ab 7 Uhr Brötchen verkauft.

Fahrradverleih

■ **Wilhelm Becker,** Middeldor 1, Tel. 331.

Wenkendorf

■ **PLZ:** 23769
■ **Vorwahl:** 04372

Dieses „Bauerndörfchen", das genau so von seinen Bewohnern genannt wird, liegt im Nordwesten der Insel. Und zwar **in völlig ruhiger ländlicher Umgebung,** denn die Fehmarner Hauptstraßen lassen Wenkendorf links liegen.

Früher gab es hier wohl wirklich nur eine Handvoll Bauernhöfe, heute sieht das Bild nur am südlichen Ortsrand etwas anders aus, dort entstand eine moderne **Ferienanlage.** Diese wirkt aber durchaus gefällig, ergänzt sich mit dem restlichen Dorf. Die **Bauernhöfe** wurden zumeist zu Ferienwohnungen umgebaut, aber der dörfliche Charakter blieb erhalten. Wenkendorf besteht im Kern nur aus einer Straße, zum Strand sind es 2 km.

Strandprofil

Nur 2 km sind es bis zum Strand, der beinahe ununterbrochen von Puttgarden

feh13-019 hjf

ßes Ferienhaus, auch Tiere sind vorhanden auf einem landwirtschaftlichen Betrieb.

Essen und Trinken

■ **Hof-Café Hein und Bea's Scheune,** Dorfstr. 15, Tel. 397. Täglich ab 12 Uhr, u.a. mit hausgebackenen Kuchen und Torten, aber auch handfesten Gerichten. Es ist auch ein Veranstaltungsort für Live-Konzerte oder Kunsthandwerks-Ausstellungen. Mi Ruhetag.
■ **Restaurant Dänschendorfer Hof,** Schulstr. 5, Tel. 393. Schmackhafte, reichhaltige Portionen, bis 21 Uhr geöffnet.

3

bis zur äußersten Nordwestspitze verläuft. Die Merkmale sind beinahe überall gleich, nämlich eine **Breite** von etwa 10–20 m, nicht ganz frei von **Steinen** und von einem kleinen **Deich** begrenzt.

Hier, unweit von Wenkendorf, wächst ein kleines **Wäldchen,** das den Campingplätzen Schutz bietet, denn der Wind bläst meist ganz anständig. Kein Wunder, dass sich immer wieder **Surfer** dort versammeln, aber Anfänger sollten sich ein ruhigeres Revier an der geschützten Südküste suchen.

Praktische Tipps

Unterkunft

■ **Ferienhof Rathmann,** Wenkendorf 1, Tel. 388, Fax 80 67 95, www.ferienhof-rathmann.de. Sechs FeWos €–€€ und ein Ferienhaus €€€ für bis zu sieben Personen sind auf diesem umgebauten Hof zu finden. Es sind 1500 m bis zum Strand.

■ **Ferienhof Hinz,** Haus Nr. 13, Tel. 316, Fax 15 64, www.inselurlaub-fehmarn.de. Vier FeWos €€ und ein Ferienhaus €€€€ für max. acht Personen bietet *Christa Hinz* auf ihrem Hof an, außerdem weitere neue Häuser mit 70 m². Außerdem: ein 2000 m² großer Garten mit Grillplatz, Leihfahrräder und Brötchenservice.

■ **SHB-Ferienpark** €€, liegt am Ortsrand, ist aber unübersehbar. Zehn Häuser mit 40 Wohneinheiten unterschiedlicher Größe (3 bis 5 Zimmer), die oberen mit Balkon, die unteren mit Terrasse. Preis: etliche Aktionswochen mit Sparpaketen – nachfragen! Infos: Raab Ostsee Ferienvermietung, Postfach 55, 23669 Timmendorfer Strand, Tel. (04503) 70 34 90, www.ostseeonline.de.

Camping

■ **Campingplatz Am Deich** €€€, Wenkendorf 13, Tel. 777 (im Sommer) oder 316, Fax 15 64, www.urlaub-in-der-ersten-reihe.de. Geöffnet Anfang April bis Anfang Okt. Ein sehr ruhiger, aber auch kleiner Platz in einer Tannenschonung beim Strand mit 50 Plätzen.

feh13-024 bjf

> Strand bei Wenkendorf

Altenteil

- **PLZ:** 23769
- **Vorwahl:** 04372

Früher wurden die Altbauern, wenn sie den Hof an den Sohn übergeben hatten, mit einem **„Altenteil"** versehen. Das war in der Regel ein Haus, das nah genug zum Hof stand, damit die Alten zum Essen kommen konnten, aber weit genug entfernt, damit sie dem Sohn nicht ins tägliche Geschäft hineinreden konnten.

So ein wenig erinnert dieser **Mini-Ort** auch daran. Zwischen den umliegenden Feldern sammeln sich die wenigen Häuser an der einzigen Straßenkreuzung, von der immerhin vier Straßen hinwegstreben. Zur nördlichen Küste sind es 1,5 km, zum westlich bei Westermarkelsdorf gelegenen Strand keine 3 km. Auch zu den benachbarten größeren Ortschaften führt jeweils eine Straße.

Fehmarn, der Nordwesten

Berge und ihre Attraktionen

Von „Bergen" soll hier die Rede sein? Ein bisschen gewagt, wie? In Schleswig-Holstein ist doch die höchste Erhebung eine Kuh, oder nicht? Ja ja, alles klar – und auf Fehmarn gar sind etliche Gebäude höher als die einzigen Hügel, die diese Bezeichnung auch nur ansatzweise verdienen: die **Wulfener Höhe,** stolze 20 m „hoch".

Aber gemach, gar nicht so weit entfernt von Fehmarn erhebt sich Schleswig-Holsteins höchster Berg. **Bungsberg** heißt er und erreicht, nun ja, bitte jetzt nicht lachen, eine Höhe von 168 m! Tusch! Das an sich wäre nur eine statistische Randnotiz wert, aber der Clou kommt jetzt: Am Bungsberg befindet sich ein Skilift – jawoll doch! **Schleswig-Holsteins einziger Skilift** funktioniert tadellos. Sobald es, was ja selten genug vorkommt, in Ostholstein schneit, dann fahren begeisterte Abfahrtsläufer zum Bungsberg. Die Abfahrt ist in weniger als 30 Sekunden zu Ende, aber das beeinträchtigt überhaupt nicht den Spaß. Rauf geht es in gemütlichen drei Minuten per Skilift, und erneut stürzen sich die Wagemutigen auf die Piste. Ein kleiner Kiosk verkauft oben beim Gipfel Glühwein, und jedermann ist sich des ganz besonderen Reizes bewusst. Skilaufen in Schleswig-Holstein, es geht also doch!

Zu erreichen: Von Fehmarn über die Autobahn Richtung Lübeck fahren bis zur Ausfahrt Neustadt-Nord und dann weiter in Richtung Schönwalde am Bungsberg. Ausgeschildert wird schließlich „Bungsberg" bzw. „Waldgaststätte".

152fe sm

Vor allem wegen der Strände kommt es hier dann doch zu einem gewissen Verkehrsfluss, aber insgesamt bleibt das Örtchen ruhig und hübsch eingebettet in der Natur.

Aber einen Grund gibt es doch, einmal anzuhalten: **Die Schatzkammer** (Altenteil 3, Tel. 639, geöffnet: tägl. 1.4. bis 31.10. 10–18 Uhr, www.schatzkammer-fehmarn.de). In einem schönen Reetdachhäuschen an der Hauptkreuzung des Ortes werden Kunsthandwerk, Schmuck, Keramiken, Heimtextilien und Poster verkauft – also liebenswerte Mitbringsel für Daheim.

Praktische Tipps

Camping

■ **Belt-Camping Fehmarn,** Altenteil 24, Tel. 391, Fax 16 91, www.belt-camping-fehmarn.de, geöffnet: 1.4. bis 30.9. Lang gezogener Campingplatz, ganz im Nordwesten am Landschaftsschutzgebiet gelegen mit 260 Stellplätzen. Mietwohnwagen, Restaurant, Spielplatz vorhanden, einmal übern Deich wird der Strand erreicht. Ein Nadelbaumwäldchen schützt den Platz vor dem Wind.

Wester-markelsdorf

■ **PLZ:** 23769
■ **Vorwahl:** 04372

Abgelegener und ruhiger geht es kaum noch, im äußersten Nordwesten Fehmarns liegt dieses **adrette Dorf.** Wer hierher kommt, weiß warum. Durchgangsverkehr gibt es nicht. Die Bauernhöfe versammeln sich in etwa kreisförmig um den Ortskern, geben dem Bild eine symmetrische Komponente. Es ist kein Dorf, das ausgesprochen touristisch wirkt. Gleichwohl haben die Bewohner viel Liebe zum Detail aufgewandt, um das Gesamtbild positiv darzustellen, sodass viele hübsche Häuser auffallen.

Beim Dorfteich ist unter hoch gewachsenen Bäumen ein kleiner **Kinderspielplatz** angelegt, auch ein Detail, das man nicht so oft findet. Am Strand steht direkt hinterm Deich ein kleiner, achteckiger **Leuchtturm,** der den Schiffen den Weg in den Fehmarnbelt weist. Erbaut in den Jahren 1881/82 zunächst auf 10 m Höhe, wurde er 1902 auf die heutige Größe von 17,70 m aufgestockt.

Ruhig und beschaulich geht es zu, wer zum **Strand** will, muss nur 500 m zurücklegen. Dort weht allerdings zumeist ein starker Wind, der Surfer anzieht. Der Strand ist nicht übermäßig breit und auch nicht gänzlich frei von Steinen.

Praktische Tipps

Unterkunft

■ **Ferienpark Rickert** €€€, Haus Nr. 10, Tel. 99 750, Fax 99 75 99, www.ferienpark-rickert.de. Eine ungewöhnliche Ferienanlage, bestehend aus mehreren Holzhäusern, fast ein wenig dänisch wirkend. Keine Haustiere, 400 m zum Strand.
■ **FeWo Hans-Jürgen Rahlf** €–€€€€, Haus Nr. 34, Tel. 283, Fax 15 62, www.flueggerteich.de. Vier FeWos in einem Neubau auf einem Hof mit Blick über die Felder.
■ **FeWo Marion Schmidt** €€–€€€, Haus Nr. 23, Tel. 405, Fax 14 76, www.fehmarn-ferienhof.de. Vier FeWos auf einem Hof mit großem Garten.

■ **Pension Seestern,** Haus Nr. 19, Tel. 99 220, Fax 99 22 14, www.pension-seestern.de. Kleines Gasthaus mit Zimmern €€ und neun FeWos €–€€€ unterschiedlicher Größe, inkl. Sauna, Solarium, Pool und Liegewiese.

■ **FeWo Strandleben Fehmarn** €–€€, Haus Nr. 1, Tel. 342, Fax 80 69 58, www.strandleben-fehmarn.de. Auf einem Hof ohne Nutztierhaltung werden liebevoll eingerichtete Ferienwohnungen für 2–5 Personen im Bauerhaus sowie drei Komfort-Ferienhäuser angeboten.

■ **Landhaus am Dünenstrand** €€€€, Westermarkelsdorf Nr. 8, Tel. (04562) 22 32 11, www.das-strandhaus.de. Sieben unterschiedlich große, sehr schöne FeWos auf einem ehemaligen Bauernhof mit großem Garten, nur 500 m vom Strand entfernt.

Camping

■ **Campingplatz Fehmarnbelt** €€€, Altenteil, Tel. 445, Fax 13 45, www.fehmarnbelt.de. Geöffnet von Anfang April bis Ende September. Je 200 Dauer- und Touristenplätze weist dieser direkt am Strand gelegene Campingplatz auf. Der Platz liegt an der äußersten Nordwestspitze, wird vom Meer begrenzt, aber auch von einem Binnensee. Westermarkelsdorf liegt etwa 2 km entfernt, die Zufahrt erfolgt über Altenteil (ausgeschildert).

Essen und Trinken

■ **Restaurant Altes Zollhaus,** Tel. 99 16 35. Bodenständige Küche mit Fischgerichten aus der Ostsee, Fleischgerichten (beispielsweise das Holzfällersteak) oder auch Aufläufen.

Tennis/Fahrradverleih

■ **Inselhof Fehmarn,** Westermarkelsdorf 2, Tel. 80 66 88; mit Ferientennisschule und Schlägerverleih. Auch Fahrräder werden verliehen.

Schlagsdorf

■ **PLZ:** 23769
■ **Vorwahl:** 04372

Schlagsdorf liegt im westlichen Teil der Insel, eine wichtige Straße führt mitten durch den Ort, eine zweite haarscharf vorbei. Die meisten Besucher eilen zu den 3 km entfernten Stränden bei Bojendorf und Westermarkelsdorf. Im Ort verteilen sich Bauernhöfe und Einzelhäuser, etliche sind sehr schön mit hohen Bäumen eingewachsen. Und so manche Scheune nähert sich dem hunderten Geburtstag; Jahreszahlen wie z.B. 1924 kann man an einigen ablesen. Insgesamt also ein eher ruhiges Fleckchen, aber einmal im Jahr, im Frühsommer, kommt etwas Leben ins Dorf. Dann veranstaltet der Hof Henrici (Schlagsdorf 14) ein **Kinderfest mit Schafschur.**

> Der achteckige
Leuchtturm von Westermarkelsdorf

4 Der Süd- westen

Surfen? Bitte sehr, geht gut! Segeln? Gerne auch, zwei Häfen haben eine Marina. Camping? Na klar doch, mehrere sehr gute Plätze warten auf Gäste. Vögel beobachten? Ab zum Wasservogelreservat. Fehmarns Süden bietet Naturfreunden und Aktiv-urlaubern eine ganze Menge und immer auch einen fernen Blick auf den „Kleiderbügel", die Fehmarnsundbrücke.

Westermarkelsdorf
Gammendorf ○   Puttgarden
Petersdorf ○
Landkirchen
○ Burg
ORTHER REEDE
Staberdorf

◁ Surfer vor Gold

NICHT VERPASSEN!

➡ **Wulfen:**
Golfen und Megalithgrab gucken | 92, 93

➡ **Gold:** Surfen in der Bucht | 103

➡ **Neujellingsdorf:**
auf zum Rundflug | 111

➡ **Im Hafen von Orth:** Schiffe gucken
von einem der Terrassenlokale | 114

➡ **Wasservogelreservat Wallnau:**
ganz nah bei den Vögeln | 122

➡ **Petersdorf:** die Kirche mit dem
kreisförmigen Ring aus Bäumen | 125

Diese **Tipps** sind <mark>gelb hinterlegt.</mark>

VON BLIESCHEN- DORF BIS BOJENDORF

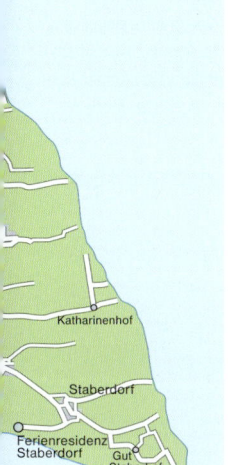

Katharinenhof

Staberdorf

Ferienresidenz
Staberdorf   Gut
Staberhof

Staberhuk

Im Südwesten liegen mehrere toll eingerichtete Camping-plätze, die zum Teil zu Europas besten zählen. Außerdem bietet Fehmarns Süden viel Abwechslung und einiges an sportiven Angeboten. So finden sich zwei Segelhäfen, ein großes Wasservogelreservat, sehr beliebte Surfreviere und ein Golfplatz. Im „Hinterland" liegen Petersdorf und Landkirchen, zwei größere Orte, die neben einer schmucken Kirche auch Supermärkte und Restaurants aufweisen.

Blieschendorf

■ **PLZ:** 23769
■ **Vorwahl:** 04371

Ein kleines Dorf, das etwa 3 km von Burg entfernt liegt. Die große Durchgangsstraße vom Festland über die Fehmarnsundbrücke Richtung Puttgarden verläuft in gesunder Distanz, ebenso eine Zubringerstraße nach Burg. Ins Dorf führt eine eigene Straße und dort stehen einige große Bauernhöfe nebst einigen wenigen Einzelhäusern mit zum Teil sehr schön angelegten Gärten.

Sehr ruhig ist es hier, den Verkehr auf den Umgehungsstraßen nimmt man nicht wahr und Durchgangsverkehr findet hier praktisch nicht statt. Besucher kommen eher zum weithin geschätzten Restaurant Hoffmann's, das auch über eine Hofbutik und ein Weindepot verfügt.

Praktische Tipps

Essen und Trinken

■ **Hoffmann's Restaurant,** Blieschendorf 1, Tel. 1811, geöffnet: 17–22 Uhr, So 11.30–13.30 und

4

17–22 Uhr, Di Ruhetag. Das schicke Backsteinhaus hinter den vier Linden am Ortseingang fällt schon optisch auf. Die überschaubare Speisekarte bietet saisonale und regionale Gerichte mit einer französischen Note. Die Küche wird von vielen Gästen sehr geschätzt und zu einer der besten Fehmarns gezählt. Nebenan befindet sich eine kleine Hofbutik, wo es Dekoartikel und Wohnaccessoires gibt, sowie feine Weine.

Avendorf

- **PLZ:** 23769
- **Vorwahl:** 04371

Ein weiterer sehr kleiner Ort, der aus einer Durchgangsstraße nebst einer Seitenstraße besteht. Am Ortsausgang beim Teich gabelt sich die Straße und man kann zwischen drei Richtungen wählen. Zwei Straßen davon führen an die Küste.

Ein Weg führt nach Fehmarnsund, was vor der Eröffnung der Fehmarnsundbrücke durchaus ein häufig genutzter Weg war, denn dort landete die Fähre vom Festland an. Und mancher frühere Reisende durfte sein Pferd auch im Avendorfer Ortsteich tränken, weswegen er manchem noch heute als **„Reise-Soll"** bekannt ist, wobei „Soll" ein Begriff für ein Stillgewässer ist. Der andere Küstenweg führt nach Wulfen, wohin es heutige Reisende wohl eher zieht, da es dort ein breites touristisches Angebot gibt. In Avendorf stehen überwiegend Einzelhäuser, landwirtschaftliche Betriebe existieren auch, aber sie prägen nicht so deutlich das Ortsbild. Etwa im Ortskern liegt ein Hotel mit angeschlossenem Restaurant.

Praktische Tipps

Unterkunft

- **Hotel Zum grünen Jäger** €€€, Sundstraat 22, Tel. 87 087, Fax 87 088, www.gruenerjaeger.com. Das mittelgroße Hotel bietet Zimmer im Landhausstil, teilweise mit Blick über die weiten Felder. Restaurant mit regionaler, gutbürgerlicher Küche.

feh13-026.tif

4

■ **FeWo Höper** ᵉᵉᵉᵉᵉ, Am Reisediek 1, Tel. 22 65, www.ferienhof-hoeper.de. Am Ortsrand gelegenes Reihenhaus mit sechs Einheiten. Schöner Fernblick über die Felder von der Südterrasse. Großer Wohnbereich, drei Schlafzimmer, geeignet für max. sieben Personen. Das Ganze befindet sich auf einem Bauernhof mit Spielscheune/-platz und Grillecke.

☑ Nachbau eines steinzeitlichen Langbettgrabes in Wulfen

Wulfen

■ **PLZ:** 23769
■ **Vorwahl:** 04371

Wulfen besteht aus vier Straßen und liegt im südöstlichen Bereich der Insel, einen knappen Kilometer vor einem Nehrungshaken mit langem Sandstrand.

Fehmarn, der Südwesten

Dort liegt laut ADAC-Note auch **einer der besten Campingplätze Europas.**

Der Ort Wulfen bietet einige nette Ferienwohnungen, ein Lokal und einen Supermarkt. Von Wulfen sind sowohl die Inselhauptstadt Burg als auch die Sandstrände schnell zu erreichen, und Radtouren in die Natur beginnen praktisch vor der Haustür.

Wulfen hat **zwei Strände.** Auf der einen Seite den **Burger Binnensee,** der am Rand ziemlich flach ist und deshalb von Surf-Einsteigern gerne genutzt wird, und dann jenen am **Nehrungshaken** zur offenen Ostsee vor der auslaufenden Steilküste.

Ganz in der Nähe (die Straße Bargmöhl am Golfplatz vorbei bis zum Parkplatz fahren) liegt ein Aussichtspunkt, der sich etwas aus der flachen Insellandschaft erhebt. Dieser wurde sogleich **Wulfener Höhe** getauft. Nun ja, ein paar Meter über Normalnull sind's schon …

Jedenfalls kann man von dort „oben" einen prima Rundblick genießen und auch die Fehmarnsundbrücke in voller Pracht bestaunen.

Und genau dort liegt auch eine neue Sehenswürdigkeit: der ==Nachbau eines steinzeitlichen Langbettgrabes.== Dieser ist im Ort ausgeschildert und liegt am Rande des Golfplatzes. Hier befand sich bis zum 19. Jh. tatsächlich ein frühgeschichtliches Gräberfeld etwa aus der Zeit um 3600 bis 3200 v.Chr., das aber beim Deichbau zerstört wurde. Diese Langbettgräber waren bis zu 130 m lang und von einem Erdhügel bedeckt. Der Nachbau ist 60 m lang, 7 m breit und hat zwei Kammern, die aus sieben Träger- und zwei Decksteinen bestehen, welche man klar unterscheiden kann. Etwas abgesetzt stehen noch zwei **Wächtersteine.** In der Mitte der Anlage wurde ein **Opferstein** platziert, auf dem die frühen Menschen ihren Göttern opferten.

feh13-027 hjf

Praktische Tipps

Unterkunft

▪ **Ferienpark Riechey** €€–€€€€€, Tel. 86 280, Fax 37 23, www.wulfenerhals.de. Ferienhäuser und Apartments, entweder direkt am Strand, am Schwimmbad oder am Golfplatz gelegen. Die FeWos sind unterschiedlich groß (23–100 m²), entsprechend variieren die Preise.

▪ **Ferienhof Muhl** €€–€€€€, Dörpstraat 11, Tel. 87 000, Fax 87 100, www.fehmarnferien-muhl.de. Größere FeWos im Holzblock- oder Bauernhaus nahe dem Golfplatz mit großzügiger Gartenanlage.

Camping

▪ **Campingplatz Wulfener Hals** €€€€, ganzjährig geöffnet, Tel. 86 280, Fax 90 41, www.wulfenerhals.de. Einer der größten und bestorganisierten Campingplätze, direkt am Sandstrand gelegen, mit breitem Unterhaltungsprogramm. Dazu zählen ein Golfplatz, eine Surfschule mit Testzentrum, Fahrradverleih, Live-Shows auf eigener Bühne, vereinzelt Live-Musik, Kinderanimation, Sauna, Bodybuilding, Wohnwagen zum Mieten, eigene Apartments und sogar ein zeltplatzeigenes Video. Allein der Prospekt hat mehrere Dutzend Seiten. Diverse Spar- und Komplett-Preis-Pakete.

Sport

▪ **Tauchbasis Calypso,** auf dem Campingplatz Wulfener Hals, Tel. 63 14. Bietet eine breite Auswahl an Equipment und alle PADI-Kurse an.

▪ **Golf-Club Fehmarn,** der 18-Loch-Platz liegt auf den Wulfener Bergen, mit Driving Range. Geschult werden sowohl Anfänger als auch Fortgeschrittene. Infos: Tel. 69 69, www.golfclub-fehmarn.de.

▪ **Windsurfing Wulfen,** Campingplatz Wulfener Hals, Tel. 59 88, www.windsurfing-wulfen.de.

Fahrradverleih

▪ **Camping Wulfener Hals** (s.o.).

Fehmarnsund

▪ **PLZ:** 23769
▪ **Vorwahl:** 04371

Ein weiteres Straßendorf, das beinahe am Fuß der **Fehmarnsundbrücke** liegt. Von hier setzten früher die Boote „nach Europa" über, so schnackten jedenfalls die stolzen Fehmarner Bauern, wenn sie aufs Festland wollten.

Davon geblieben sind noch ein Seglerhafen und eine kleine Werft. Die Straße nach Fehmarnsund beschreibt eine Schleife durch den Ort und führt dann wieder hinaus. Allzu viele touristisch genutzte Gebäude gibt es nicht, auffällig heben sich die alten, hohen Bäume ab, die schön im Wind rauschen. Außerdem verläuft hier ein schmaler, schon etwas längerer **Sandstrand.** Sogar ein paar Dünen bieten Schutz gegen den Wind, sodass man sich hier nett sonnen kann. Und den Blick auf die Fehmarnsundbrücke gibt es gratis dazu.

Direkt davor gibt es einen Parkstreifen, auch für Wohnmobile. Die Häuser im Ort sind teils ultramodern, teils etwas betagt, aber alle Bewohner genießen einen tadellosen Ostseeblick. Ein kleines Kunstwerk blickt ebenfalls aufs Meer:

Kleiderbügel in Groß

Der Fehmarn-Urlaub ist perfekt, eine Ferienwohnung gebucht, das Auto rollt gen Ostsee, der Verkehr lässt langsam nach, die Sonne scheint. Und dann, kurz nach dem Ende der Autobahn, **erblickt man aus dem Auto** die Ostsee mit weißen Segeltupfern auf blauem Wasser. Und ganz im Hintergrund etwas Fremdartiges, eine Art überdimensionierter Kleiderbügel. Ein paar Kurven weiter ist es schon besser zu erkennen: kein Kleiderbügel, sondern ein Brückenbogen, die **Fehmarnsundbrücke.** Seit 1963 verbindet sie Fehmarn mit dem Festland und sorgte für einen neuen, nie erwarteten Aufschwung.

Planungen zu einem derartigen Brückenschlag gab es schon lange, bereits 1865 kam die erste Idee auf den Tisch. Eine deutsch-dänische Verbindung, bestehend aus Fähren und Dämmen, sollte über Fehmarn gebaut werden, in etwa der heutigen Linie folgend. Warum auch immer, das Vorhaben kam nicht voran.

Nach dem Zweiten Weltkrieg sah die Lage dann plötzlich ganz anders aus. Die einzige Route über die Ostsee, eine Fährverbindung von Warnemünde (bei Rostock) nach Gedser war nicht mehr nutzbar. Der Verkehr floss nun umständlich über Flensburg hoch bis Fredericia, von dort über den kleinen Belt nach Odense und Nyborg und dann über den Großen Belt auf die dänische Hauptinsel Seeland mit Endziel Kopenhagen. Ein Weg, der auch heute noch genutzt wird.

Diesen **riesigen Umweg zu verkürzen,** war die Idee der Vogelfluglinie. Zunächst pendelten Fähren vom Festlandshafen Großenbrode nach Gedser, aber das war nur ein Zwischenabschnitt. Eine „große" Lösung sollte her. Und die kam auch. Zwanzig Planungsentwürfe gingen ein, wurden geprüft, und schließlich entschied man sich für den „Kleiderbügel".

Der **Bau der Brücke** war eine gewaltige Leistung, hier die offiziellen Zahlen: Länge der Brücke 963,40 m, Durchfahrtshöhe 23 m, Scheitelhöhe des Bogens 69 m über dem Meeresspiegel, Breite 20,95 m, zweispurige Fahrbahn 7,50 m, und wie es so schön im Amtsdeutsch damals hieß: „zwei Mopedstreifen: je 1,25 m, öffentlicher Gehweg (Westseite): 1,58 m, Dienstweg: 0,81 m". An einen Fahrradweg dachte damals niemand, die Eisenbahn rollt übrigens auch noch über die Brücke. Die Kosten für den Bau betrugen 153 Mio. Euro, die Dänen steuerten ca. 41 Mio. Euro dazu bei. Am 30. April 1963 wurde die Brücke dem Verkehr übergeben.

Zwei Wochen später eröffnete Bundespräsident *Lübke* zusammen mit dem dänischen König *Frederik IX.* die **Fährverbindung zwischen Puttgarden und Rødby,** damit war die Vogelfluglinie Wirklichkeit geworden. Damals stand das Projekt unter dem Stichwort „Hafraba", einer durchgehenden Autobahnverbindung Hamburg – Frankfurt – Basel und entsprechender Verlängerung nach Norden. Man träumte von einem Weg, der von Lissabon nach Helsinki führt, der **Europastraße E 4,** so heißt übrigens noch heute das Fehmarner Teilstück. Nach dem Bau der Brücke wurde eine 13 km lange neue Straße bis zum Fährhafen Puttgarden gebaut. Diese verläuft völlig kreuzungsfrei über die Insel, insgesamt fünf Überführungen machen es möglich.

Die **zeitlichen Einsparungen** waren enorm. Benötigte die alte Fähre von Großenbrode nach Gedser noch 3 Stunden, schippert man heute in weniger als einer Stunde nach Rødby. Die Züge von Hamburg nach Kopenhagen benötigten nach Eröffnung der Vogelfluglinie knapp 5 Stunden, fast die Hälfte der Zeit, die sie auf der alten Strecke über Flensburg und Fredericia fuhren.

Mittlerweile wurden aber neue Pläne gewälzt. Das umständliche Rangieren auf die Fähre und die damit verbundenen Wartezeiten ließen einige Planer nicht ruhen. 1998 wurde dann eine neue **gigantische Brücke über den Großen Belt** eingeweiht. Sie verbindet die dänischen Inseln Fünen und Seeland, der Auto- und Eisenbahnverkehr kann nun direkt nach Kopenhagen rollen, ohne Fähr-Unterbrechung. Damit nicht genug, der nächste Schritt wurde auch schon vollzogen, ein **Brückenschlag nach Malmö in Schweden.** Und als letzte Lücke soll nun auch noch eine Brücke gebaut werden von Fehmarn über den Belt zum dänischen Rødby, was sogleich auf heftigsten Widerstand der Fehmarner Bürger stieß.

Ende 1998 schlug das Landesamt für Denkmalschutz in Kiel vor, die **Fehmarnsundbrücke unter Denkmalschutz** zu stellen. Die Brücke sei mittlerweile eine Art Wahrzeichen von Schleswig-Holstein geworden und solle in ihren baulichen Eigenarten erhalten bleiben. Vor allem sollten Eingriffe in die Konstruktion verhindert werden. Knapp 35 Jahre nach Eröffnung wurde also dieses Bauwerk schon auf eine Stufe mit altertümlichen Gebäuden gestellt – wenn das keine Karriere ist …?

☑ Hier geht's hinüber nach Fehmarn

Sönke Langbehn erschuf **drei Stelen mit je einem Auge,** die ein wenig an ein U-Boot-Periskop erinnern. Sie symbolisieren einen Blick in die Zukunft, in andere Teile der Gesellschaft und in die Seelen unserer Mitmenschen.

So friedlich-verschlafen sich Fehmarnsund heute zeigt, **vor dem Bau der Fehmarnsundbrücke** ging es durchaus quirliger zu. Zumindest zeitweise, denn genau hier legte die Fähre vom nahen Festland kommend an. Schon im 13. Jh. gab es Verbindungen mit Segelbooten. Seit 1903 pendelte ein Dampfschiff regelmäßig von/zum Festland nach Großenbrode, vorher wurde der Fährbetrieb ohne geregelten Fahrplan mit Segelschiffen („Prahmen") betrieben.

Es gab sogar phasenweise eine **Bahnverbindung** von Heiligenhafen (Festland) bis nach Orth auf Fehmarn. Die Strecke wurde mit einem Schienenbus bedient. Die Fahrgäste blieben einfach im Zug sitzen während der Überfahrt, denn die Seeverbindung bediente ein Trajekt, eine Eisenbahnfähre. Nach Eröffnung der Fehmarnsundbrücke war es mit der Betriebsamkeit dann vorbei. Auf dem ehemaligen Gelände des Fähranlegers befindet sich heute eine Werft.

Einige hundert Meter vor dem Ort liegt der **Campingplatz Miramar.**

⌄ 1963 eröffnet: die Fehmarnsundbrücke

feh13-028 hjf

Praktische Tipps

Landkirchen

Camping

■ **PLZ:** 23769
■ **Vorwahl:** 04371

■ **Campingplatz Miramar** €€€, Tel. 32 20, Fax 86 80 44, www.camping-miramar.de, ganzjährig geöffnet. Insgesamt 500 Plätze hat dieser Platz, der an einem Naturstrand in Sichtweite zur Fehmarnsundbrücke liegt. Angeboten werden u.a. Minigolf, Tennis, Sauna, Kinderspielplatz und -animation, Tischtennis, Ponyreiten, Wasserski im Sommer, Tanz und Live-Musik, Mietwohnwagen.

Als **Verkehrsknotenpunkt und zweitgrößter Ort** zählt Landkirchen zu den herausragenden Ortschaften der Insel. In den Außenbezirken ein wenig städtisch, fast wie ein Vorort von Burg, mit vielen modernen Einzelhäusern. Im Kern dominiert die Kirche, die umliegenden, teilweise kopfsteingepflasterten Straßen mit kleinen Lädchen verströmen noch etwas alten Charme. Allzu viel darf man sich nun aber auch nicht erwarten, führt doch eine der am stärksten

befahrenen Verkehrsadern direkt an der Kirche vorbei. Immerhin kreuzen sich hier zwei wichtige Inselstraßen, die in Ost-West- und Nord-Süd-Richtung verlaufen. Heute ist durch die Schnellstraße vom Festland nach Puttgarden etwas Entlastung gekommen, aber es herrscht weiter viel Verkehr.

Historisch betrachtet dürfte die Ortsgründung mit dem Bau der Kirche zusammenfallen. Hier im Umfeld der **Kirche** siedelten sich früher landlose Handwerker an, die in den umliegenden Dörfern ihre Dienste anbieten konnten.

Sehenswertes

St.-Petri-Kirche

Der älteste Teil der Kirche wurde wahrscheinlich im 13. Jh. errichtet, urkundlich belegt ist aber erst das Jahr 1385. Geweiht wurde sie dem Schutzpatron der Insel, Petrus, dessen Bildnis über dem westlichen Eingang zu finden ist. Der aus schwarzem Holz erbaute Glockenturm steht etwas abseits.

Auffällig ist auch die **Bauweise** der Kirche aus rotem Backstein, einem

durchaus üblichen Material in Ostholstein (auch die halbe Lübecker Innenstadt wurde daraus erbaut). Von außen wirkt St. Petri schlicht, mit geraden Linien, überhaupt nicht verschnörkelt und verspielt.

Auch im Inneren glänzt eher barocke Pracht, ergänzt um einige kostbare Details. So beispielsweise das **Votivschiff** aus dem Jahr 1617, eine naturgetreue Nachbildung eines Lübecker Kriegsschiffes. Von allen vor 1650 erstellten Votivschiffen gilt dieses als das schönste, es wurde 1617 von Fehmarner Schiffern gestiftet. Weiterhin sehenswert sind sowohl der spätbarocke **Altar** von 1715 als auch die spätbarocke **Kanzel** von 1727 und die achteckige **Barocktaufe** von 1735, die dem Abendmahlskelch nachempfunden wurde.

Von historischem Wert ist außerdem der **Landesblock,** eine gewaltige Truhe mit starken Schlössern. Hier wurden Urkunden und Siegel verwahrt, als die Fehmarner Landesversammlung noch Sonderrechte genoss. Die einzige Stadt der Insel, Burg, stand lange Zeit unter Lübschem Recht, galt als Außenposten der Hanse, während die „restliche" Insel unter Dänischem Recht stand. Und dies wurde von der Landesversammlung umgesetzt. Der Landesblock konnte nur von den Kirchspielkämmerern der drei Orte (früher „Kirchspiel" genannt) Petersdorf, Landkirchen und Osterkirchspiel gleichzeitig geöffnet werden. Als Besonderheit dürfen auch die 60 **Betschemel** gelten, die den Namen der Eigentümer tragen und die links vom Eingang zu finden sind.

⌂ St.-Petri-Kirche

4

Kriegssoll

Der **Gedenkstein** für die Opfer der Schlacht zwischen Dänen und Schweden am 29.6.1644 erinnert mit dem schlichten Satz „Ton Gedenken an foln Fehmaraner" an die Tatsache, dass der Dreißigjährige Krieg sogar bis auf diese entlegene Insel vordringen konnte und Tote unter der Inselbevölkerung forderte.

Zu finden: Die Straße, von Burg kommend, nach Landkirchen fahren, etwa 500 m vor Landkirchen zweigt rechts ein Pfad ab. Ein kleines blaues Schild, das aber leicht übersehen werden kann, weist die Richtung. Diesem Pfad etwa 200 m folgen (Autofahren nicht möglich!), dann wird ein kleiner Teich erreicht, dort steht der Gedenkstein.

Praktische Tipps

Essen und Trinken

■ **Dat oole Aalhuus,** Hauptstr. 39A, Tel. 91 99. Das Haus wurde 1822 erbaut und strahlt ein gemütliches Ambiente aus. Vorzugsweise Fischgerichte, Mo Ruhetag, sonst ab 17 Uhr, So ab 12 Uhr geöffnet.

■ **Gasthaus Petersen,** Hauptstr. 43, Tel. 32 62. Traditionelles Haus im Friesenstil mit schöner Gartenterrasse. Durchgehend Küche ab 11 Uhr, außerdem breite Teeauswahl und leckere Kuchen. Mo Ruhetag.

Einkaufen

■ **Surfschule und Surfshop Fehmarn,** Hauptstr. 44, Tel. 58 88, www.surfshopfehmarn.de. Breites Angebot an Surf- und Kite-Utensilien, außerdem – wichtig! – ein 24-Stunden-Reparaturservice.
■ **Fleischerei Utecht,** Hauptstr. 57, Tel. 67 09. Bietet u.a. Fehmarner Katenschinken.
■ Gleich nebenan liegt die **Bäckerei Konrad.**

Fahrradverleih

■ **Nico Hinz,** Meisterstr. 17, Tel. 33 34.

Post

■ **Meisterstr. 8A,** geöffnet: Mo bis Sa 9–12 Uhr.

◁ Barocke Pracht in der St.-Petri-Kirche

4

Teschendorf

- **PLZ:** 23769
- **Vorwahl:** 04371

Der kleine Ort Teschendorf liegt nur knapp 2 km entfernt vom umgleich größeren Landkirchen unterhalb der Verbindungsstraße nach Burg. Diese ist stärker befahren, aber davon spürt man nichts in Teschendorf. Im Gegenteil, hier ist es **sehr ruhig,** das Dorfbild ländlich geprägt. An der Straße, die sich durch den Ort schlängelt, stehen Einzelhäuser und auch einige Hofanlagen teilweise unter hohen, im Wind rauschenden Bäumen.

So mancher Hof zeigt sich richtig fotogen mit einer kurzen Allee oder einem hübschen Portal. Unterbrochen wird das Häuserensemble von einigen wenigen Ferienhäusern. Ein nicht zu großer Löschteich ist ebenfalls von Bäumen gesäumt, ermattete Radler können hier an Tisch und Bänken pausieren.

Praktische Tipps

Unterkunft

- **Landhaus Marquardt** €€-€€€, Teschendorf 27, Tel. 22 23, Fax 90 42, www.landhaus-marquardt. de. Eine sehr schöne Ferienanlage mit sieben Ferienwohnungen für 2–4 Personen sowie vier Ferienhäuser für bis zu 6 Gästen, die eingebettet liegt in einer großen Gartenanlage auf einem landwirtschaftlich noch betriebenen Hof. Obendrein gibt es Sauna, Solarium, einen Gemeinschaftsraum, Spielmöglichkeiten für Kinder, ein Grillhaus und eine Hofwiese mit Streicheltieren sowie Internetzugang per WLAN.

Albertsdorf

- **PLZ:** 23769
- **Vorwahl:** 04371

Dieser kleine Ort liegt einen knappen Kilometer vom Wasser entfernt – die Fehmarner Durchgangsstraßen scheinen meilenweit weg. Dadurch ist es hier **ländlich ruhig,** zum Meer ist es gleichwohl nicht allzu weit. Den dortigen Trubel der Surfer vom Nachbarort Gold bekommt man hier allenfalls am Rande mit, wenn die Surfgemeinde mit ihren Wohnmobilen bei passendem Wind anrückt, denn die Straße nach Gold führt haarscharf an Albertsdorf vorbei.

Das Ortsbild prägt eine Mischung aus wenigen Bauernhöfen und mehreren Einzelhäusern, darunter auch einige mit zum Teil sehr tiefen und meist sehr schön bepflanzten Vorgärten. Weiterhin gibt es **zwei Teiche,** beim etwas größeren stehen mehrere Ruhebänke. Albertsdorf ist etwas länger gezogen, ungefähr in der Mitte befindet sich das gemütliche Hofcafé Albertsdorf, das in einer ehemaligen Scheune untergebracht ist.

Im Süden gegenüber vom zweiten Teich steht am Ortsrand ein Stein mit Markierungen. Diese Steine werden **Dodelstein** genannt und die Markierungen sind Hausmarken. Hausmarken durften früher nur freie Bauern verwenden, jede Familie führte eine eigene, unverwechselbare Hausmarke. Diese bestehen aus Symbolen, Zeichen oder auch geometrischen Mustern und zeigen den Besitzer eines Werkzeugs oder sonstiger Gerätschaft an. Die Bedeutung war, dass ein Gut einem bestimmten Haus, einem Besitzer zugeordnet werden konnte. Do-

feh13-030 hjf

delsteine mit entsprechenden Hausmarken markieren die Grenzen eines Grundstücks.

Praktische Tipps

Essen und Trinken

■ **Hofcafé Albertsdorf,** Albertsdorf 13, Tel. 50 25 24, www.hofcafe-albertsdorf.de, geöffnet: Ostern bis Oktober 7–18 Uhr. Kleines Hof-Café mit größerem Garten, in dem es Frühstück, Blechkuchen, Torten gibt; außerdem Kunsthandwerk im angeschlossenen Sommer-Atelier eines Künstlers.

⌂ Fotogene Hofeinfahrt in Teschendorf

Gold

■ **PLZ:** 23769
■ **Vorwahl:** 04371

Eine Stichstraße führt von Albertsdorf kommend in diesen **Mini-Ort.** Was sofort auffällt, ist, dass die Fläche der Parkplätze bald größer ist als der gesamte Ort. Der besteht aus kaum mehr als einem halben Dutzend Häusern, ist also tatsächlich äußerst klein, aber die Größe der Parkfläche überrascht dann doch. Aber nur, solange kein Wind bläst.

Wenn der Wind so richtig schön weht, dann füllen sich die Parkplätze ruck, zuck (vor allem mit Wohnmobilen), denn dann kommen **Surfer** aus allen Teilen von Schleswig-Holstein und Hamburg, wie man dann an den Nummernschildern unschwer ablesen kann.

Die Bucht vor Gold ist sehr flach, ein gutes Revier also für Einsteiger; aber auch Könner flitzen hier durchs Wasser. Ein nicht sehr hoher Deich begrenzt den schmalen Strand, direkt dahinter liegt eine Surfschule, eine Pension und auch ein Café.

Etwa 500 m außerhalb von Gold befindet sich in einem winzigen Wäldchen fast am Meer ein ca. 3500 Jahre altes **Megalithgrab** (ausgeschildert). Es besteht aus vier Trägersteinen auf denen ein weiterer Stein ruht. Durch die nahe Lage am Meer diente das Grab Anfang des 19. Jh.

Seeleuten als Seezeichen, dazu wurde es weiß angestrichen und der Deckstein trug ein weißes Kreuz.

⌄ Gold: gute Voraussetzungen für Kitesurfer

feh13-031.hjf

Praktische Tipps

Unterkunft

■ **Haus Achtern Diek** €€€, Tel. 4149, www.haus-achterndiek.de. Selten trifft es ein Name mal so wie hier, denn das nette Haus steht tatsächlich unmittelbar hinter („achtern" auf Plattdütsch) dem Deich. Angeboten werden EZ, DZ mit Küchenzeile, Studios, Apartments für 2–4 Personen. Angeschlossen ist ein Café, in dem auch Frühstück serviert wird. Im Garten gibt es nette Sitzecken, und direkt hinterm Deich kann man den Surfern zuschauen.

Wassersport

■ **Surfen und Segeln,** Haus Nr. 4, Tel. 69 59, www.surfen undsegeln.de. Windsurfen, Kitesurfen, Katamaransegeln – auch Schulungen für Einsteiger sowie Vermietung von Surfboards – im Stehrevier Gold. Das Büro liegt hinter der Kneipe **„Strandbar".**

Strukkamp

■ **PLZ:** 23769
■ **Vorwahl:** 04371

Ein weiteres Straßendorf im Süden der Insel, die Europastraße 47 verläuft in Sichtweite vorbei. Das **Dorfbild** zeigt sich etwas durchmischt. Wenngleich unübersehbar die älteren Häuser dominieren, wurde das eine oder andere neuere gebaut. An der einzigen Straße stehen etliche neuere Häuser, die einen schönen Fernblick über die Felder bieten. Früher prägte die Landwirtschaft stärker das Bild, das dokumentieren die gewaltigen Scheunen der Bauern, an denen Jahreszahlen wie 1914 prangen. Auch aus dieser Epoche stehen hier einige gut erhaltene Häuser, in einigen wohnten früher wohlhabende Seeleute, aber es gibt auch etliche neueren Datums. Ein insgesamt guter Mix also.

Bis zum Strand sind es von hier kaum 2 km. Der kleinste insulare **Leuchtturm** wurde 1872 in Dienst gestellt, später mehrfach umgebaut und baulich verbessert. Er steht am Strand bei Strukkamphuk und ist ein Unterfeuer zum Leuchtturm Flügge. Von dort auch ein schöner Blick auf den Sund und bis hinüber aufs Festland.

Etwa 1 km entfernt spannt sich die **Fehmarnsundbrücke** hinüber aufs Festland, eine Piste führt genau bis zum Fuß der Brücke. Gewaltig sieht sie aus, von hier unten betrachtet. Mächtig erhebt sich der Beton, zieht sich der „Kleiderbügel" hinüber aufs Festland. Für Autofahrer ist hier Schluss, Wanderer und Radfahrer haben allerdings die Möglichkeit, sowohl auf die Brücke zu steigen (ein schmaler Weg führt hoch) oder drunter durchzufahren und den Weg in den Südosten Fehmarns fortzusetzen.

⌄ Küste bei Strukkamp

Vom Ort aus sind es etwa 800 m bis zum **Naturstrand.**

Praktische Tipps

Unterkunft

■ **FeWo Muhl** €€€, Haus Nr. 40, Tel. 14 72, Fax 86 93 13, www.muhl-insel-fehmarn.de. Zwei FeWos auf einem ehemaligen Hof in einem schicken Haus. Für Kinder gibt's eine Spielecke, außerdem Fahrräder, Strandkörbe, eine nette Liegewiese und WLAN.

■ **FeWo Burow** €€, Haus Nr. 57. Vermieter: *Horst Burow,* Tel. (0170) 10 26 336, www.burow-fehmarn.de. „Letztes Haus vorm Wasser" lautet die Eigenwerbung dieses Hauses mit Ortsrandlage, aber ein paar hundert Meter sind's doch. Zwei FeWos.

Camping

■ **Campingplatz Strukkamphuk** ¤€€, Tel. 21 94, Fax 87 178, www.strukkamphuk.de, geöffnet 1. Jan. bis 31. Dez. Ein weitläufiger Platz, in Sichtweite zur Fehmarnsundbrücke am Strand gelegen. Er bietet immerhin 600 Stellplätze, die Hälfte davon Touristenplätze. Eine Besonderheit: Alle Plätze haben eigenen Strom- und Wasseranschluss. Im Sommer gibt es ein Animationsprogramm. Wohnwagen werden auch vermietet, und zu bestimmten Zeiten können Komplett-Angebote genutzt werden (Rapsblüte, Herbst etc.). Der Strand hier ist gut geeignet zum Brandungsangeln und als Surf-Stehrevier.

feh13-032.tpf

Westerbergen

■ **PLZ:** 23769
■ **Vorwahl:** 04371

Der sehr kleine Ort ist unterschiedlich bebaut: Neben einigen älteren Immobilien stehen hier auch etliche neuere Häuser, darunter auch Ferienhäuser. Dies dürfte in erster Linie der **Nähe zur Ostsee** geschuldet sein.

Eine Stichstraße endet am Deich, nach Süden geht es zum Surfer-Gebiet um Gold, nach Norden sind es nur wenige Kilometer bis zum ungleich größeren Lemkenhafen. Genau dazwischen ruht Westerbergen. Die Getreidefelder der umliegenden Bauernhöfe reichen bis an die Ortsgrenze, sodass Gäste zur richtigen Jahreszeit über wogende Kornfelder oder gelbe Rapsflächen blicken. Das Wasser der Ostsee hier in der Bucht, in der sogenannten **Orther Reede,** ist relativ flach.

Etwa 500 m vorgelagert liegt die winzige **Insel Warder,** die heute nicht mehr bewohnt wird, obwohl an der Westseite noch Gebäude zu erkennen sind. Das Inselchen ist etwa 500 m lang und 300 m breit und ragt zumindest an der westlichen Seite ein paar Meter über den Meeresspiegel, die östliche Seite dagegen ist ein Feuchtgebiet.

Lemkenhafen

- **PLZ:** 23769
- **Vorwahl:** 04372

Lemkenhafen ist eine Tochtersiedlung des knapp 5 km weiter im Hinterland gelegenen Dorfes Lemkendorf. Eine erste Erwähnung datiert auf 1329, bereits ein knappes Jahrhundert später erfuhr der kleine Ort durch den Hafen eine frühe wirtschaftliche Hochphase. Von 1462 bis 1510 besaß Lemkenhafen sogar **Lübsches Stadtrecht** dank enger Verflechtungen mit der Hansestadt Lübeck.

Schon bald konkurrierte der **Hafen** sogar mit dem von Burg, denn hier wurde deutlich mehr **Getreide** umgeschlagen. Etliche große Kornspeicher standen in und um Lemkenhafen, zum Teil im Besitz von Großbauern, was für deren Wohlstand sprach. Chroniken berichten, dass 1776 etwa 62.000 Tonnen Getreide über den Hafen verladen wurden. Lemkenhafen war zu der Zeit ein wichtiger Handelsplatz; einige Kaufleute, Reeder und Großbauern kamen zu Wohlstand.

Dann aber begann der **Niedergang.** Die Schiffe wurden immer größer, hat-

ten mehr Tiefgang und konnten in die flache Bucht vor Lemkenhafen nicht mehr einlaufen. 1829 betrug der Getreideumschlag nur noch 2200 Tonnen, die Bedeutung des Hafens ging deutlich zurück. Heute befindet sich hier ein **Yachthafen** mit etwa 140 Liegeplätzen.

Am Mühlenweg liegt eine inselweit besuchte Sehenswürdigkeit, die **Museumsmühle.** Die europaweit einzig erhaltene Segelwindmühle „Jachen Flünck" sieht man schon von Weitem. Ihr Bau im Jahr 1787 durch den Händler *Joachim Rahlff* fiel in die Zeit, als in Lemkenhafen die meisten Waren der ganzen Insel umgeschlagen wurden. Betrieben wurde die Mühle bis 1954, seit 1961 wird sie als Mühlenmuseum betrieben.

Das harte Leben der Landbevölkerung wird anschaulich gemacht durch diverse Arbeitsgeräte und Fotos von der Jahrhundertwende, die die damaligen Arbeitsmethoden zeigen. Aber nicht nur die Welt der Müller ist zu bestaunen, sondern das ganze Spektrum Fehmarner Kultur, dargestellt anhand des Modells eines Bauernhofes, historischer Aufnahmen und Portraits von bekannten Fehmarnern. Interessanterweise findet man auf den Fotos manchen Familiennamen von Großbauern, die heute als Vermieter von Ferienwohnungen bekannt sind. In den oberen Etagen sind dann tatsächlich Mahlsteine und Kammern für unterschiedliches Getreide zu finden, man ahnt die Mühe. Achtung beim Treppensteigen: Schnell stößt man sich an tief verlaufenden Querbalken.

- **Geöffnet:** Juni bis Okt. Do–Di 10–17 Uhr; sonst eingeschränkte Öffnungszeiten.
- **Eintritt:** 3 €, Kinder 4–12 Jahre 1 €, Studenten und Schüler mit Ausweis 2 €.

Ein gutes Surfrevier für Einsteiger befindet sich am **Lemkenhafener Wiek,** nur 1 km außerhalb in Richtung Westerbergen. Dort öffnet sich eine weit geschwungene Bucht, ein Parkplatz ist auch vorhanden, und das Inselchen Warder schützt vor Fallwinden. Diese Stelle ist bei Surfern bekannt und beliebt.

Praktische Tipps

Unterkunft

■ **FeWo Klötzing** €€, Mühlenweg 9, Tel. 674. Ein Einzelhaus für zwei bis fünf Personen.

■ **SHB-Ferienpark** €€–€€€, Mühlenweg, Vermieter: SHB, Poststraße 55, 23669 Timmendorfer Strand, Tel. (04503) 70 34 90, www.ostseeonline.de. Insgesamt 50 Wohneinheiten in mehreren einzeln stehenden Häusern am Ortsrand. Bestens eingerichtete Zweiraum-Wohnungen mit Platz für bis zu vier Personen.

■ **FeWo Gellert** €–€€€, Mühlenweg 19A, Tel. (02381) 54 44 56, www.fehmarn-deutschland.de. Insgesamt sechs FeWos in zwei Häusern etwa 5 Min. Fußweg vom Hafen entfernt.

■ **Yachthafen-Apartments** €€–€€€€, Am Hafen 20, Tel. 18 15, www.meerblick-lemkenhafen.de. Das Apartmenthaus liegt direkt am Yachthafen und bietet moderne Wohnungen für bis zu sechs Personen mit bis zu drei Zimmern.

Fehmarn, der Südwesten

Lemkenhafen   0 ▬▬▬ 100 m   © Reise Know-How 2013

■ **Sonstiges**
5 Heidi's Lädchen
6 Gitti's Fahrradverleih

■ **Übernachtung**
1 Gellert
2 Klötzing
3 SHB-Ferienpark
9 Yachthafen-Apartments

■ **Essen und Trinken**
4 Aalkate
7 Kolles Fischpfanne, Kapitänsstube
8 Seeblick
9 Meerblick

4

Essen und Trinken

🔴 **Kolles Fischpfanne,** Königstr. 5–7, Tel. 99 18 32, tägl. 12–21 Uhr, Mi Ruhetag. Das Restaurant liegt sozusagen im Schnittpunkt zweier Straßen, bietet Fisch und andere Leckereien.

🔴 **Kapitänsstube,** liegt gleich nebenan und bietet ab 17 Uhr Fischgerichte. Mi Ruhetag.

🔴 **Restaurant Seeblick,** Am Hafen 1, Tel. 797. Durchgehend warme Küche ab 12 Uhr. Es gibt Fisch- und Fleischgerichte, aber auch Fischbrötchen, von der Terrasse kann man wunderbar dem Treiben im Hafen zuschauen.

🔴 **Café Meerblick,** Am Hafen 20, Tel. 18 15. Liegt unmittelbar am Hafen, mit großer Terrasse, Selbstbedienung. Frühstück ab 9 Uhr, Café 13–18 Uhr.

🔴 **Restaurant Aalkate,** Königstr. 20, Tel. 532. Ein historisches Haus mit sehr gemütlicher Einrichtung. Der Räucherfisch kann direkt dort verzehrt werden und zwar stilecht mit der Hand, dazu gibt's einen anständigen „Köm" (Korn). Geschmückt ist das Lokal mit etlichen Fischfanggeräten. Bei gutem Wetter sitzen viele Gäste auch gerne draußen an rustikalen Holztischen mit Blick auf die Fehmarnsundbrücke, und wer gar nicht genug bekommt, kann sich die Räucherfische auch nach Hause schicken lassen. Geöffnet: meist täglich 9–21 Uhr, außerhalb der Saison etwas eingeschränkte Öffnungszeiten, generell aber zwischen 10 und 18 Uhr, Januar bis Ende März geschlossen.

Fahrradverleih

🔴 **Gitti's Fahrradverleih,** Königstr. 10, Tel. 16 98.

Einkaufen

🔴 **Heidi's Lädchen,** Königstr. 1, geöffnet: 7.30–10.30 und 17–18.30 Uhr, Dienstag geschlossen. Kleiner, leicht zu übersehender Lebensmittelladen.

Sartjendorf

🔴 **PLZ:** 23769
🔴 **Vorwahl:** 04371

Die sehr kleine Gemeinde liegt in unmittelbarer Nähe des für Fehmarner Verhältnisse schon städtischem Landkirchen. Aber von Hektik keine Spur. Im Gegenteil: An der einzigen Straße stehen einige wenige große Hofanlagen mit **mächtigen Stallungen,** ergänzt um ein paar Einzelhäuser. Weite Felder liegen rund um Sartjendorf. Früher kamen hierher als Erntehelfer umherziehende Tagelöhner, **„Monarchen"** genannt, die in den Scheunen nächtigten.

◁ Die Windmühle in Lemkenhafen

Praktische Tipps

Unterkunft

■ **S02** €€€€€, Sartjendorf 02, Tel. 88 99 939, www.designhome-fehmarn.com. Zwei außergewöhnliche Ferienwohnungen! Im stilsicheren Design gehalten bei einer Größe von 120 m² bzw. 150 m² für bis zu sechs Personen ausgelegt. Moderne und elegante Einrichtung, u.a. mit Elektronik von Bang & Olufsen ausgestattet.

■ **Ferienhof Feuerlein** €–€€€, Haus Nr. 1, Tel. 67 79, Fax 87 99 10, www.ferienhof-feuerlein.de. Sechs FeWos im Bauernhaus oder in umgebauter ehemaliger Scheune. Ruhige ländliche Lage und doch dicht genug zum Ort.

Neujellingsdorf

■ **PLZ:** 23769
■ **Vorwahl:** 04371

Ein Minidorf, zwischen Lemkenhafen und Landkirchen gelegen, aber mit einer Rekordmarke der ganz speziellen Art, nämlich mit **Deutschlands kleinstem Flugplatz.** Nicht viel mehr als eine abgemähte und gewalzte Wiese, aber trotzdem mit Flugsicherung. Hier starten und landen die Maschinen zu **Rundflügen** über die ganze Insel.

Der Ort zeigt sich ansonsten ziemlich ländlich. Neben einigen Bauernhöfen haben etliche Häuser ziemlich große Grundstücke mit zum Teil sehr tiefen und eingewachsenen Gärten, was auf langen Besitz und Bestand hindeutet. Auch entlang der Straße, die durchs Dorf führt, stehen hoch gewachsene Bäume, in deren Geäst es angenehm rauscht, wenn der Wind weht.

Praktische Tipps

Unterkunft

■ **Margaretenhof** €€€€, Kontakt: *Brigitte Thelosen,* Dünenweg 33, Tel. 39 75, Fax 86 96 90, www.margaretenhof.com. Sehr hübsch gestaltete Anlage von Ferienhäusern: In einem Bauernhof aus dem Jahr 1810 stehen fünf im nordischen Stil erbaute Doppelhäuser (also 10 Einheiten) für jeweils 2–7 Personen zur Verfügung. Es gibt einen 10.000 m² großen Bauerngarten mit Spielmöglichkeiten, Sitzecken, einer großen Grillecke usw. sowie ein Landhausrestaurant mit norddeutscher Küche, ergänzt um eine asiatische Note (geöffnet: 17–23 Uhr, So 12–23 Uhr, Tel. 87 670). Unmittelbar ans Grundstück grenzen Feldwege, die zu Spaziergängen einladen.

Rundflüge

■ **Fehmarn Air,** Pilot *Klaus Skerra* oder seine beiden Kinder fliegen Interessierte mit einer kleinen Maschine über die Insel und zeigen so die Schönheiten aus einem ganz anderen Blickwinkel. Infos: Tel. 91 00 oder (0171) 99 10 931, www.fehmarn-air.de.

Altjellingsdorf

■ **PLZ:** 23769
■ **Vorwahl:** 04371

Das winzige Straßendorf liegt auf halber Strecke zwischen den beiden größeren Inselorten Landkirchen und Petersdorf. Die durchaus stärker befahrene Verbindungsstraße führt am Ort vorbei, aber nur die wenigsten Häuser liegen an dieser Straße. Eine Verbindungsstraße zum Nachbarort Neujellingsdorf zweigt hier ab und dort wird es auch rasch ruhiger.

4

Hier liegen Bauernhöfe und einige Einzelhäuser eingebettet in **viel Grün.** Die Straße windet sich durch den Ort, bietet sogar eine kleine Sackgasse, in der noch ein Baugebiet erschlossen wird. Dieses liegt schon weit genug entfernt von der Durchgangsstraße.

Praktische Tipps

Essen und Trinken

■ **Café Flora,** Altjellingsdorf 1, Tel. 87 92 14, geöffnet: 13–18 Uhr. Angenehmes kleines Café mit Garten-Terrasse, in dem leckere Torten (glutenfrei) nach überlieferten Familien-Rezepten gebacken werden.

Lemkendorf

■ **PLZ:** 23769
■ **Vorwahl:** 04372

Diese Ortschaft wirkt gar nicht so klein, sie liegt nur 2–3 km vor Petersdorf und vielleicht 3 km von der Küste entfernt. Eine relativ breite und auch durchaus stark befahrene Straße führt mitten durch den Ort, in den paar Stichstraßen ist es dann gleich sehr viel ruhiger. Es gibt hier zwar auch einige Höfe, aber das Ortsbild wird eher geprägt von Einzelhäusern, einige topmodern gestaltet. Prägend ist auch der große, schilfbewachsene **Dorfteich,** der direkt an der Durchgangsstraße liegt. Hier kann man als Radfahrer nett rasten und den Enten zuschauen.

Der Vorteil von Lemkendorf liegt in seiner **zentralen Lage** im südlichen Westfehmarn. Es sind jeweils nur wenige Kilometer an die Küste, nach Burg und zu den nächstgrößeren Orten.

Praktische Tipps

Unterkunft

■ **FeWo Rickert** €€, Dorfstr. 43, Tel. 272, www.ferienhof-rickert.de. Neun FeWos für zwei bis fünf Personen auf einem Hof mit großem Garten und Tieren. WLAN.
■ **Ferienhof Becker** €€, Dorfstr. 6, Tel. 330, Fax 80 67 98, www.becker-lemkendorf.de. FeWos für zwei bis sechs Personen auf einem größeren Hof, bei dem schon die Auffahrt hervorsticht. Etliche Tiere zum Anfassen und Reiten sowie viel Grün neben dem weißen herrschaftlichen Haus runden das Angebot ab.

Gollendorf

■ **PLZ:** 23769
■ **Vorwahl:** 04372

Dieser kleine Ort liegt weniger als 1 km vom Meer entfernt, das schafft man zur Not auch zu Fuß. Per Rad sowieso, und das Schönste ist, dass der **grüne Strand** (Deich) dort nur schwach besucht wird, außerdem ist da Wasser ziemlich flach. Nach Orth und seinen Lokalen ist es nicht weit und zurück zur Ferienwohnung eben auch nicht.

Gollendorf liegt also etwas vom Meer zurückversetzt, hat zwar auch ein paar Bauernhöfe, aber überwiegend stehen hier Einzelhäuser. Einige ziemlich modern gestaltet, andere erkennbar älter, aber auch gut in Schuss gehalten und zumeist mit wunderschön eingewachsenen Gärten und umgeben von hohen Bäumen. Ein **kleiner Teich** ist ebenfalls zu finden mit Ruhebänken und einem kleinen **Karussell**. Am Ortseingang bei der Hauptkreuzung zeigt ein unübersehbares Schild eine Übersicht der Vermieter am Ort und wer noch freie Zimmer hat.

Praktische Tipps

Unterkunft/Spiel und Spaß

■ **Piratenhof Störtenbecker** €€–€€€€, Gollendorf 8, Tel. 80 67 80, Fax 80 67 81, www.stoertenbecker. de. Dieser Piratenhof kann kaum übersehen werden, hier wird eine ganze Menge für Kinder getan. Das Motto des Hauses lautet auch: „Für Familien, die mit und nicht von ihren Kindern Urlaub machen wollen". Demzufolge findet man eine ganze Menge an Spielmöglichkeiten für die Kleinen; auf die Großen wartet dagegen eine Sauna in einem Blockhaus. Angeboten werden fünf FeWos und zwei Blockhäuser.

Sulsdorf

■ **PLZ:** 23769
■ **Vorwahl:** 04372

Das kleine Sulsdorf liegt in Fehmarns Westen im Kreuzungsbereich mehrerer Straßen, vor allem der Durchgangsverkehr nach Orth fließt hier durch. Der Ort zeigt sich relativ lang gezogen entlang der Hauptstraße, die auch breiter ausfällt als in anderen Orten vergleichbarer Größe.

Fast im Zentrum liegt der **Dorfteich** mit Bank und Tischen, gleich nebenan das Feuerwehrhaus. Dort stehen auch ein paar durchaus größere Höfe und Scheunen, ansonsten dominieren in Sulsdorf mehrheitlich einzelne Wohnhäuser. Gäste erreichen von hier rasch sowohl die Strände in der Orther Reede als auch die bei Flügge, und selbst in die „Großstadt" nach Burg sind es vielleicht gerade mal 10 km.

Praktische Tipps

Unterkunft/Essen und Trinken

■ **Gästehaus Sulsdorf,** Dorfstr. 2, Tel. 611. Liegt an einer der Kreuzungen, bietet Frühstück und ansonsten Fisch- und Fleischgerichte. Geöffnet: Mo/Di 17–21 Uhr, Mi bis So 11.30–14 und 17–21 Uhr, Frühstück 7.30–10 Uhr. Es werden darüber hinaus sowohl Zimmer als auch Ferienwohnungen und Reihenhäuser vermietet.

Orth

■ **PLZ:** 23769
■ **Vorwahl:** 04372

Einer der ganz wenigen Orte auf Fehmarn, die überhaupt **direkt am Wasser** liegen. Dies gibt ihm gleich eine besondere Note, auch wenn Orth aus kaum mehr als zwei Straßen besteht. Unwichtig – was zählt, sind maritimes Flair und Wassersport.

Orth weist einen kleinen **Hafen** auf mit Liegeplätzen für kleine und mittlere Segelboote. Heute wird der Hafen ausschließlich für Sportboote genutzt, aber

Fehmarn, der Südwesten

4

im 19. Jh. wurde hier Getreide in Frachtschiffe umgeschlagen. Zeugen dieser Phase sind die hohen alten **Speicher,** die immer noch in Orth stehen.

Aus dem 1881 eingeweihten Hafen pendelte in seiner Blütezeit sogar ein Passagierschiff bis hoch nach Kiel. Das alles ist Geschichte, seit den 1980er Jahren wird der Hafen hauptsächlich touristisch genutzt. Selbst wer nicht in See stechen möchte, kann hier eine nette Prise **Hafenromantik** schnuppern bei einem Spaziergang über das Kopfsteinpflaster und beim Bewundern der vielen Schiffe, die hier im Hafenbecken dümpeln. Nach knapp 200 m hört die Hafenpromenade auf, endet am Hafenbecken bzw. auf der anderen Seite am Deich. Ein paar **Lokale und Geschäfte** sorgen für Abwechslung, das war's auch schon. Einmal um das Hafenbecken herumgewandert, wird das **Surfrevier** erreicht. Hier üben Anfänger, eine Surfschule steht bereit.

Wenig los also in Orth, aber man kann so richtig schön **aufs Wasser gucken,** vor allem von der Terrasse des Cafés am Hafen. Hier ist der alte Name – Café Sorgenfrei – weiterhin Programm!

Einzige Sehenswürdigkeit ist der geschnitzte **Wegweiser** nach Orth an der Donau, Hawaii und Danzig. Den hat *Kuddel,* der Schnitzer, geschaffen, der oft auf seinem Boot „Ran" anzutreffen ist.

Praktische Tipps

Unterkunft

■ **Ferienhof Scheel** €–€€, Seestraße 18, Tel. 223, www.ferienhof-scheel.de. Fünf FeWos und ein Ferienhaus in nettem Garten in unmittelbarer Nähe des Surfreviers.

■ **Ferienwohnungen am Hafen** €€, Am Hafen 6, Anbieter: *Antje Borgwardt,* Tel. (04371) 12 22, www.fewo-orth-fehmarn.de. Neueres Gebäude in Top-Lage mit Ausblick auf den Hafen.

Essen und Trinken

■ **Restaurant Piratennest,** Am Hafen 1, Tel. 80 65 90. Nicht zu übersehen, am Hafen rechte Seite, direkt am Wasser gelegen. Die Betreiber haben die Karte recht witzig gestaltet. So heißt es zu den Öffnungszeiten: „Von 12 Uhr durchgehend bis keiner mehr sitzt oder steht".

■ **Restaurant Taverne Syrtaki,** Tel. 80 68 70, ein griechisches Lokal am Hafen, geöffnet: 11.30– 14.30 und 17–23 Uhr, So geschlossen.

■ **Restaurant Ostseeblick,** Poststr. 10, Tel. 200. Der Name ist Programm. Di ist Hackfleisch-, Fr Matjestag, Mi gibt es weder Fisch noch Fleisch, da ist Ruhetag, ansonsten: 12–14 und 18–22 Uhr.

■ **Café am Hafen,** Am Hafen 2, Tel. 80 65 37. Schön gelegenes kleines Café mit Terrasse. Selbstbedienung und Hafenblick.

■ Neben dem Surfshop Windgeister liegt das lässige **Café Die Villa,** in eben einer solchen untergebracht. Man sitzt sehr entspannt draußen unter alten Bäumen und schaut verträumt auf den Hafen. Sa und So ab 10 Uhr Frühstücksbuffet.

■ **Kap Orth,** Am Hafenstieg. Etwas versteckt liegt dieser bunte Hafen-Imbiss, hier gibt es kleine Gerichte und leckere Fischbrötchen. Obendrein einen tadellosen Blick auf den Orther Hafen.

Angeln

■ **MS „Antares"** bietet Touren zum Hochseeangeln an, Preis: 30 €, Kinder und Nichtangler: 16 €. Abfahrt 7.30 Uhr, Rückkehr 15 Uhr. Außerdem Ausflugsfahrten und auch kürzere Angeltörns. Bitte bei Kapitän *R. Blickwedel,* Tel. 611, anmelden oder unter www.hochseeangeln-antares.de.

Surfen

🔴 **Windsurfing Fehmarn,** Am Hafen 2, Tel. und Fax 10 52, www.windsurfing-fehmarn.de. Das Motto lautet „Shop, Schule and Service". Surfkurse werden in der Südbucht gegeben, wer noch Material und Ausrüstung benötigt, frage im Shop nach, und Service ist natürlich selbstverständlich. Ebenfalls im Angebot: Ruder- und Tretboote sowie Verleih von Inline-Skates.

🔴 **Windgeister Fehmarn,** Am Hafen 4, Tel. 18 06, www.windgeister.de. Surf- und Kiteshop mit großer Auswahl an Boards, Kites und Zubehör. Bietet ebenfalls Kurse an, auch im Kitesurfen.

Der Südwesten

Orth

0 ——— 100 m   © REISE KNOW-HOW 2013

🔴 **Übernachtung**
3 Ferienhof Scheel
8 FeWos Am Hafen

🔵 **Essen und Trinken**
1 Imbiss Kap Orth
2 Piratennest
4 Café am Hafen
5 Taverne Syrtaki
6 Café „Die Villa"
7 Ostseeblick

🟢 **Einkaufen**
5 Shop Windsurfing Fehmarn
6 Surfshop Windgeister

Monarchen und ihre Geheimzeichen

Nicht wenige Fehmarner Bauern galten auch in früheren Zeiten als wohlhabend, besaßen stattliche Höfe mit großen Flächen. Die zu bestellen, war nicht ohne fremde Hilfe möglich, **Knechte, Mägde oder Tagelöhner** wurden gebraucht. Letztere kamen vor allem **zur Erntezeit** auf die Insel, wussten sie doch, dass es dort Lohn und Brot gab. Ein buntes Völkchen zog so durch die Lande, klopfte an Fehmarns Türen an. Gestrauchelte, Entwurzelte, herumziehende Landarbeiter. „Nicht-Sesshafte" würde man heute sagen. Ihre Freiheit erklärten sie zu ihrem höchsten Gut, nannten sich selbst „Monarchen". Dieser Begriff steht heute noch in vielen Gegenden Norddeutschlands im Plattdeutschen für **Bettler.** Obwohl sie mehr als das waren: Sie bettelten nicht um milde Gaben, sondern boten ihre Arbeitskraft an. So weit, so gut. Sie schliefen auf Dachböden, im Stroh oder im Freien. War die Arbeit beendet, zogen sie weiter, aber nicht, ohne vorher die nächste Kneipe geentert und den Lohn flugs wieder auf den Kopf gehauen zu haben.

feh13-036 hjf

Wilde Gesellen, die nützlich, aber auch unbeliebt waren. Zeitweise sollen bis zu 2000 Monarchen über die Insel gezogen sein. Neigte sich die Erntezeit dem Ende entgegen, wurden die Monarchen von dem Bauern, bei dem sie zuletzt gearbeitetet hatten, mit dem Boot aufs Festland gebracht. Erst dort zahlte man ihnen dann den Lohn.

Monarchen entwickelten ein eigenes **Kommunikationssystem.** An den Türen, Bäumen oder Ställen wurden unauffällige Zeichen angebracht, leicht zu übersehen, aber für den Kundigen aussagekräftig genug. Da warnte man sich gegenseitig vor rabiaten Bauern, berichtete, wo es gutes oder schlechtes Essen gab, ob der Bauer gutmütig oder streng, oder ob der Pfarrer leicht zu beschwatzen sei. Beispiele für diese Zeichen können im Heimatmuseum von Burg besichtigt werden.

Die Ära der Monarchen ging schleichend zu Ende, der Einsatz von großen Maschinen machte sie irgendwann schlicht überflüssig.

Holzschnitzen

■ Das kunstvolle Hinweisschild am Hafen mit der Angabe, dass es bis nach Hawaii 9878 Seemeilen sind, stammt von **„Kuddel"**, dem Schnitzer. Er schnitzte auch das Schild der Aalkate in Lemkenhafen und kann zumeist auf seinem Segelkutter „Ran" angetroffen werden.

Püttsee

■ **PLZ:** 23769
■ **Vorwahl:** 04372

Püttsee darf getrost ein „Straßendorf" benannt werden, denn die gesamte, ziemlich kleine Ortschaft liegt entlang einer Straße, die auch den Namen „Püttsee" trägt. Wer in den Ort hineinfährt, stößt schnell an eine **T-Kreuzung** und verlässt auch schon wieder Püttsee. Nach links geht es Richtung Flügge zu den dortigen Campingplätzen und zum Flügger Strand, nach rechts führt die Püttsee-Straße zum Strand von Püttsee. Dieser ist ein schwach besuchter, durchaus etwas längerer **Naturstrand** mit einigen **Dünen.** Knapp nördlich vom Ort liegen drei Teiche, von denen der Püttseeteich der größte ist. Der Ort selbst hat einige neuere Häuser, einige etwas ältere und einige Höfe mit durchaus beachtlichen Scheunen. Wer durchzählt, wird vielleicht auf zwei Dutzend Häuser kommen; der Ort ist also wirklich klein und sehr ruhig.

Flügge

■ **PLZ:** 23769
■ **Vorwahl:** 04372

Ein winziger Ort, ganz im Südwesten gelegen. Zwei Campingplätze locken Besucher, ein Leuchtturm als Ausflugsziel und ein **Gedenkstein.** Hier nämlich, in dieser Abgeschiedenheit, fand **1970 Jimi Hendrix' letztes Konzert,** statt, bevor er viel zu jung wenige Tage später in London verstarb. Zu dem dreitägigen Open-Air-Konzert waren 30.000 Fans auf die Wiese bei Flügge gekommen. Die Veranstaltung endete im Chaos (siehe auch „Jimi Hendrix auf Fehmarn"). Zur Erinnerung an das Love and Peace Festival von Fehmarn wurde ein gut 2 m hoher Gedenkstein aufgestellt. Zu finden ist er Richtung Flügge bzw. Campingplatz Flügger Strand. Direkt vor dem Zeltplatz beginnt nach rechts ein Deich, der immer parallel zum Strand und zum Campingplatz verläuft. Auf diesem 5–8 Min. laufen, bis das Ende des Campingplatzes erreicht wird. Dort steht der Stein auf halbem Weg zwischen Deich und einem Wäldchen. Und genau hier versammelten sich im Sommer 1970 trotz heftigstem Regen 30.000 junge Leute.

Seit 1995 gab es am ersten Wochenende im September ein Festival zur Erinnerung an den Auftritt von *Jimi Hendrix,* zu dem zuletzt immerhin 15.000 Zuschauer kamen. Im Jahr 2011 wurde das Festival erstmals durch den Kreis Ostholstein abgesagt, da die Behörde Naturschutzverletzungen sah.

Der **Strand** verläuft ab hier über etliche Kilometer, er ist relativ schmal und nicht ganz frei von Steinen. Wenn der

4

Wind etwas stärker bläst, sausen die Surfcracks vor der Küste auf und ab.

Und sonst? Ausflügler können bis zum weithin sichtbaren **Leuchtturm** fahren, eine ganz nette Strecke, die zuletzt parallel zum Deich führt. Im Gegensatz zu allen anderen Fehmarner Leuchttürmen, die nicht zu besichtigen sind, kann man hier die 162 Stufen nach oben steigen, allerdings nur im Sommerhalbjahr. Von oben (40 m) genießt man einen grandiosen Fernblick.

Ein Parkplatz liegt am Weg, von dort ist es ein Marsch von 1,2 km auf dem Deich (Parkgebühr 2 €). Vom Hafen in Orth sind etwa 2,4 km bis zum Leuchtturm zurückzulegen.

Auf dem Leuchtturm kann übrigens auch der **Bund fürs Leben** geschlossen werden.

■ **Geöffnet:** Anfang April bis Ende Okt., Di–So 10–17 Uhr.
■ **Eintritt:** Erwachsene 2 €, Kinder 1 €.

Im äußersten südwestlichen Zipfel der Insel, unweit des Leuchtturms, wächst über die Orther Reede langsam ein Nehrungshaken mit dem bildlich so treffenden plattdeutschen Namen **Krumm Steert,** hochdeutsch „Schiefer Schwanz". Der Krumm Steert wächst stetig weiter, „gespeist" durch Sandablagerungen vom Meeresgrund, die die konstante Meeres-

feh13-033 hjf

strömung südostwärts treibt. Der Meeressand wird somit immer in die gleiche Richtung getrieben und baut langsam den Nehrungshaken auf. Eines fernen Tages könnte dann die Orther Reede eingeschlossen sein, aber bis dahin dürften noch ein paar Jahrhunderte ins Land ziehen.

Krumm Steert ist ein **Naturschutzgebiet** und darf nicht betreten werden. Die schmalen und fragilen Sanddünen sollen ungestört von menschlicher Neugier wachsen. Zum gleichen Schutzgebiet zählt noch die Sulsdorfer Wiek, eine eingedeichte ehemalige Meeresbucht, zwischen Orth und Sulsdorf gelegen. Die urwüchsigen Schilfgürtel bieten ein un-

gestörtes Brutgebiet für unzählige Vögel; der Mensch darf auch hier nur von fern zuschauen.

Praktische Tipps

Camping

■ **Camping Flügger Strand** ᴰᵉ, Flügger Strand, Tel. (04372) 714, Fax 15 88, www.fluegger-strand. de. Geöffnet von Anfang April bis Anfang Okt. 280 Dauercamper- und 190 Touristenplätze werden an-

☑ Der Flügger Leuchtturm kurz vor Beendigung der Sanierung

Jimi Hendrix auf Fehmarn

Woodstock war gerade in Amerika über die Bühne gegangen, dort hatten 400.000 Jugendliche ein dreitägiges Fest gefeiert mit mehreren Dutzend Bands. Das können wir auch, dachten sich drei Jungunternehmer aus Kiel, und planten eine Art **deutsches Woodstock.** Internationale Stars wie *Ten Years After, Canned Heat, Mungo Jerry, Sly and the Family Stone, Taste,* aber auch damals erfolgreiche nationale Größen wie *Frumpy* oder *Floh de Cologne* wurden engagiert, und als Superstar *Jimi Hendrix!* Sie alle sollten auf einem Acker vor dem Flügger Strand auf der Insel Fehmarn spielen. Die drei Organisatoren gingen ans Werk, naiv oder einfach clever, wer weiß. Sie konnten mehrere der damals bekanntesten Bands verpflichten. Auch der Rest der Organisation „stand" irgendwann. Die Presse blieb skeptisch, die Fans jubelten. Sollten sie wirklich alle kommen? Sogar Superstar *Jimi Hendrix?* Das klang zunächst so unglaublich, dass die Macher schließlich sogar die Verträge in der Presse veröffentlichten.

Vom 4. bis 6. September 1970 fand das Festival statt, der **Wetterbericht** versprach einen sonnigen Spätsommer. Das wurde nun ganz und gar nicht eingehalten, es regnete und stürmte drei Tage lang, dass sich jeder nur wunderte, wieso alle trotzdem dablieben.

Niemand hatte Erfahrungen mit der **Organisation eines Festivals dieser Größe.** Die Leute kamen auf die Wiese, bauten Zelte auf, lagerten, campierten irgendwie, eine riesige, unorganisierte Zeltstadt entstand. Waschräume und Klos gab es zwar, auch Getränke und Verpflegung, aber von allem zu wenig. Die Leute vertrieben sich irgendwie die Zeit, Haschpfeifen kreisten, man harrte der Dinge. Und immer wenn eine Gruppe auftrat, war sowieso alles „Love and peace".

Nass geregnet, in klammen Klamotten, und die Musik teilweise vom Winde verweht. So die äußeren Bedingungen. Egal, sagen Beteiligte, bekommen ein Leuchten in den Augen und schwärmen von einem nie dagewesenen **Gemeinschaftsgefühl,** das sich während des Festivals entwickelt hätte. „Viel dope, viel Leerlauf, viel Regen, viel Spaß trotzdem", so zeigt es sich in der Erinnerung vieler. Verbindend wirkte auch das gemeinsame Warten auf **Jimi Hendrix.** Und er kam auch tatsächlich. Die Kieler Nachrichten schrieben später: „Trotz Regen und Sturm: Jimi kam, und die Fans jubelten". Bis dahin musste man sich aber lange in Geduld üben. Jimi spielte schließlich am Sonntagmittag, genau 75 Minuten lang, damit sogar eine Viertelstunde länger, als vertraglich vorgesehen.

Hendrix' Auftritt war der erhoffte Höhepunkt, aber kurze Zeit danach ging das Festival komplett den Bach hinunter. Die Organisatoren hatten ausgerechnet eine schlagkräftige Gruppe von **Hamburger Rockern als Ordner** angeheuert. Die kamen auch und gleich mit mehr Mann als vorgesehen und hatten ganz schnell das Kommando übernommen. Als die Situation zu eskalieren drohte, konnten einige mit Geld und guten Worten wieder nach Hamburg zurückgeschickt werden. Die verbliebenen Rocker forderten am Sonntag ihren Lohn ein, den gab's aber nicht. Ein Gerücht machte schnell die Runde, nämlich dass die Organisatoren mit der Kasse verschwunden seien. Am Abend dann entlud sich die Rocker-Wut, sie brannten die Organisationszentrale ab. Damit war das Festival gelaufen, eigentlich hätte es noch bis Mitternacht gehen sollen.

Der „Spiegel" schrieb später als **Resümee des Festivals:** „Fehmarn wurde kein deutsches Woodstock …", und „Es war ein Festival der Fehlplanungen, ein Stelldichein unfähiger Organisatoren, brutaler Ordner und einer apathischen Menge …". Soweit die Meinung der Presse. In den Erinnerungen der Beteiligten dominieren ganz andere Eindrücke: eine grandiose, alles überbrückende Stimmung, entstanden aus dem gemeinsamen Dem-Wetter-Trotzen, dem Wunsch nach guter Musik und der Sehnsucht nach Love and Peace. Das mag der „Spiegel"-Redakteur mit apathisch verwechselt haben. Die drei Organisatoren waren am Ende hochverschuldet, der Acker am Flügger Strand erholte sich irgendwann wieder, und auch auf Fehmarn ging das Leben weiter.

Tragischerweise verstarb der Protagonist dieses Festivals nur zwölf Tage später in London, so wurde das Fehmarner Festival zu **Jimi Hendrix' letztem Auftritt.** Zur Erinnerung daran steht nun auf besagtem Festival-Acker vor dem Flügger Strand ein Gedenkstein.

geboten. Der Campingplatz erstreckt sich über 1 km immer am Meer entlang, zum Ende hin wird der Platz immer schmaler. Ein Teil des Platzes begrenzt ein kleines Wäldchen. Wer möchte, kann auch einen Wohnwagen mieten oder eines von 18 Holzhäuschen. Ein Spielplatz für Kinder und spezielle Animation werden auch geboten, außerdem ein Minigolfplatz.

● **Campingplatz Flüggerteich** €€, Tel. (04372) 349, Fax 737, www.flueggerteich.de. Geöffnet von Anfang April bis Anfang Okt. Ein kleiner Platz mit 97 Stellplätzen, im Inland gelegen, „am Puls der Natur" (Eigenwerbung). Vielleicht 500 m sind es bis zum Strand, der Gast erlebt keinen Massenbetrieb, sondern persönliche Betreuung.

Kopendorf

● **PLZ:** 23769
● **Vorwahl:** 04371

Ein kleiner Ort, schon sehr nah an Petersdorf gelegen, vielleicht durch ein 200 m breites Flurstück noch getrennt. Direkt an der Hauptstraße liegt der **Dorfteich** und hier sowie an der Nebenstraße, die einfachhalber auch gleich „Am Dorfteich" heißt, liegen die Bauernhöfe, die hier durchaus adrett anzuschauen sind.

So klein Kopendorf auch ist, eine insulare Besonderheit weist der Ort doch auf: Hier fließt Fehmarns einziger Süßwasserlauf vorbei, die **Kopendorfer Au,** die immerhin 13 km lang ist und bei Wallnau in die Ostsee mündet. Und genau hier veranstaltet die Landjugend alljährlich Anfang April das traditionelle **Grabenspringen** mit einem Stock über die Kopendorfer Au, was sehr viel leichter ausschaut, als es tatsächlich ist. Auch

darüber berichtet die Lokalpresse, nicht ohne zu erwähnen, wenn mal wieder jemand in den Bach gefallen ist.

Wasservogel-reservat Wallnau

An der Westseite der Insel entstand 1977 auf einem ehemaligen Gutshof ein Wasservogelreservat und Naturschutzgebiet. Weite Teile der Wallnauer Niederung sowie ein 300 m breiter Streifen der Ostsee stehen seitdem unter Naturschutz. Das Areal hat eine Gesamtgröße von **297 ha** und besteht aus flachen Teichen, Feuchtwiesen und einem 2 km langen Strand nebst Stranddünen.

Der Naturschutzbund hat hier ein Informationszentrum und einen Lehrpfad angelegt. Besucher können durch das Reservat gehen, dürfen aber natürlich nicht die Wege verlassen. Ein Rundgang beginnt in dem weißen **Informationszentrum,** wo jeder Besucher einen Überblick erhält. So kann man sich beispielsweise an einem Modell eine erste Orientierung verschaffen. Eine Führung beginnt hier mit einem kleinen Vortrag.

Dann geht's los in die Natur. Schon nach 500 m werden die **Beobachtungsstellen,** die „Verstecke", erreicht. Zum besseren Beobachten der Vögel wurden vier Sichtschutzwälle errichtet, wo kleine Hütten mit Beobachtungsschlitzen ein-

[>] Info-Zentrum des Reservats

gebaut wurden. Von dort schaut man auf die verschiedenen Teiche, die unterschiedlichen Lebensräume der Vögel. Die Menschen verbergen sich gewissermaßen vor den Tieren, beobachten diese aus sicherer Distanz. So kommen Mensch und Tier sich gar nicht erst ins Gehege, die Tiere können obendrein in ihrem ursprünglichen natürlichen Verhalten beobachtet werden.

Insgesamt ist nur ein kleiner Teil des Reservats für Besucher freigegeben, einen guten Überblick über die ganze Anlage gewinnt der Besucher vom 12 m hohen **Beobachtungsturm.**

Das ganze Jahr über können hier Vögel beobachtet werden. Etwa 80 **Vogelarten** brüten beispielsweise im Frühjahr, während im Winter Vögel kommen, die sonst in weiter nördlich gelegenen Gefilden leben. Im Sommer werden die Jungvögel aufgezogen, im Herbst zieht es et-

liche Vögel in den Süden, während zugleich aus dem Norden Tausende von Enten kommen. Die Vielfalt der Vogelwelt ist derart beachtlich zu jeder Jahreszeit, dass es keine schlechte Idee wäre, sich einer geführten Tour anzuschließen, um möglichst viel Gewinn aus seinem Besuch zu ziehen.

Fehmarn, der Südwesten

■ **Geöffnet:** Anfang März bis Ende Okt. tägl. 10–17 Uhr, das Infozentrum ist geöffnet. Anfang Nov. bis Ende Febr. tägl. 10–17 Uhr, das Infozentrum ist geschlossen.

■ **Eintritt:** Erwachsene 7 €, Kinder von 6–18 Jahren 4 €, außerdem gibt's etliche Ermäßigungen.

■ **Führungen** in der Saison von März bis Okt. um 11, 13, 15 Uhr, im Sommer zusätzliche Führungen.

■ **Infos** unter Tel. (04372) 10 02, www.nabu-wallnau.de.

■ **Von April bis Ende Sept.** fährt der **Bürgerbus** dreimal am Mo, Mi und Fr von Burg direkt nach Wallnau.

Petersdorf

- **PLZ:** 23769
- **Vorwahl:** 04372

Im Vergleich zu anderen Orten auf Fehmarn kann man Petersdorf durchaus als größeren Ort bezeichnen, immerhin liegt er mit seiner Einwohnerzahl auf Platz 2. Die relativ **zentrale Lage** im Westen der Insel hat Petersdorf zu einer Art Anlaufpunkt und Verkehrsknoten werden lassen.

Gegründet um das Jahr 1230, siedelten sich hier im Laufe der Zeit einige Kleinhandwerker und Gewerbetreibende an. So entstand auch die 1893 erbaute **Südermühle,** in der sich heute ein Restaurant befindet. Petersdorf hatte sogar einen Bahnhof, aber nach Einstellung des Bahnverkehrs wurde er in ein Privathaus umgewandelt. Der Ortskern rund um die Kirche zeigt sich idyllisch, dazu tragen auch die Straßen mit Kopfsteinpflaster bei, an denen etliche ältere Häuser stehen.

In Petersdorf findet alljährlich das große **Rapsblütenfest** statt, zumeist im Mai, aber der genaue Termin kann schwanken und sollte über die Tourismusinformation bestätigt werden. Dann

Petersdorf

0 ———— 100 m © Reise Know-How 2013

Einkaufen
2 Insel-Kontor
5 Hofladen „Natürlich Einkaufen"
11 Zwei Supermärkte

Essen und Trinken
4 Kartoffelscheune
7 Dorfkrug
10 Südermühle

Übernachtung
1 Gitti's Gästehaus
6 Hotel Kastania
8 Pension Lange
12 Ferienanlagen Kiebitzhof und Wuhrt-Ruhm

4

kommen Tausende zusammen, die gesamte umliegende Natur hat sich derweil ein gelbes Kleid angezogen. Höhepunkt ist die Wahl der Rapskönigin, aber auch sonst wird kräftig gefeiert, das ganze Wochenende nämlich. Speziell zur Rapsblüte können Pauschalangebote gebucht werden, es ist wirklich ein Augenschmaus sondergleichen. Weit und breit wogt ein Meer von gelben Blüten, am schönsten natürlich zu betrachten aus der Luft. Rundflüge können beim Flugplatz Neujellingsdorf gebucht werden (siehe dort).

Sehenswertes

St.-Johannis-Kirche

Weithin sichtbar ist der **Turm** der St.-Johannis-Kirche, mit 62 m der höchste der Insel. Angeblich diente er in früheren Zeiten den Seeleuten als eine Art Markierung. Er wurde nach einem Brand im 16. Jh. neu erbaut.

Die Kirche selbst wurde aus rotem Backstein im 13. Jh. errichtet. Das genaue Datum bleibt unbekannt, wahrscheinlich datiert sie aus der Zeit um 1250, als der dänische König *Waldemar II.* die Regentschaft über die Insel ausübte. Die Kirche wirkt recht dominierend, aber zugleich äußerst schlicht.

Im Inneren setzt sich der Eindruck der stilvollen Schlichtheit fort, wuchtige Stützpfeiler und Spitzbögen tragen das dreischiffige Gotteshaus, aber sie integrieren sich geschickt ins Gesamtbild. Mehrfach wurde restauriert und umgebaut, bis schließlich in neuerer Zeit versucht wurde, „die Architektur zu vereinheitlichen und zu purifizieren". So steht

es in einem Kirchenprospekt, und besser kann es nicht ausgedrückt werden. Dem passt sich auch der gotische dreiflüglige **Altar** an, der schon 1390 erschaffen wurde. Noch ein paar Jährchen mehr zählt die gotländische **Kalksteintaufe** (1280). An den Seitenwänden hängen diverse gestiftete Gemälde und etliche kunstvoll geschnitzte **Holzepitaphe** reicher Fehmarner.

Ein äußeres Detail kann vom Boden nur teilweise gesehen werden, perfekt wäre ein Blick von oben: Um die Kirche wurde kreisförmig ein Ring aus Bäumen gepflanzt.

■ **Geöffnet** von Ostern bis Ende Okt. 8–18 Uhr, Gottesdienst: So 10 Uhr. Während der Sommersaison finden am Abend Konzerte statt.

Praktische Tipps

Unterkunft

■ **Hotel Kastania** €€€, Schlagsdorfer Str. 10, Tel. 99 290, Fax 99 29 29, www.hotel-kastania.de. 14 gut eingerichtete Zimmer bietet dieses Haus am Ortsrand und einen tollen Blick über die Felder.
■ **Pension Lange** €€, Mittelstr. 10, Tel. 6 01, Fax 6 30, www. pension-lange-fehmarn.de. Sechs Zimmer in einem neuen Haus beim Dorfteich.
■ **Gitti's Gästehaus** €€, Wiesenweg 6–8, Tel. (0451) 12 14 218, www.gittifehmarn.de. In einer Sackgasse gelegenes Einzelhaus mit vier FeWos und Blick über die Felder.
■ **Ferienanlage Kiebitzhof** €€–€€€, Kiebitzweg 1– 12. Vermieter: Raab Ostsee Ferienvermietung, Postfach 55, 23669 Timmendorfer Strand, Tel. (04503) 70 34 90, www.ostseeonline.de. Insgesamt zwölf Häuser mit je vier Apartments liegen ruhig am Ortsrand, mit weitem Blick über die Felder. Preis je nach Apartmentgröße.

4

■**Ferienanlage Wuhrt-Ruhm,** gleicher Vermie-ter, nur eine Straße weiter gelegen. Insgesamt sind 77 FeWos im Angebot, Preise wie Ferienanlage Kie-bitzhof.

Essen und Trinken

■**Kartoffelscheune,** Kämmererweg 3A, Tel. 99 19 19. Na, was wohl ...? Unter anderem gibt es Kartoffelpizza. Geöffnet tägl. 12–14.30 und 17–21.30 Uhr.

■**Restaurant Südermühle,** Mühlenweg 3, Tel. 6 36. Weithin sichtbar ist die alte Mühle am Ortsrand mit urigem Ambiente. Das Restaurant war beim letzten Besuch des Autors geschlossen.

■**Dorfkrug,** Mittelstr. 9, Tel. 13 40. Fundierte hausgemachte Küche mit Schwerpunkt Fisch, aber auch vegetarische Gerichte.

Einkaufen

■Es gibt ein kleines Einkaufszentrum mit zwei **Su-permärkten** am Ortseingang aus Richtung Burg kommend.

■Ein kleiner **Hofladen** mit Namen „Natürlich Ein-kaufen" befindet sich in der Neustädter Straße 2, knapp 50 m von der Kirche entfernt.

■An der Ecke Bahnhofstraße mit der Hauptstraße liegt das **„Insel-Kontor"** (Eigenwerbung: „Der et-was andere Kiosk"): Souvenirs, Geschenke, Fahrrad-verleih und Fischbrötchen.

Bojendorf

■**PLZ:** 23769
■**Vorwahl:** 04372

Das Dorf liegt an der Westseite der Insel, etwa 600 m vom Strand entfernt. Im Grunde besteht Bojendorf nur aus drei parallel verlaufenden Straßen, an denen adrette Häuser und kaum Höfe liegen. Der Vorteil für Urlauber ist hierbei, dass durch diese Straßen praktisch kein Durchgangsverkehr fließt; der umfährt den Ort auf zwei Umgehungsstraßen.

◁ Die Südermühle in Petersdorf

Bojendorf wirkt **optisch gefällig,** die Vorgärten sind alle in Schuss gehalten, die Auffahrten picobello gepflegt. Die **Lage des Ortes** ermöglicht sowohl Strandurlaub als auch Deichspaziergänge oder Besuche im Vogelschutzgebiet Wallnau. Nur zur Inselhauptstadt ist es ein wenig weit, aber das ist ja relativ hier auf der Insel.

Strandprofil

Der **Strand** verläuft hinter einem nicht allzu hohen Deich, misst gut 10–15 m und ist etwas kieselig, doch nicht übermäßig. Da der Wind ziemlich auffrischen kann, wurde eine **DLRG-Station** mit Rettungsschwimmern hier platziert, das deutet die Strömungsverhältnisse an. **Strandkörbe** werden vermietet. Direkt hinter dem Deich liegt der **Strandcampingplatz Wallnau** und vor dem Deich ein großer Parkplatz.

Praktische Tipps

Unterkunft

■**FeWo Hermann Weiland** €€–€€€, Dorfstr. 24, Tel. 228, Fax 18 17, www.weiland-bojendorf.de. Mehrere FeWos in unterschiedlichen Gebäuden auf einem Bauernhof am Dorfrand mit großem Spielplatz.

■**Hof Haltermann** €€€€, Dorfstr. 17, Tel. 286, Fax 14 42, www.haltermann-fehmarn.de. Zwei große FeWos in einzeln stehendem Haus auf einem Bauernhof aus dem Jahr 1859 mit einem 4000 m² großen Garten. Grillecke, Angelteich und Strandkörbe können genutzt werden. Außerdem stehen mehrere exklusive ebenerdige Ferienhäuser, die mit viel Liebe zum Detail eingerichtet sind. Einige mit eigener Sauna, aber alle haben eine eigene Terrasse mit weitem Blick über die Felder. Zum Meer sind es vielleicht 500 m.

■**Hof Anno 1856** €€–€€€€, *R. Wohler*, Dorfstr. 18, Tel. 229, Fax 17 98, www.bojendorf.de. Neue FeWos auf einem Gelände mit riesigem Garten. Außerdem: Sauna, Solarium, WLAN-Internet und ein Aufenthaltsraum mit Spielecke.

■**Silke Blanck** €€, Dorfstr. 19, Tel. 395, Fax 18 60, www. blanck-bojendorf.de. Sieben FeWos mit Platz für bis zu vier Personen, auch eine Sauna gehört zum Haus.

Camping

■**Strandcampingplatz Wallnau** €€€€, Tel. 456, Fax 18 29, www.strandcamping.de, geöffnet von März bis Ende Oktober. Ein großer Platz mit 400 Dauerplätzen und 370 Stellplätzen für Urlauber, nur durch einen Deich vom Strand getrennt. Eine ganze Menge an Sport- und Kinderanimation wird geboten, eine Wassersport- und Reitschule, des Weiteren voll beheizbare Sanitärräume, kostenlose Warmduschen, eine schalldichte Disco (außerhalb des Platzes), Strandsauna, WLAN und Kurangebote. Hat auch nicht jeder Campingplatz: eine Veranstaltungshalle mit eigenen Shows, die „Tenne", und Mietcaravans. Dieses Gesamtpaket hat den ADAC derart überzeugt, dass der Strandcampingplatz Wallnau schon mehrfach als einer der Superplätze Europas eingestuft wurde. Darüber hinaus gibt es eine Reihe Pauschal- und Spezialtarife, nachfragen!

4

5 Ausflüge

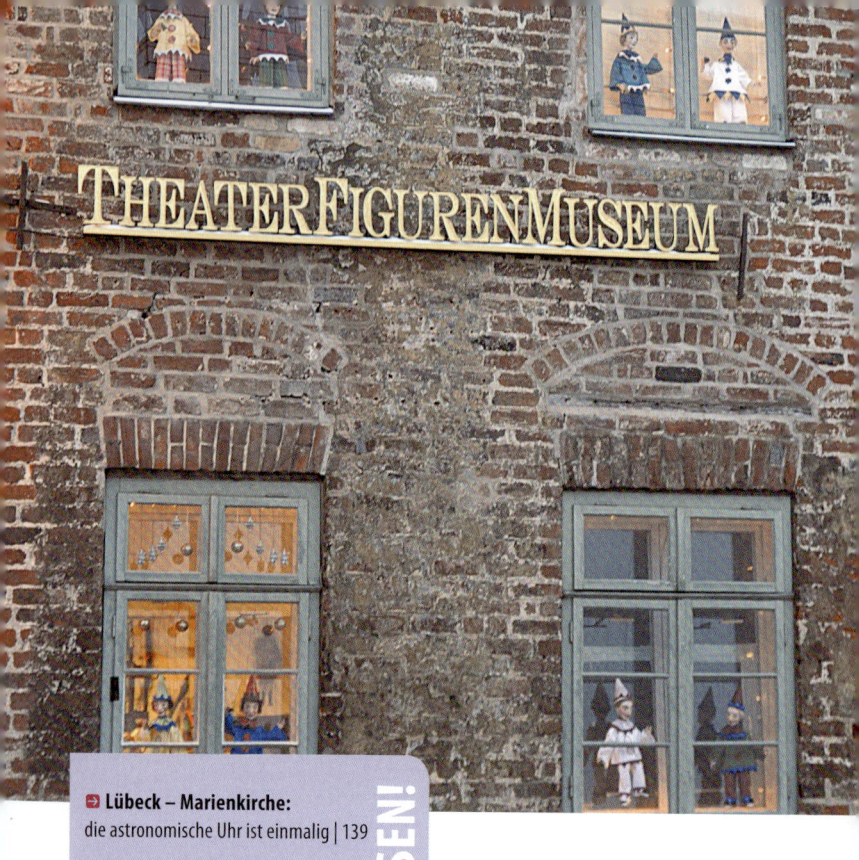

NICHT VERPASSEN!

➡ **Lübeck – Marienkirche:**
die astronomische Uhr ist einmalig | 139

➡ **Lübeck – Haus der Schiffergesellschaft:** Speisen in
historischem Ambiente | 141, 147

➡ **Lübeck – Café Niederegger:**
Versuchung Marzipan | 142

➡ **Holsteiner Katenschinken:**
am besten direkt aus der Räucherei | 148

➡ **Wall-Museum in Oldenburg:**
Blick zurück in die Slawenzeit | 152

Diese **Tipps** sind <mark>gelb hinterlegt</mark>.

⌃ Ein wirklich liebevolles Museum in Lübeck

5

AUF DEM FESTLAND

Fehmarn bietet genügend Zerstreuung, keine Frage, aber das Festland ist nah, und in Ostholstein lassen sich auch nette Orte und Attraktionen entdecken. Einfach über die Fehmarnsundbrücke rüber, und schon erschließt sich die gesamte Ostseeküste Schleswig-Holsteins und das Hinterland. Im Folgenden ein paar Tipps.

feh13-038 mux

Lübeck

„Lübeck ist die an Baudenkmälern reichste Großstadt Deutschlands", wird in einem Lübecker Prospekt für Touristen behauptet. Zumindest in Schleswig-Holstein dürfte Lübeck mit seiner wunderschönen Altstadt unangefochten die **touristische Nummer Eins** darstellen. Das hat schließlich auch die UNESCO erkannt; die Lübecker Altstadt wurde im Jahr 1987 in die **UNESCO-Liste des „Weltkulturerbes der Menschheit"** aufgenommen.

Wer sich der Stadt nähert, vielleicht gar durch das weltberühmte Holstentor schreitet, ahnt sofort warum. Die fünf großen Kirchen mit ihren insgesamt sieben Türmen geben der Stadt ihre **unverwechselbare Silhouette.** Und dann spaziert man über eine der zahlreichen Brücken, die Altstadt ist komplett von Flüssen umgeben, und folgt einer der leicht ansteigenden Straßen ins Zentrum.

Wohin soll man sich zuerst wenden? Es ist eigentlich egal, denn die Wege sind kurz, und es gibt in fast jeder Straße etwas zu entdecken. Also, einfach drauf los spazieren, die Lübecker **Altstadt ist ein**

5

Ausflugsziele

0 —— 10 km

Marienfelde
Strande
Kieler Förde
Schilksee
Heidkate
Wendtorf
Kalifornien
Schönberger Strand
Pries
Stein
Kindheits-museum
Museumsbahn
Laboe
502
Holtenau
Probsteier-hagen
Passade
Schönberg
Hohenfelde
Behrensdorf
Bendfeld
Gadendorf
Lippe
Schönkirchen
Fargau
Gut Panker
Hohwacht
Haßberg
Kiel
Schwentine
Selenter See
Giekau
Lütjenburg
202
Oldenburg i. H.
202
Raisdorf
Selent
Lammers-hagen
Blekendorf
Eselpark Nessendorf
Braasch's Schinken-räucherei
Pohnsdorf
Rethwisch
Engelau
Nessendorf
Harmsdorf
Dannau
Högsdorf
Mönchnevers-dorf
Lensahn
76
Neukirchen
Halendorf
404
NATURPARK
Bungsberg 168m
Schönwalde
Bebler See
Malente
Dieksee
Keller See
Kasseedorf
Ascheberg
Großer Plöner See
Plön
Hasselburg
Merken-dorf
Wankendorf
Eutin
Roge
A1
430
Dersau
HOLSTEINISCHE
Neustadt i. H.
Bornhöved
SCHWEIZ
76
Wasserski-Anlage
Pelzerhaken
Bredenbeck
Hutzfeld
Süsel
Hansa-Park
Siblin
Sierksdorf
Berlin
Ahrensbök
Pönitz
Timmendorfer Strand
A21
Sarkwitz
207
432
Gnissau
205
Warder
Niendorf/O.
76
206
Bad Segeberg
Westerrade
Travemünde
Karl-May-Spiele
206
Bad Schwartau
Ratekau
226
432
Stockelsdorf
Trave
Hamburg
A1
Lübeck
105

© REISE KNOW-HOW 2013

Ausflüge

Gesamtkunstwerk, und allzu groß ist sie auch nicht. Vom Holstentor bis zur gegenüberliegenden Rehderbrücke, über die man die Altstadt wieder verlassen würde, sind es gerade mal 1000 Meter, etwa doppelt so lang ist der Weg von der Burgtorbrücke bis zum Dom.

Auffällig sind die schlanken, hohen **alten Kaufmannshäuser.** Meist sind sie drei, vier Stockwerke hoch und verjüngen sich im oberen Teil. Dominierend sind hier die Stufengiebel, sodass in der oberen Etage meist nur ein Fenster angebracht werden konnte. Die alten Kaufmannshäuser haben oben, knapp unter dem Dach, meist eine Winde oder einen handbetriebenen kleinen Kran. Damit wurden die gehandelten Waren hochgezogen und, sicher vor der Flut, im Speicher im zweiten Stock gelagert. Andere Waren kamen in den Keller. Die Luken, durch die diese Waren rutschten, sind noch heute auf Straßenniveau zu erkennen. Der Eingang zum Haus lag meist eine halbe Etage über dem Bürgersteig – auch dies eine Sicherung gegen mögliche Überschwemmungen.

Lübeck zu erkunden macht Spaß! Spaß, weil die Altstadt überschaubar ist, Spaß, weil man in Lübeck findet und nicht erst lange suchen muss. Denn es gibt buchstäblich an jeder Ecke etwas zu entdecken. Nicht nur die pflichtgemäßen Sehenswürdigkeiten.

Besucher spazieren durch enge **Gassen,** bestaunen ein historisches Haus neben dem nächsten, rätseln über deren Alter. 300 Jahre? 400 gar? Oder noch mehr? Unmöglich hier eine komplette Übersicht zu geben, es wären zu viele. Und aus all dieser städtebaulichen Pracht ragen die **sieben Kirchtürme** heraus wie lokale Wegweiser.

5

Schiffstouren

Nachdem die EU die Duty-free-Regelung abgeschafft hat, stellten die Reedereien diese beliebten Kurztrips ein. Von Fehmarn aus kann man heute entweder mit der regulären **Fähre** von Puttgarden nach Dänemark fahren oder aber von Burgstaken zu einer zweistündigen **Fahrt auf einem Kutter** aufbrechen. Genauere Infos siehe im Kapitel zu Burg.

Insel Lolland
Einen „richtigen" Ausflug auf die **dänische Insel** Lolland kann man auch ganz problemlos unternehmen, denn vom Fährhafen Puttgarden pendeln beinahe halbstündlich die Fähren der Scandlines nach Rødby. Preise und Info-Adresse der Scandlines siehe unter „Puttgarden".

Safaripark Knuthenborg
Der Safaripark Knuthenborg liegt im dänischen **Bandholm** und hat von Ende April bis Ende Okt. 10–18 Uhr (im Sommer bis 20 Uhr) geöffnet. Es kann ein kombiniertes Ticket für die Fährverbindung und den Eintritt erworben werden. Die Besucher fahren mit ihrem Wagen durch diesen riesigen Zoo und können so einige der 800 Tiere der afrikanischen Steppe hautnah erleben. Darüber hinaus gibt es sibirische Tiger, ein Vogelparadies und einen Affenwald, aber auch zahme Streicheltiere und die Möglichkeit zum Ponyreiten.

■**Anfahrt zum Safaripark Knuthenborg:** vom Fähranleger über die E 47 etwa 17 km bis zur Abfahrt Nr. 47 oder 48 (Maribor) fahren, von dort bleiben noch 5 km, die ausgeschildert sind.
■**Infos:** www.knuthenborg.dk.

Und dann entdecken Citybummler ebenso zufällig wie zwangsläufig einen der **Hinterhöfe** oder einen der schmalen **Wohngänge.** So um die 80 bis 90 gibt es noch. Eintreten soll übrigens überall möglich sein, aber eine verschlossene Pforte sollte man respektieren, denn die kleinen Häuser werden immer noch bewohnt.

Sehenswertes

Bauweise der Häuser

Noch einmal sei es wiederholt, **die Altstadt ist ein Gesamtkunstwerk,** zielloses Bummeln und zufälliges „Draufstoßen" auf eins der herausragenden Bauwerke ist hier wie wohl nirgends sonst anzuraten. Es gibt an die **1000 historische Bauwerke,** absolut unmöglich, sie an dieser Stelle auch nur halbwegs ausführlich zu beschreiben. Die Bebauung erfolgte nach einheitlichem Muster, noch heute in jeder Straße wiederzuerkennen. Die Häuser sind relativ schmal, aber hochaufragend, und meist aus rotem Backstein gebaut. Die Giebel verjüngen sich, allerdings auf unterschiedlichste Weise. Neben den Stufengiebeln finden sich Rundgiebel oder auch Spitzgiebel. Hinter der Häuserfassade versteckt sich aber oftmals ein viel kleineres Haus, der breite Giebel lässt es viel größer erscheinen, als es tatsächlich ist. Vereinzelt hat das Haus nicht mal so viele Stockwerke, wie die Fassade andeutet. Außerdem erstrecken sich noch heute oftmals

⊳ Holstentor

Ausflüge

lang gestreckte Innenhöfe und Wohngänge, die teilweise auch noch bewohnt werden.

Holstentor

Das **Wahrzeichen der Stadt** ist natürlich das Holstentor, jahrzehntelang uns allen vom 50-Mark-Schein, dem „Lübecker", bekannt. Gar nicht so wuchtig, wie man meinen könnte, steht dieses ehemalige Stadttor am Ende einer etwa 100 m langen Grünanlage. Fast schon obligatorisch, das Foto vom gegenüberliegenden Ende zu schießen. So selbstverständlich ist dies für wohl alle Touristen, dass einer der beiden Löwen, die hier „Wache" halten, sich bereits gelangweilt zum Schlafen gelegt hat. 1464–1478 wurde das Holstentor erbaut. Es ist von zwei dreistöckigen Türmen mit spitzem Dach eingerahmt, der Mittelbau begrüßt den Besucher mit goldenen Lettern und der Inschrift „Concordia Domi Foris Pax" (Drinnen Eintracht, Draußen Frieden). Die Mauern des Holstentores sind bis zu 3,50 m dick, und einst fanden 30 Geschütze hier Platz.

Das Holstentor beherbergt auch ein Museum, das **Holstentormuseum** oder auch Stadtgeschichtliches Museum. Hier sind vor allem Erinnerungsstücke aus der Zeit der Hanse zu besichtigen, so historische Schiffsmodelle, Waffen, aber auch Modelle der Stadt. So wird durch verschiedene Modelltypen die Entwicklung der Stadt dokumentiert.

■ **Geöffnet:** Jan. bis März Di bis So 11–17 Uhr, April bis Dez. tägl. 10–18 Uhr. Eintritt 6 €, ermäßigt 3 €, Kinder 2 €.

Lübeck

0 ▬▬▬▬▬▬▬ 200 m

■ **Essen und Trinken**
1 Schiffergesellschaft
2 Lübecker Kartoffelkeller
3 Ratskeller
4 Café Niederegger

Salzspeicher

Gleich neben dem Holstentor ist der alte Salzspeicher zu finden, er liegt direkt an der Trave. Das in Lüneburg gewonnene Salz wurde hier gelagert, nachdem es über die noch heute so benannte **„Salz-straße"** in die Hansestadt geliefert worden war. Das Salz war in früheren Jahren eines der wertvollsten Handelsgüter und wurde von Lübeck hauptsächlich nach Skandinavien geliefert.

Schiffsrundfahrten

Nach dem Durchqueren des Holstentores passiert man die Trave und hält sich ein kurzes Stück nach links. Dort liegen die Schiffe der **„blauen Linie"**, der Maak-Linie. Die **„weiße Flotte"** der Quandt-Linie ist übrigens gegenüber vom Salzspeicher zu finden, also nach dem Passieren des Holstentors nach rechts halten. Beide bieten etwa einstündige Stadtkanal- und Hafenrundfahrten an. So kann man die Schönheiten der Stadt von einer ganz neuen Seite erleben, zumal der Kapitän die Mitfahrer mit einer wahren Flut von Döntjes (halbwahre, übertriebene bis gelogene Geschichten) und Fakten zuschüttet.

Richtung Zentrum

Von der Untertrave geht es durch irgendeine der leicht ansteigenden Straßen dann in Richtung Zentrum. Wenn vom Zentrum gesprochen wird, ist der **Kern der Altstadt** mit Rathaus, dem dazugehörigen Platz und die sich direkt anschließende Marienkirche, das Budden-

5

brookhaus und das Café Niederegger gemeint. Doch der Reihe nach.

Rathaus

Das Rathaus stammt teilweise noch aus
dem 13. Jh. und erfuhr seitdem eine Reihe von Veränderungen. Unverändert ist
die **Außenfassade** mit den schönen
Wappenbildern und den Türmen mit
den vergoldeten Spitzen und den
„Windlöchern", diese sind vom Innenhof
aus zu erkennen.

Marienkirche

Direkt neben dem Rathaus liegt die Marienkirche, **erbaut** zwischen 1250 und
1350 im gotischen Stil. Die **Türme** sind
stolze 125 m hoch. Allein drei kleine nette Geschichtchen oder Legenden ranken
sich um diese Kirche, alle drei sind
„überprüfbar".

So erzählt eine **Geschichte vom wü-
tenden Teufel.** Dieser wurde von den
Lübeckern hintergangen, hatte er ihnen
doch wochenlang beim Bau eines großen Hauses geholfen. Eine Kneipe sollte

feh13-039 mux

Ausflüge

entstehen, so hatte man ihm vorgeflunkert. Kurz vor Fertigstellung erkennt er dann seinen Irrtum, er hatte den Lübeckern beim Bau einer Kirche geholfen – und das er, der Teufel! Er wurde so wütend, dass er sich einen riesigen Stein schnappte, um die Kirche zu zertrümmern. Aber glücklicherweise verfehlte er das Gebäude, der Stein blieb liegen, bis heute. Der etwa vier Meter lange Block liegt noch immer rechts vom Eingang.

Links vom Eingang, etwa in 5 m Höhe hockt das **steinerne Männchen.** Vor langer, langer Zeit weigerte sich ein Lübecker Kaufmann zu sterben, er konnte den Tod überreden, ihn nicht zu holen. Mit der Zeit starben aber alle Freunde und Verwandten, es wurde einsam um den alten Mann. Der Tod hatte ihn aber auch mittlerweile vergessen, also versuchte der gebeugte Alte schließlich, den Tod zu suchen. Man sagte ihm, dass er immer an der Marienkirche zu finden sein. Da sie verschlossen war, kletterte er an der Seite hoch und wollte hineinschauen. Er fand ihn nicht, weigerte sich aber auch, wieder herunterzuklettern. Die Leute vergaßen alsbald den Alten, und so wurde er zu Stein und hockt noch heute da oben, links vom Eingang, über dem Portal der Briefkapelle.

Im Inneren ist eine **kleine steinerne Maus** zu finden. Kein Mensch soll die Stadt verlassen, ohne das Mäuslein gestreichelt zu haben, denn das soll Glück bringen. Die kleine Maus brachte zunächst aber großes Unglück über die Stadt. Die Sage erzählt, dass neben der Marienkirche einst ein Rosenstock wuchs und dass die Stadt frei bleiben würde, solange dieser Rosenstock blühe. Und dann kam die Maus und knabberte die Wurzeln an! Es kam, wie es kommen musste: Die Stadt wurde von Feinden eingenommen, die Lübecker verloren ihre Freiheit. Als sie diese später wiedererlangten, ließ die Stadtversammlung die Maus in Stein meißeln. Sie ist heute in der Marienkirche zu finden, links vom Bildnis des Abendmahls. Und nicht vergessen, einmal streicheln ist Pflicht!

Das **Innere der Marienkirche** zeigt sich ziemlich geräumig, mit 38,50 m Mittelschiffshöhe und hohen, schlanken Pfeilern. Die Decke und die Pfeiler sind hell und relativ schlicht gehalten, der Marienaltar dagegen ist reich verziert und kostbar. Die Marienkirche soll die drittgrößte Kirche Deutschlands sein und steht auf dem höchsten Punkt der Stadt.

Bemerkenswert ist noch, dass in der Bombennacht 1942 **Teile der Kirche zerstört** wurden. So stürzten die Glocken zu Boden, und unter dem zentnerschweren Gewicht zerbarsten Glocken und Fußboden. Immerhin wogen die Glocken 40 bzw. 144 Zentner! Die Reste sind noch heute zu besichtigen.

Astronomische Uhr

Interessant ist die astronomische Uhr, die in einem Seitenflügel untergebracht ist, und mit einer verblüffenden Exaktheit das Datum und die Uhrzeit etwas verklausuliert angibt. Diese Uhr war ein absolutes **Meisterwerk,** ja, einige Fachleute sprechen sogar von einem Weltwunder. Fertiggestellt wurde sie **1566,** nachdem ein Uhrmachermeister jahrelang daran gearbeitet hatte. 376 Jahre funktionierte sie tadellos, dann fiel sie

◁ Historische Rathausfassade mit Café

5

den Bomben des Zweiten Weltkrieges zum Opfer. Ein anderer Meister, der Lübecker Uhrmacher *Paul Behrend,* arbeitete ebenfalls jahrelang an der **Neugestaltung der Uhr,** ohne festen Auftrag, nur durch Spendengelder der Lübecker unterstützt. Die neue Uhr ist der alten komplett nachempfunden worden, die Kalenderscheibe kann bis ins Jahr 2080 zählen.

Das Kalendersystem der Uhr besteht aus zwei Kreisen. Der innere Kreis zählt die Jahreszahlen von 1911 bis 2080 mit den jeweiligen Ostersonntagen, weiterhin ist bei jeder Zahl ein roter Buchstabe zu finden, der sogenannte Sonntagsbuchstabe. Der äußere Kreis zeigt neben den 365 Tagen in roten Buchstaben die Wochentage, A B C D E F G, die Buchstaben wiederholen sich laufend. Ein Sonntag ist durch die roten Buchstaben neben den Jahreszahlen ersichtlich. Beispielsweise ist neben 1964 ein rotes E zu finden, dies zeigt, dass im Jahr 1964 alle mit einem roten E bezeichneten Tage des äußeren Kreises Sonntage sind. Folglich wäre F ein Montag, G ein Dienstag usw.

Wie liest man nun die Uhr? Wer beispielsweise wissen will, auf welchen Wochentag der 24. Dez. 1966 fiel, schaut zunächst auf die Jahreszahl 1966. Dort stehen die roten Buchstaben, die den Sonntag markieren, B und C. (Wenn zwei rote Buchstaben zu finden sind, gilt der erste für die Monate Januar, Februar, der andere für die restlichen.) Für unsere Frage gilt also Buchstabe C. Neben dem 24. Dez. auf der Skala des äußeren Kreises steht ein rotes B. Da nun der Buchstabe C einen Sonntag anzeigt, muss B ein Samstag sein. Der 24. Dez. 1966 war also ein Samstag.

■ **Geöffnet:** 1. April bis 3. Okt. 10–18 Uhr, 4. Okt. bis 31. Okt. 10–17 Uhr, 1. Nov. bis 31. März 10–16 Uhr.

■ **Eintritt:** 2 €.

Buddenbrookhaus

Das Buddenbrookhaus liegt in der Mengstraße 4 und ist den weltberühmten **Schriftsteller-Brüdern Thomas und Heinrich Mann** gewidmet. Im unteren Bereich findet sich eine sehr ausführliche biografische Darstellung zur Familie *Mann,* einschließlich der Nachkommen von *Thomas Mann* bis in die Gegenwart.

feh13-040 mux

◁ Buddenbrookhaus

Das obere Stockwerk ist überwiegend dem Roman „Buddenbrooks" gewidmet, u.a. werden Filmsequenzen gezeigt und historische Wohnbereiche nachgestellt.

■ **Geöffnet:** Jan. bis März tägl. 11–17 Uhr, April bis Dez. 10–18 Uhr, **Eintritt:** 6 €, Schüler, Studenten: 2,50 €, außerdem gibt es Familien- und Kombikarten für andere Lübecker Museen.

Schabbelhaus

In der Mengstraße 48, also an der Untertrave gelegen, ist das Schabbelhaus zu finden, das ein typisches Beispiel für die Lübecker Kaufmannshäuser ist. Heute befindet sich hier ein Restaurant.

Haus der Schiffergesellschaft

Das Haus der Schiffergesellschaft, Breite Straße 2, ist ebenfalls heute eine viel gepriesene Gaststätte, früher war es das **Versammlungshaus der Schiffer** und Bootsleute. 1535 wurde das Haus erbaut, das Portal wurde 1768 neu gestaltet.

Im Hauptraum, der Diele, wie sie auch heute noch heißt, stößt man auf die „Gelage", die rustikalen Sitzgelegenheiten. Aus dicken Eichenplanken sind die durchgehenden Tische und Bänke gezimmert. Dort saßen die Schiffer nach bestimmten Gruppen unterteilt. An der Rückwand befindet sich leicht erhöht ein besonderes **„Gelag"**, hier saßen die „Älterleute", ältere und erfahrene Seemän-

ner. Sie beobachteten das Treiben, und durch ihre Altersautorität konnten sie so manchen Streit schlichten, behauptet die Chronik.

Alte Wappen der Seefahrer, unzählige Erinnerungsstücke und der 431 Pfund schwere Kronleuchter tragen zu der einmaligen Atmosphäre des Gebäudes bei.

Jakobikirche

Die Jakobikirche in der Breiten Straße gilt auch als die Kirche der Seefahrer, sie stammt ebenso wie die Marienkirche aus dem 13. Jh. Der Turm misst 112 m. Die **Ausstattung** konnte den Krieg unbeschädigt überstehen, besonders beeindruckend sind Altar und Orgel. Hier liegt auch das Rettungsboot des 1957 gesunkenen Segelschulschiffes „Pamir".

> Haus der Schiffergesellschaft

Nur sechs Mann konnten sich damals retten. Eine Gedenktafel erinnert zudem an alle gesunkenen Lübecker Schiffe.

■ **Geöffnet:** April 10–16 Uhr, Mai bis Okt. 10–18 Uhr, Nov. bis März 10–15 Uhr, Okt. bis April Mo geschlossen.

Heiligen-Geist-Hospital

Das Heiligen-Geist-Hospital in der Großen Burgstraße wurde bereits 1276–1286 erbaut. Es ist **das älteste erhaltene deutsche Hospital.** Von außen fällt die markante Fassade mit drei Giebeln und fünf Türmen auf, im Inneren findet man zunächst sehr hübsche Wand- und Glasmalereien.

Das Hospital wurde um 1517 zum **Altenheim** umfunktioniert, bis 1970 lebten hier noch alte Menschen. Einen flüchtigen Eindruck kann man gewinnen, wenn man in das sogenannte „Lange Haus" eintritt. Dort liegen die kleinen, engen Kammern, aufgereiht wie in einer langen Halle, in denen die Alten lebten. Es sind Räume von 2 x 2 m, nur mit einem Bett, einem Schrank, Tisch und Stuhl. 170 alte Menschen fanden hier Platz. Das Gebäude gilt als eine der ältesten Sozialeinrichtungen Europas und ist heute ein **Museum.**

■ **Geöffnet:** Okt. bis März Di bis So 10–16 Uhr, April bis Sept. Di bis So 10–17 Uhr.

Café Niederegger

Das Café Niederegger, zu finden in der Breiten Straße 83, gegenüber dem Rathaus, ist weit mehr als ein Kaffeehaus, es ist das **Synonym für Lübecker Marzipan.** Im Niederegger wird das gleichnamige Produkt angeboten, man kommt aus dem Staunen kaum noch heraus, in welchen fantasievollen Formen Marzipan hergestellt werden kann, beispielsweise als Obst, Aale, Zigarren, Flaschen usw. Im angeschlossenen Café kann man sich dann vom garantiert einsetzenden Kaufrausch erst einmal erholen.

Burgtor

Das Burgtor am Beginn der Großen Burgstraße war das **nördliche Stadttor.** Auf beiden Seiten sind noch Teile der alten Stadtbefestigung von 1230 zu finden. Dieses Tor schützte einst Lübecks einzigen Stadtzugang.

Katharinenkirche

Die Katharinenkirche, Ecke Königstraße/Glockengießerstraße, wurde Ende des 13. Jh. errichtet. Die Kirche erlebte eine wechselvolle **Geschichte.** Das angeschlossene Langhaus war Kloster, Lateinschule, später Realschule, Lazarett und sogar Sammelstelle für Lübecker Kunstaltertümer. **Heute** dient sie als Ausstellungsraum. Interessant ist noch die Westfassade, wo Terrakottafiguren von *Ernst Barlach* zu finden sind.

■ **Geöffnet:** April bis Sept. Di bis So 10–17 Uhr.
■ **Eintritt:** 1 €.

▷ Prachtvolle Kanzel im Dom

Glockengießerstraße

Die Glockengießerstraße beherbergt bestens erhaltene **mittelalterliche Innenhöfe** und Gänge. Diese sind hervorragend restauriert worden und noch heute bewohnt. Ein besonders gelungenes Beispiel ist der Füchtingshof aus dem Jahr 1639. *Johann Füchting* stiftete einen Teil seines Vermögens für die Armen, und so entstand diese Wohnanlage. Bei den anderen Innenhöfen erklärt meist eine Wandtafel die historischen Hintergründe.

Günter-Grass-Haus

In der Glockengießergasse 21 liegt das Grass-Haus. Im Eingangsbereich hängt eine ausführliche biografische Übersicht, während im Hinterhaus hauptsächlich Skulpturen und Zeichnungen des Nobelpreisträgers ausgestellt sind. Außerdem liegt dort eine Kopie des Drehbuches zum Film „Die Blechtrommel" zur allgemeinen Einsicht, und es werden laufend Szenen dieses Filmes gezeigt.

■ **Geöffnet:** Jan. bis März Di bis So 11–17 Uhr, April bis Dez. tägl. 10–17 Uhr.
■ **Eintritt:** 6 €, Schüler, Studenten 2,50 €, außerdem gibt es Familien- und Kombikarten mit anderen Museen.

Willy-Brandt-Haus

Dem dritten Nobelpreisträger aus Lübeck wird ein eigenes Dokumentationszentrum gewidmet. In sieben Räumen werden Leben und Vermächtnis *Brandts* dokumentiert, von der Weimarer Republik bis zur Wiedervereinigung. Schwerpunkte sind seine Jugendzeit, das Exil, die Berliner Jahre und schließlich die Zeit als Kanzler bis zum Rücktritt. Viele interaktive Medien geben Text-, Film- und Tondokumente im Original.

■ **Geöffnet:** Jan. bis März Di bis So 11–17 Uhr, April bis Dez. tägl. 11–18 Uhr.
■ **Eintritt:** frei.

Aegidien-Kirche

Die Aegidienkirche, in der gleichnamigen Straße, dürfte zu Beginn des 14. Jh. gebaut worden sein, ganz genau festlegen kann sich nicht mal die Stadtchronik. Der Turm hat eine Höhe von 77 m. In der Aegidienstraße Nummer 46 befindet sich noch ein gutes Beispiel für die damaligen engen Wohngänge.

■ **Geöffnet:** Di bis Sa 10–16 Uhr.

Dom

Der Dom zu Lübeck wurde 1173 von *Heinrich dem Löwen* in Auftrag gegeben, 1247 wurde er geweiht. Der aus rotem Backstein gebaute Dom hat zwei wuchtige, 115 m hohe Türme, das **Gebäude** ist 132 m lang. Ursprünglich ein romanischer Bau, wurde das Gotteshaus im 13. Jh. zu einer gotischen Hallenkirche umgestaltet. In der Bombennacht von 1942 wurde der Dom schwer beschädigt, erst 1960 wurde mit dem Wiederaufbau begonnen. Zahlreiche **Kunstwerke** sind zu besichtigen, als das wertvollste gilt das 17 m hohe Triumphkreuz von *Bernt Notke* (1477).

● **Geöffnet:** April bis Ende der Sommerzeit 10–18 Uhr, Ende Okt. bis März 10–16 Uhr.

Museum für Figurentheater/ Lübecker Marionetten-Theater

Das Museum für Figurentheater befindet sich in der Straße Kolk 20–22. Etwa 1200 Theaterpuppen aus Europa, Afrika und Asien werden hier gezeigt, damit gilt es als **das größte seiner Art in Europa.** Hand- und Stabpuppen, Marionetten, Schattenfiguren sind ebenso ausgestellt wie afrikanische Masken oder asiatische Musikinstrumente. Weiterhin sind Plakate, ganze Puppenbühnen und reichlich Requisiten zu bestaunen. Die Sammlung zählt an die 10.000 Objekte und ist damit so umfangreich, dass die Exponate ständig ausgetauscht werden.

● **Geöffnet:** Nov. bis März Di bis So 11–17 Uhr, April bis Okt. tägl. 11–18 Uhr.
● **Eintritt:** 5 €, Kinder 2 €. Es finden regelmäßig Aufführungen für Kinder statt.

Puppenbrücke

Und wer nun erschöpft nach so viel Kunst und Kultur erneut durch das Holstentor schreitet und die Stadt verlässt, sollte einmal beim Passieren der letzten Brücke auf die Figuren achten. Diese Brücke wird Puppenbrücke genannt, und sieben **Sandsteinfiguren** aus dem Jahr 1778 zieren sie. Die erste, auf der rechten Seite, steht doch glatt splitterfasernackt da, es ist Merkur, der Gott der Kaufleute (und Diebe). Er richtet seinen Achtersteven, sein blankes Hinterteil, Richtung Wasser, also dahin, wo die

Schiffer mit ihren Waren vorbeikamen, ein letzter zweifelhafter Gruß.

Praktische Tipps

Anfahrt

● Lübeck erreicht der **Autofahrer** über die Autobahn A 1 nach knapp 60 Autobahnkilometern. Die Abfahrt Nr. 22 (Lübeck Zentrum) weist den Weg, es geht über die B 206 direkt zur Altstadt.
● Lübeck erreicht man auch sehr gut per **Bahn** von Fehmarn aus. Der Lübecker Bahnhof liegt keine 10 Minuten Fußweg vom Holstentor, also vom Altstadtkern, entfernt.

Parken

● Die **Altstadt** ist kompakt, nicht übermäßig groß und kann gut zu Fuß erkundet werden, zumal auch die meisten Sehenswürdigkeiten sehr dicht beieinander liegen. Außerdem sind einige Straßen Fußgängerzonen und die wenigen Parkplätze den Anwohnern vorbehalten. Es gibt aber **5500 Parkplätze** (überwiegend gebührenpflichtig) in unmittelbarer Nähe zur Altstadt, darunter auch einige größere Parkhäuser, die durch ein Parkleitsystem ausgezeichnet sind.
● Kurz vor dem **Holstentor** liegt in der Possehlstraße ein großes kostenpflichtiges **Parkhaus.** Wer bereit ist, ein wenig zu laufen, kann noch ein Stückchen weiter die Possehlstraße hochfahren, dort findet man kostenfreie Parkstreifen entlang dieser Straße.

Einkaufen

Direkt in der Lübecker **Altstadt** konzentriert sich eine ganze Reihe von bezaubernden kleinen Geschäften auf relativ wenige Straßen. Kauflustige können so ganz entspannt von einem Shop zum nächsten schlendern und die ganze Bandbreite des Angebots auf sich wirken lassen. Hier einige Vorschläge für Shopping-Touren:

■**Hüxstraße:** Gilt für viele als Lübecks schönste Einkaufsstraße mit einer Vielzahl von kleinen, interessanten Läden.

■**Fleischhauerstraße:** Hier gilt Ähnliches wie das zur Hüxstraße Gesagte, mit der einzigen Einschränkung, dass es etwas weniger Läden gibt, die aber genauso spannend sind.

■**Breite Straße:** Diese Fußgängerstraße wird auch „Modemeile" genannt, aber es findet sich viel mehr als nur Bekleidungsgeschäfte. Hier sind auch einige der größeren Geschäfte angesiedelt.

■**Königsstraße:** Sie ist keine reine Einkaufsstraße, es liegen hier aber einige Geschäfte mit Schwerpunkt auf Kunst und Kultur.

⌄ Der Teufel vor der Marienkirche

Essen und Trinken

Da Lübeck beinahe täglich von unzähligen Tagesgästen besucht wird, öffnen die meisten Lokale auch schon zur Mittagszeit, und nicht wenige bieten sogar **durchgehend warme Küche.** Ähnliches gilt für die meisten Restaurants mit internationaler Küche, hochpreisige Experimente sind selten. Aber es gibt sie sehr wohl, genau wie einige Restaurants, die sich gezielt etwas vom Mainstream abheben. Drei Traditionslokale seien hier vorgeschlagen:

■**Lübecker Kartoffelkeller,** Koberg 6–8, Tel. 76 234, geöffnet: tägl. 11.30–24 Uhr. Hier dreht sich alles um die Kartoffel, alle denkbaren Varianten des „Erdapfels" bietet die Speisekarte. Gespeist wird im mittelalterlichen Gewölbekeller unterhalb vom Heiligen-Geist-Hospital.

■**Ratskeller,** Am Markt 13, Tel. 72 044, geöffnet: tägl. 11–23 Uhr. Zentral gelegenes Lokal, direkt am Marktplatz beim Rathaus. Draußen gibt es eine größere Terrasse, aber ausnahmsweise sollte man sogar bei Sonnenschein nach drinnen gehen. Grund:

feh13-042.mux

Das Lokal liegt in einem urigen, verwinkelten Gewölbe, das aus allen Poren Historie atmet. Der Gewölbekeller existierte schon im 13. Jh., als hier Wein gelagert wurde. Viele Tische sind in kleinen Nischen eingelassen, man kann sich förmlich vorstellen, wie hier in früheren Zeiten Senatoren und Kaufleute gekungelt haben. Die Speisekarte bietet norddeutsche Küche.

■ **Schiffergesellschaft**, Breite Straße 2, Tel. 76 776, geöffnet: tägl. 10–1 Uhr. Eine einzigartige Atmosphäre, Schiffsmodelle hängen von der Decke, man speist an langen Eichentischen im Hauptraum, das ganze Restaurant strahlt Historie aus.

Hansa-Park in Sierksdorf

„Hier werden Kinderträume wahr", behauptet der hauseigene Prospekt. Schaut man in die Augen der Kinder, muss man dem zustimmen. Kein Zweifel, sie fühlen sich hier wohl, wie auf einem überdimensionierten Abenteuerspielplatz. An **Attraktionen** gibt es Achterbahnen mit 360-Grad-Looping, „Torre del Mar", das größte Flugkarussell der Welt, den fliegenden Hai, in dem es siebenmal kopfüber geht, den Fliegenden Holländer, den „Super Splash", in dem man rasant durchs Wasser rauscht, und, und, und … Aber es gibt auch ruhigere Attraktionen: ein Spielparadies „Kiddie-Camp", ein Spielschiff „Niña", der Kolumbus-Karavelle nachempfunden, 300 m² große Hüpfberge, eine Westernstadt, die Plaza del Mar, ein mexikanisches Dorf, das Piratenland und vieles mehr. Abgerundet wird das Programm durch verschiedene Show-Veranstaltungen.

■ **Geöffnet:** von April bis Oktober (die genauen Termine ändern sich jedes Jahr etwas), täglich ab 9 Uhr.

■ **Eintritt:** Besucher von 4 bis 14 Jahren und über 60 Jahre: 21 €, Besucher ab 15 Jahre 26 €, Kinder unter 4 Jahren und Geburtstagskinder bis 14 Jahre haben freien Eintritt. Alle Fahranlagen, Shows, Ausstellungen und Sonderveranstaltungen sind im Eintrittspreis enthalten.

■ **Anfahrt:** Der Hansa-Park liegt bei Sierksdorf, man muss nur über die Autobahn Richtung Lübeck bis zur Abfahrt Nr. 14 (Neustadt-Süd) fahren, der Rest ist ausgeschildert. Gesamtstrecke von Fehmarn: etwa 60 km.

■ **Info-Telefon:** (04563) 47 40.

■ **Internet:** www.hansapark.de.

Museumshof Lensahn

Das Motto lautet: **„Historische Landwirtschaft und altes Handwerk zum Anfassen".** Vorgestellt werden Techniken und Gerätschaften, die vor gar nicht mal so langer Zeit noch Alltag in der Landwirtschaft waren. Die Geräte können angefasst, ja ausprobiert werden. Außerdem führt ein 2,4 km langer **Naturlehrpfad** an über 200 Waldbaumarten und an 150 Obstbaumsorten vorbei, auf halbem Weg wartet ein Aussichtsturm. Außerdem gibt's noch viele **Tiere,** mehrere thematisch geordnete **Gärten** (u. a. ein Duft- und Färbergarten), ein Backhaus und ein Lokal mit dem Namen „Im alten Kuhstall".

■ **Geöffnet:** April bis Okt. tägl. 10–18 Uhr.

■ **Eintritt:** Erwachsene 4,50 €, Kinder 3,50 €.

■ **Anfahrt:** Von Fehmarn die Autobahn A 1 bis zur Abfahrt Nr. 12 Lensahn befahren (ca. 30 km). Der Hof liegt direkt in Lensahn.
■ **Info:** Tel. (04363) 91 122, Fax 91 144.
■ **Internet:** www.museumshof-lensahn.de.

Schinkenräucherei in Harmsdorf

Harmsdorf ist ein kleines Dorf an der Straße von Lensahn nach Lütjenburg. Die Hauptstraße heißt genauso, nämlich „Hauptstraße", nichts Besonderes also. Aber unter der Hausnummer 25 findet der Besucher eine weit in der Region bekannte Einrichtung, nämlich **„Braasch's Schinkenräucherei".** Seit 1663 werden hier in einer historischen Räucherkate die leckeren Schinken verkauft. Hunderte von Schinken hängen von der Decke in der Kate, aber nur in der „Räuchersaison". Die geht traditionell vom 15. Oktober (Gallustag) bis zum Mai, wobei die einzelnen Schinken mindestens drei Monate geräuchert werden. Eine echte Holsteiner Spezialität, die sich jeder mal gönnen sollte und die besonders lecker im Frühjahr zu Spargel schmeckt. Aber nicht nur …

■ **Infos:** Tel. (04363) 16 12, www.schinken-braasch. de. Falls die Kate geschlossen ist, kann man den Schinken auch nebenan im neuen Geschäft erwerben.

Karl-May-Spiele in Bad Segeberg

Seit 1952 ein Hit, nicht nur bei Kindern, sind die Karl-May-Spiele im Freilichttheater in Bad Segeberg vor dem Kalkberg. Hier wurde seit dem Jahr 1645 Kalk abgebaut, das ging über Jahrhunderte gut, aber 1931 musste die Grube geschlossen werden.

Später wurde dann eine **Freilichtbühne** in der ehemaligen Grube angelegt, und am 16. August 1952 war Premiere. Das erste Karl-May-Abenteuer ging über die Bühne, zu Tausenden kamen die Kinder aus den Ostsee-Ferienlagern. Und so ging es weiter, Jahr für Jahr.

Die **Themen** drehten sich immer wieder um Winnetou – unvergessen hier *Pierre Brice* in seiner Paraderolle. Und so erzählen die Geschichten das hohe Lied vom wackeren Westmann, vom edlen Indianer, von hinterhältigen Ganoven. Das Ganze ist gemischt mit viel Action, einem Schuss Rührseligkeit und vor allem der **einmaligen Atmosphäre** vor dem Kalkberg. Daher sind sowohl Kinder als auch Erwachsene regelmäßig begeistert.

Gespielt wird von Ende Juni bis Anfang September jeweils Do, Fr, Sa, um 15 und 20 Uhr, am So um 15 Uhr.

■ **Infos und Kartenreservierung:** Karl-May-Spiele Bad Segeberg, Karl-May-Platz, 23795 Bad Segeberg, Tel. (01805) 95 21 11, www.karl-may-spiele.de.
■ **Anfahrt:** Von der Insel runter und über die A 1 bis zur Abfahrt Nr. 16 (Scharbeutz) fahren, bis dort sind es etwa 70 km. Dann noch mal 34 km auf der B 432 weiter, die direkt nach Bad Segeberg führt.

☐ Übersichtskarte S. 132

Heiligenhafen

1259 wurde erstmals eine **Siedlung** an der Stelle des heutigen Ortes erwähnt; ein halbes Jahrhundert später bekam Heiligenhafen bereits **Stadtrechte.** Das war rasant, aber dann ging es nicht ganz so flott weiter. Um wieder in den Blickpunkt des Geschehens zu gelangen, dauerte es noch bis 1803, als eine **Fährverbindung mit Dänemark** eröffnet wurde. Das war dann auch ausschlaggebend für den Bau eines **größeren Hafens.** Der dominiert das Stadtbild noch heute, wenn auch zu nicht geringem Teil durch Freizeitkapitäne mit ihren Segeljachten. Eine riesige Marina ist so entstanden, etwas vom eigentlichen Hafen entfernt, aber doch im Stadtbereich.

Heiligenhafen trägt seit 1974 den Beinamen „Ostseeheilbad", liegt aber streng genommen gar nicht an der Ostsee – oder zumindest nur zur Hälfte. Wie das? Man findet hier ein wunderschönes Beispiel dafür, wie die Kräfte der Natur wirken können, die hier eine **Nehrung** entstehen ließen. Heiligenhafen lag nämlich einst an einer Bucht; deren Außenkante schob sich aber immer weiter ins Meer, bis eines Tages die Bucht geschlossen und ein Binnensee entstanden war. Die Landzunge, Nehrung genannt, schob sich weiter und verläuft heute unweit des Hafens im Meer.

Hier auf der Landzunge ist der schöne **Strand** zu finden, kilometerweit verläuft er, immer der Nehrung folgend. Er ist weitgehend frei von Steinen und wird von einem leichten Dünenbewuchs begrenzt. An der breitesten Stelle misst er 50 m, später ist er schmaler. Die Ausläufer der Nehrung sind zum **Vogelschutzgebiet** erklärt worden.

☐ Das Rathaus von Heiligenhafen, rechts das Glockenspiel

331fe hjf

Der **Stadtkern** von Heiligenhafen versprüht einen netten, teilweise altertümlichen Charme, im Zentrum rund um den Markt sind etliche schöne, alte Häuser in Gassen mit Kopfsteinpflaster zu finden. Einige Häuser wurden stilvoll renoviert, andere wurden in der Bauweise diesem Stil angepasst.

Die Grundmauern der evangelischen **Kirche** stammen noch aus dem 13. Jh., die Stufenhalle wurde im 15. Jh. erbaut, das Chorgestühl und die Standfiguren Adam und Eva stammen aus dem 16. Jh.

Unterhalb der Kirche befindet sich ein **alter Salzspeicher,** der auf 1587 datiert wird. Direkt vor dem Rathaus steht ein Glockenspiel, das fünfmal am Tag (um 9, 12, 15, 18, 21 Uhr) spielt, übrigens immer eina andere Melodie. Eine Übersicht hängt an der Rathauswand. Ein Bummel entlang der Hafenmeile rundet den Besuch ab. Dort liegen einige Lokale, teilweise mit sehr schöner Außenterrasse, sowie allerlei Shops, die Maritimes anbieten.

■**Anfahrt:** Heiligenhafen kann man von Fehmarn aus sehen. Nach dem Passieren der Fehmarnsundbrücke nutzt man die erste ausgeschilderte Möglichkeit, rechts abzubiegen. Selbst per Fahrrad ist der Ort leicht zu erreichen. Auf der rechten Seite der Fehmarnsundbrücke die Insel verlassen und dann der Ausschilderung „Ostseeküsten-Radweg" folgen.

Oldenburg

Auch diese **Kleinstadt** nahe Heiligenhafen weist eine gut tausendjährige Geschichte auf. Und genau daraus resultiert auch eine beinahe einmalige Sehenswürdigkeit. Hier liegt das neben dem Wikingermuseum Haithabu bedeutendste archäologische Bodendenkmal Schleswig-Holsteins, eine **slawische Ringwallanlage.** Ihre Erdwälle überragen noch heute

▷ Nachbildung eines slawischen Dorfes im Wall-Museum

feh13-044-hjf

die meisten Häuser der Stadt. Diese Wallanlage ist mitten im Ort zu finden, keine hundert Meter vom Marktplatz entfernt.

Gegen Ende des 7. Jh. wurde ein **erster Schutzwall** von den damaligen slawischen Bewohnern errichtet, später wurde er zu einer großen Burg erweitert. Die Anlage erhielt schließlich einen halbkreisförmigen, vorgelagerten **zweiten Wall,** der war nicht ganz so gut befestigt wie der eigentliche, schützte aber

zunächst vor überraschenden Angriffen. Wenn es dann doch mal böse kam, gab man einfach den ersten Wall auf und zog sich hinter den zweiten, den eigentlichen Schutzwall zurück. Den konnten die **Angreifer** meist nicht mehr einnehmen, vielfach waren sie nämlich schon vom Sturm auf den ersten dezimiert. Aus beiden Wällen entstand schließlich ein großer, dessen etwas elliptische Form noch heute erhalten ist. 1227 stand hier im Inneren die mächtige **Burg** des Grafen von

Holstein, allerdings wurde diese bereits 1261 wieder zerstört. Im Laufe der Jahrhunderte sank dann die Bedeutung der Festung immer mehr, bis sie regelrecht in Vergessenheit geriet.

Wer einmal **um die Anlage herum** schlendert, erhält einen tiefen Eindruck, kann sich gut vorstellen, dass diese bis zu 18 m hohen Erdwälle schwer zu überwinden waren. **Im Inneren** ist heute nur eine kleine Schautafel zu finden neben ein paar Häusern. Diese wurden wohl vor etlichen Jahren in den Wall gebaut, als man dessen Bedeutung noch nicht gebührend zu würdigen wusste.

Die entsprechende Würdigung findet etwas außerhalb von Oldenburg statt, im **Wall-Museum.** Hier wurden drei Reetdachhäuser im Stil der ostholsteinischen Bauernhöfe restauriert und zum Museum umgebaut, in einem davon wird die Wallgeschichte dokumentiert. So erhält der Besucher einen Eindruck vom bäuerlichen Leben, aber auch eine Übersicht über die slawische Besiedlungszeit

feh13-043.hjf

- ■**Geöffnet:** 1. April bis 31. Okt. Di bis So 10–17 Uhr.
- ■**Eintritt:** Erwachsene 3,50 €, Kinder und Jugendliche bis 18 Jahre 1,50 €, Familien 8 €.
- ■**Anfahrt:** Einfach geradeaus. Oder anders gesagt: Die Insel verlassen und über die B 207 bis nach Oldenburg etwa 20 km fahren. Adresse: Professor-Struve-Weg 1.
- ■**Info:** Tel. (04361) 62 31 42.

Eselpark Nessendorf

Im südöstlich von Hohwacht gelegenen Nessendorf befindet sich ein Eselpark, eine Art Erlebnispark mit hundert Eseln und 20 Eselkutschen. Die Betreiber befassen sich seit über 20 Jahren mit der Eselzucht, dieses Wissen wird nun an die Besucher weitergegeben. Natürlich können die Kinder die Tiere streicheln und auch **reiten** oder eine kleine **Kutschfahrt** unternehmen.

und die Entstehungsgeschichte des Walls. Anhand von Modellen wird der schrittweise Ausbau erklärt. 1990 wurde eine zweite Ausstellung eröffnet, in der das Leben und die Arbeitsbedingungen in einer slawischen Siedlung gezeigt werden. Im Inneren eines der Häuser sind durch menschengroße Puppen realistische Lebens- und Arbeitsszenen nachgestellt, der Besucher blickt den Handwerkerpuppen direkt in die Stube. Im Unterschied zu vielen anderen Museen, in denen nur Fundstücke in Vitrinen hinter Glas ausgestellt werden, ist dies beinahe ein lebendiges Museum.

- ■**Geöffnet:** Ende März bis Ende Okt. täglich 10–18 Uhr, Jan. bis März Fr bis So 11–17 Uhr.
- ■**Eintritt:** Erw. 4,50 €, Kinder 2–16 Jahre 4 €, Hunde 1 €.
- ■**Anfahrt:** Nach Nessendorf geht es zunächst über die B 207 bis Oldenburg, von dort weiter über die B 202 Richtung Lütjenburg. Nach knapp 9 km biegt man bei Kaköhl links ab, erreicht nach 3 km Nessendorf. Anschrift: Wiesengrund 3.
- ■**Info:** Tel. (04382) 748.
- ■**Internet:** www.eselpark.de.

feh13-054 hjf

6 Praktische Reisetipps

< Die Ostsee, ein Eldorado für Segler

Informationen

Info-Stellen

■ **Tourismus Service Fehmarn:** Südstrandpromenade 1, **Burgtiefe,** 23769 Fehmarn, Tel. (04371) 50 63 00, Fax 50 63 90.

■ **Tourismus Service Fehmarn:** Landkirchener Weg 46, **Burg,** 23769 Fehmarn, Tel. (04371) 87 94 784, Fax 87 94 785.

■ **Buchungshotline:** (04371) 50 63 33, **Internet:** www.fehmarn.de, E-Mail: info@fehmarn-info.de.

Fehmarn im Internet

■ **www.insel-fehmarn.de:** hauptsächlich Unterkunftsangebote.

■ **www.travel-center-fehmarn.de:** ebenfalls breites Angebot an Unterkünften, aber auch handfeste Tipps.

■ **www.fehmarn.net:** neben Unterkunftsangeboten auch praktische Tipps, vor allem zum Surfen.

■ **www.fehmarn-aktuell.de:** Unterkünfte können gebucht werden, auch gibt es einige sportive Tipps.

Anreise

Mit dem Auto

Zuerst immer nach Norden gen Hamburg, und dann scharf rechts ab, kann man ganz salopp formulieren. Der angehende Fehmarn-Urlauber genießt einen unschätzbaren Vorteil: Er muss in Hamburg **nicht durch den Elbtunnel** fahren. Die Autobahn A 1 führt nach Lübeck und Fehmarn, aus Richtung Bremen kommend, an diesem Nadelöhr vorbei.

feh13-045 mux

▷ Die Fehmarnsundbrücke verbindet das Festland und die Insel

Wer also aus dem westdeutschen Raum anreist, rollt über die **A 1** zielsicher nach Fehmarn. Reisende aus Richtung Hannover, die die **A 7** benutzen, werden am Autobahnkreuz „Horster Dreieck" auf die A 1 geleitet und fahren so ebenfalls am stauträchtigen Elbtunnel vorbei.

Bis Lübeck herrscht meist relativ dichter Verkehr, zumal genügend Pendler aus dem Hamburger Umland diese Strecke benutzen. Die alte Hansestadt wird schließlich großzügig umfahren, und danach verläuft die A 1 entlang der Lübecker Bucht, die Ostsee fast in Sichtweite.

Knapp 20 km vor Fehmarn endet die Autobahn bei **Oldenburg** und geht in die Bundesstraße **B 207** über. Jetzt sollten selbst eilige Fahrer das Panorama der Ostsee bei Heiligenhafen genießen, wo sich der Fehmarnsund weit öffnet. Links liegt der Strand von Heiligenhafen, im Hintergrund blitzt Fehmarn durch, Segelboote schleichen durchs Bild: Urlaubsstimmung kommt auf.

Die **Fehmarnsundbrücke** kann schon lange vor dem Erreichen bewundert werden. Über die Brücke rollt der Verkehr recht flott. Rechts unten kann man den kleinen Hafen von Fehmarnsund se-

Radio Schleswig-Holstein

„Es ist fünf vor Zwölf!" Wahrlich, kein Satz, mit dem man gemeinhin frohe Botschaften zu verbreiten pflegt, in diesem Fall aber doch. Am **1. Juli 1986** sprach ihn ein Radiomoderator und ließ damit die Sektkorken knallen. Warum? Radio Schleswig-Holstein ging als **erster privater Rundfunksender mit einem 24-stündigen Vollprogramm** auf Sendung. Das war mutig damals, etwas Vergleichbares gab es noch nicht. Der bis dahin allein regierende, o pardon, sendende NDR gab sich gelassen – zunächst. Aber nicht lange. Nach einem Jahr hatte der Newcomer dem NDR einen gehörigen Schrecken ein- und Zehntausende von Hörern abgejagt. Etwa eine Million Hörer schalteten damals RSH ein, das damit einen Marktanteil von 47 % erzielte – aus dem Stand!

Wie sah nun das **Erfolgsrezept** des neuen Senders aus? Eigentlich ganz einfach, RSH kam frisch, fröhlich, optimistisch daher, schraubte die Wortbeiträge auf ein Minimum herunter und spielte Musik, Musik, Musik. Aber nicht irgendwelche. Aktuelle Hits wechselten sich ab mit altbekannten Gassenhauern. Nachrichten gab es immer „fünf vor" der vollen Stunde, das war absolut neu und gilt heute noch. Aber selbst die Nachrichten kommen kurz und knapp daher, Kritiker bemängeln, dass man diese Kurzmeldungen kaum als Nachrichtenbeiträge bezeichnen könne. Sei's drum, Wortbeiträge fallen denkbar kurz aus, regionale Meldungen haben Vorrang und werden poppig-flockig rübergebracht und nicht bedeutungsschwer.

Das kam an und schlug wie eine Bombe ein. Ich erinnere mich noch an jene ersten Wochen, kein Autoradio, keine Fabrikhalle, Boutique, Kneipe, ohne auf RSH geschaltet zu sein, keine WG, aus der nicht die unverwechselbaren RSH-Jingels dudelten. **„Neue Töne für den Norden"** (Eigenwerbung) war Wirklichkeit geworden.

Später kamen ungewöhnliche Aktionen dazu, die das Image prägten. So zum Beispiel die unvergessene Live-Übertragung des Werner-Rennens in Hartenholm oder die Sendung „Airport-Report". Die Idee war so simpel wie genial. Ein RSH-Reporter platzierte sich unter der Anzeigetafel am Hamburger Flughafen und las die Verspätungsmeldungen vor, live über Telefon. Aber auch die täglichen Staumeldungen, live aus der Verkehrsleitzentrale, sorgten für hohe Einschaltquoten. Das alles führte zu einer beträchtlichen Fangemeinde. Über diese Fans kam die Wochenzeitung „DIE ZEIT" beispielsweise knapp fünf Wochen nach Sendestart zu folgendem Urteil: „Die Nord-Hörer führen sich auf wie Leute, die jahrzehntelang ausschließlich Telefonbücher lesen durften und nun die Bild-Zeitung in die Hände gekriegt haben". Na, na, du liebe Zeit …

Aber aufzuhalten war die **neue Welle** nicht mehr. Weitere private Radiosender gingen auf Sendung, allein im Norden folgten aus Hannover Radio FFN, aus Hamburg Radio Hamburg, und dann verlor man ganz schnell den Überblick. Kurios auch dies, der dritte Sender Nord-OstseeRadio (NORA) gehört zu gut einem Drittel RSH und Delta Radio, dem zweiten Holsteiner Privatsender. Angestrebte Zielgruppe: die über 35-Jährigen, also die, die sich vielleicht am ehesten vom RSH-Gedudel abwenden. Nachdem der NDR acht Jahre geschlafen oder sich in den Schmollwinkel zurückgezogen hatte, schlug er 1994 zurück. Mit N-Joy Radio startete er den Versuch, das Blatt zu wenden und den kommerziellen Sendern Hörer wegzunehmen. „DIE ZEIT" mäkelte auch diesmal herum: „Der NDR passt sich mit seinem N-Joy Radio nach unten an". Eins hat der Erstling aber bis heute durchgehalten: RSH sendet immer noch Punkt Mitternacht die Landeshymne, das Schleswig-Holstein-Lied. Hierin ist er wahrlich unverwechselbar.

hen, links den Campingplatz Strukkamphuk.

Die B 207 verläuft quer **über die Insel** bis Puttgarden und endet dort direkt am Fährhafen, von dem die Fähren nach Dänemark ablegen. Ausgeschildert ist übrigens neben dem gelben Schild der Bundesstraße B 207 auch das grüne der Europastraße E 47. Eine geniale Besonderheit sei noch erwähnt: Auf der Insel verläuft die Bundesstraße zum Fährhafen Puttgarden völlig getrennt vom Inselverkehr. Die B 207 wurde wie in einem kleinen Graben angelegt, links und rechts wurde jeweils ein kleiner Wall aufgeschüttet, alle kreuzenden Straßen führen jeweils über eine Brücke. So kommen sich Durchgangsverkehr nach Dänemark und Inselverkehr nicht in die Quere.

Mit der Bahn

Fehmarn hat zwei Bahnhöfe. Nachdem jahrelang die Züge im einzigen **Inselbahnhof Puttgarden** endeten bzw. weiter auf die Fähre nach Dänemark rollten, hat nun die Inselhauptstadt Burg auch wieder einen Bahnhof. So wie schon früher. Offizieller Name: **Fehmarn-Burg.** Hier halten nun auch die meisten Züge, darunter auch IC und EC und sowieso alle Regionalzüge. Die meisten Züge fahren aber auch nach wie vor weiter nach Puttgarden. Bis dorthin fahren Züge, einige sogar noch weiter nach Dänemark. Von Puttgarden geht es per Fähre zur dänischen Insel Lolland und von dort weiter bis Kopenhagen. Allzu viele durchgehende Züge von Hamburg fahren nicht mehr nach Puttgarden, da einige Fernzüge nun den direkten Weg über die vor ein paar Jahren eröffnete Brücke zwischen den dänischen Inseln Fünen und Seeland wählen.

☑ Die kreuzungsfreie E 47 auf Fehmarn

Von Hamburg erreichen Besucher die Insel in durchgehenden **IC-Zügen** oder mit einer **Regionalbahn,** wobei aber in Lübeck umgestiegen werden muss. Von Hamburg nach Lübeck gibt es stündliche Verbindungen. Von Lübeck weiter nach Fehmarn geht es nur alle zwei Stunden; nur im Sommer gibt es einige wenige durchgehende Verbindungen am Wochenende von Hamburg nach Fehmarn.

Achtung: Der Zug von Lübeck nach Fehmarn wird unterwegs geteilt, nur der **hintere Zugteil** fährt nach Fehmarn.

■ **Infos:** www.bahn.de.

Wer bis Fehmarn per Bahn gereist ist, muss dann mit dem Taxi **zu seinem Bestimmungsort** fahren oder sich abholen lassen bzw. mit dem Linienbus weiter. Dies stellt natürlich keinen Hinderungsgrund dar, aber da mancher Ort auf Fehmarn doch arg abseits liegt, bleiben dem autolosen Urlauber nur das Fahrrad oder die Fehmarner Linienbusse. Beides ist machbar (siehe „Unterwegs auf Fehmarn"), aber etwas umständlich.

Mit dem Bus

Die Busgesellschaft **Autokraft** bietet an bestimmten Tagen eine Busverbindung **von Berlin** direkt nach Fehmarn (von Anfang April bis Mitte Oktober).

■ **Ab Berlin:** So ab ZOB 10 Uhr, Ankunft in Burg 17.35 Uhr.

feh13-046 hjf

Praktische Reisetipps

■ **Ab Fehmarn:** Sa ab Burg 9 Uhr, Ankunft Berlin ZOB 16.45 Uhr.

■ **Preise:** Einfache Fahrt: 43 €, Senioren ab 60 Jahren 33 €, Fahrgäste unter 27 Jahren 24 €. Hin und zurück: 74 €, Senioren ab 60 Jahren 60 €, Fahrgäste unter 27 Jahren 45 €.

■ **Infos:** Autokraft Heiligenhafen, Hafenstr. 45, 23774 Heiligenhafen, Tel. (04362) 90 520, www. berlinlinie.de. In Berlin: Haru Reisen, ZOB, Haltestelle 3, Tel. (030) 35 19 520.

☑ Zimmer mit Meerblick

Unterkunft

In wohl jedem Fehmarner Dorf lässt sich eine Unterkunft finden. Zu berücksichtigen ist dabei, dass bis auf ganz wenige Ausnahmen **kein Ort direkt am Meer** liegt. Der abendliche Strandbummel nach dem Essen kann natürlich stattfinden, aber einige Kilometer müssen dabei zunächst immer gefahren werden. Weiterhin sollte bei der Auswahl des Quartiers bedacht werden, dass es in etlichen Orten keinerlei **Einkaufsmöglichkeiten** gibt und auch nur in Ausnahmefällen eine Lokalität zum Essen. Auch das stellt grundsätzlich keine Hürde dar, zum nächsten Bäcker oder Kaufmann ist es nie weit. Generell aber gilt: In man-

chem Fehmarner Dorf ist schlichtweg nichts los. Dies wird von vielen Urlaubern durchaus als wohltuend empfunden – keine Frage. Aber noch einmal: Auf Fehmarn bewegt man sich vielfach doch in sehr ländlichem Umfeld.

Auswählen und buchen

Für die gesamte Insel liegt ein umfangreiches **Unterkunftsverzeichnis** vor, zu beziehen über:

● **Tourismus Service Fehmarn,** Landkirchener Weg 46, Burg, 23769 Fehmarn, Tel. (04371) 87 94 784, www.fehmarn.de.
● **Travel-Center-Fehmarn,** Landkirchener Weg 1, 23769 Fehmarn, Tel. (04371) 87 878, Fax 87 879, www.travel-center-fehmarn.de, info@travel-center-fehmarn.de.

Service: Viele Quartiere mit einer bestimmten rot unterlegten Buchungsnummer können direkt und kostenlos über die Zimmervermittlung des Tourismus-Service Fehmarn gebucht werden.

Mietvertrag

Hat nun der zukünftige Feriengast eine adäquate Unterkunft ausgewählt, und bestätigt der Vermieter, dass der angestrebte Termin frei ist, wird ein Mietvertrag geschlossen. Dieser ist bindend und kann nicht einseitig aufgekündigt werden. Nimmt der Gast die Unterkunft nicht in Anspruch, muss er trotzdem den vereinbarten Preis zahlen, Gründe für die Absage spielen keine Rolle. Der Anspruch auf Bezahlung erstreckt sich dabei auf die gesamte vereinbarte Zeit-

dauer, es sei denn, der Gastgeber kann die Unterkunft noch anderweitig vermieten. Dazu ist der Vermieter nach Treu und Glauben verpflichtet. Auch wenn der Gast vorzeitig abreist, bleibt er verpflichtet, den vollen Preis zu zahlen. Und umgekehrt? Was passiert, wenn der Vermieter mal einen Gast „ausbucht"? Weil beispielsweise eine FeWo versehentlich doppelt vermietet wurde? Dann muss adäquater Ersatz gestellt werden, wobei „gleichwertig" relativ ist.

Preise

Die Preise schwanken teilweise ganz erheblich je nach Saison. In diesem Buch sind immer die Angaben für den **Sommer** zu finden, naturgemäß liegen in dieser Jahreszeit die Preise am höchsten. Die Sommersaison erstreckt sich etwa von Mitte Juni bis Ende August, außerhalb dieser Zeit fallen die Preise teils um die Hälfte. Dummerweise existiert keine inselweit allgemeingültige Regelung für den Terminus „Hochsaison".

Zu den angegebenen Preisen addieren sich häufig noch Extrakosten für die sogenannte **Endreinigung.** Diese müssen im Vertrag aufgeführt sein, ihr Preis schwankt zwischen 25 und 40 €. Wer möchte, kann gegen Aufpreis ein **Wäschepaket** bestellen, welches Handtücher und Bettwäsche enthält.

Die Preise wurden in diesem Buch in **Kategorien** zusammengefasst (s. rechts).

An-/Abreise

Meist wünschen die Vermieter, dass der Gast zum frühen Nachmittag anreist

Unterkunft und Camping –
Preiskategorien in diesem Buch (in €)

Alle Preise beziehen sich auf die Hauptsaison (HS) von Mitte Juni bis Ende August.

Hotels, Pensionen, Privatzimmer (pro Doppelzimmer, DZ)

€	bis 30
€€	30–50
€€€	50–70
€€€€	70–100
€€€€€	über 100

Ferienwohnungen und Ferienhäuser

€	bis 50
€€	50–75
€€€	75–100
€€€€	100–125
€€€€€	über 125

Campingplätze
Basis ist der Preis für einen Stellplatz sowie zwei Erwachsene und ein Kind.

€	bis 23
€€	23–27
€€€	27–31
€€€€	über 31

feh13-047 hjf

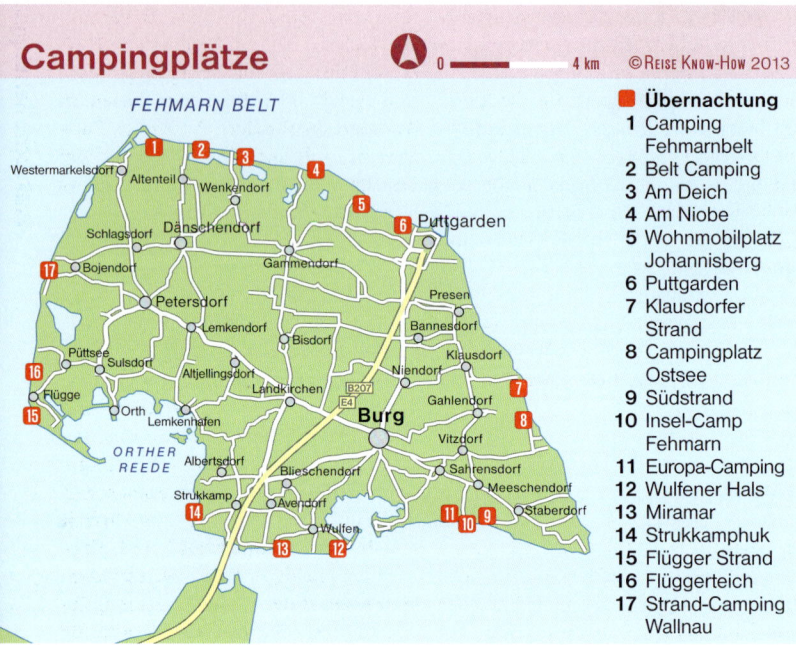

Campingplätze

© Reise Know-How 2013

0 ——— 4 km

Übernachtung

1 Camping Fehmarnbelt
2 Belt Camping
3 Am Deich
4 Am Niobe
5 Wohnmobilplatz Johannisberg
6 Puttgarden
7 Klausdorfer Strand
8 Campingplatz Ostsee
9 Südstrand
10 Insel-Camp Fehmarn
11 Europa-Camping
12 Wulfener Hals
13 Miramar
14 Strukkamphuk
15 Flügger Strand
16 Flüggerteich
17 Strand-Camping Wallnau

---

bzw. bis etwa 10 Uhr abreist. Die Zwischenzeit wird genutzt, um die Unterkunft zu „endreinigen".

Auswahl in diesem Buch

Die in diesem Buch empfohlenen Häuser beruhen ausschließlich auf **persönlicher Auswahl des Autors.** Dabei wurde getreu der alten Makler-Weisheit vorgegangen, nach der nur drei Dinge für eine Immobilie zählen: die Lage, die Lage und die Lage. Ein schnuckeliges kleines Haus an einer lauten Durchgangsstraße wird deshalb nur im Ausnahmefall genannt.

Unterkunftskategorien

Ferienwohnungen

Ferienwohnungen (im Buch **FeWo** oder FeWos abgekürzt) sind die gefragteste Unterkunftsart. In jedem Dorf sind FeWos zu finden, allerdings auch von unterschiedlichster **Qualität.** Da gibt es hochmoderne Apartments in Neubauten, denen es an nichts mangelt, ebenso wie das ehemalige Kinderzimmer unterm Dach, in das jetzt Gäste einquartiert werden. Und Letzteres ist noch nicht einmal die Ausnahme.

Dennoch, eine **FeWo in einem kleinen Dorf** mit Blick über die Felder kann für großstadtgeplagte Menschen ein wahres Labsal sein. Zumeist umgibt das Haus noch ein Garten, als Liegewiese für die Großen und Spielplatz für die Kleinen ideal. Nicht wenige Bauern haben mittlerweile die Landwirtschaft aufgegeben und ihre Höfe zu FeWos umgebaut. Streicheltiere sind nicht selten.

Dann wären da noch die **FeWos am Südstrand,** untergebracht in drei 17-geschossigen Hochhäusern oder in schier endlosen Wohnblocks. Nicht jedermanns Sache, so viel Beton, aber immerhin direkt an einem netten Sandstrand gelegen.

Ferienhäuser

Die Auswahl an kompletten Ferienhäusern fällt etwas bescheiden aus, im Unterkunftsverzeichnis nehmen sie nur ein paar Seiten ein. Vor allem für Cliquen oder größere Familien wären dies ideale Unterkünfte. Aufgrund des **begrenzten Kontingents** muss hiernach also immer schon frühzeitig gefragt werden.

Privatzimmer

Privatzimmer gibt es auch! Wer preiswert unterkommen will, ist hier richtig. Allzu viel darf aber nicht erwartet werden, im günstigsten Fall gibt's noch netten Familienanschluss.

Hotels

Hotels sind **vor allem in der Inselhauptstadt** zu finden, weniger in den restlichen Orten. Hotels bieten sich vor allem

für kurzfristige Aufenthalte an, vermieten doch die meisten Besitzer ihre Ferienwohnung nicht für wenige Tage. Weitere Hotels oder Pensionen liegen in Avendorf, Bannesdorf, Petersdorf, Puttgarden, Sulsdorf, Westermarkelsdorf und am Südstrand, wo jetzt auch ein 4-Sterne-Hotel zur Verfügung steht.

Campingplätze

Stolze **17 Plätze** gibt es auf Fehmarn, schön verteilt rings um die Insel. Alle Plätze liegen direkt an der Küste, und schon dadurch heben sie sich von den meisten Ortschaften ab. Der ADAC vergab in seiner jährlichen europaweiten Bewertung immerhin schon mehrfach das **Prädikat „Superplatz"** nach Fehmarn, das heißt, dass die ausgezeichneten Plätze zu den besten Campingplätzen Europas gehören. Viel Lob also für die Plätze, kein Wunder, dass die Nachfrage ungebrochen groß ist. Die Betreiber bemühen sich auch nach Kräften, bieten ein breites Unterhaltungsprogramm bis hin zu kompletten Show-Veranstaltungen.

Geöffnet sind die meisten Plätze von April bis Oktober, drei Plätze sogar das ganze Jahr über: Strukkamphuk, Wulfener Hals und Miramar.

■ **Allgemeine Infos** zu allen Campingplätzen: Camping-Paradies Ostseeinsel Fehmarn, Postfach 1201, 23764 Burg auf Fehmarn, Tel. (04371) 21 89, Fax 49 90, www.campingparadies-fehmarn.de.

6

Unterwegs auf Fehmarn

Mit dem Auto

Okay, Sie sind glücklich angekommen, haben sich eingerichtet, die nähere Umgebung erkundet und wollen nun etwas von der Insel sehen. Per Auto ist es am einfachsten, aber ist es auch sinnvoll?

Speziell die **kleineren Orte** werden in den Sommermonaten von vielen Gästen aufgesucht, da quält sich dann die Blechlawine hinein, parkplatzsuchend herum und irgendwann wieder hinaus, keine gute Idee also. Ähnlich sieht es in **Burg** aus, spätestens ab dem frühen Nachmittag. Das hauptsächliche Geschehen konzentriert sich auf die kopfsteingepflasterte Breite Straße. Dort bummelt alle Welt entlang, aber leider müssen hier auch die Autofahrer durch. Wenn schon, dann sollte umgehend der große Parkplatz an der Osterstraße aufgesucht werden. Auch wer an einen **Strand** fahren will, wird schnell feststellen, dass Parkplätze Mangelware sind, egal wo. Warum also nicht einmal den Wagen stehenlassen?

Mit dem Fahrrad

Beinahe ideale Voraussetzungen bietet die Insel für Radfahrer. Sie ist flach wie eine Flunder, nicht der kleinste Hügel fordert die Pedalritter. Die ganze Insel durchziehen obendrein neben den wenigen Hauptstraßen viele schmale, aber immer **asphaltierte Wege.** Die Autofahrer beachten diese in den Karten mit dünnen Linien gezeichneten Straßen zumeist nicht, weshalb die Radler hier ruhige Wege vorfinden.

Und noch ein psychologischer Vorteil: Zum nächsten Ort sind die **Entfernungen immer kurz,** mal 2 km, mal 3 km. Da merkt man dann gar nicht, wie viele Kilometer man zurücklegt. Ich selbst bin wohl an die 200 km kreuz und quer über die Insel geradelt. Einziger wirklich störender Faktor ist der **Wind!** Das kann man nicht negieren: Auf der freien Fläche pustet es meist ganz gewaltig, wer da gegenanfahren muss, kommt gut ins Schwitzen. Ein Trost, der nächste Ort liegt nur etwa 2 km entfernt …

An beinahe jeder Straßenkreuzung stehen Hinweisschilder extra für Radfahrer, die die jeweilige Richtung und (wichtig!) Entfernung anzeigen. Radler werden auch nicht selten über sehr schmale, einsame Wege geleitet, auf denen keine Autos fahren können oder wenigstens nicht sollten.

Wer sich ein **Rad leihen** möchte, zahlt etwa 5–7 € pro Tag, ab einer Mietdauer von einer Woche wird es meist billiger.

Mit dem Bus

Theoretisch lassen sich viele Ziele auf der Insel auch per Bus erreichen, praktisch sieht es aber dann doch so aus, dass man immer einen Blick auf den Fahrplan werfen muss. Allzu häufig verkehren die Busse nämlich nicht, und das ganze Netz ist auf die Inselhauptstadt Burg ausgerichtet.

> Qual der Wahl

Linien

■ **Linie 5751:** Burg – Burgtiefe – Puttgarden (knapp stündlich).

■ **Linie 5753:** Burg – Klausdorf – Katharinenhof – Staberndorf – Burg (Mo bis Sa drei Touren am Vormittag, eine am Nachmittag um 15.44 Uhr an Schultagen).

■ **Linie 5754:** Burg – Lemkenhafen – Petersdorf – Orth (Mo bis Fr) zwischen 6.35 und 16.20 Uhr knapp zweistündlich zu wechselnden Zeiten, je nachdem, ob gerade Ferien- oder Schulzeit ist. Am Samstag nur drei Fahrten (8.20, 11.20, 15.45 Uhr), am Sonntag kein Betrieb.

■ **Linie 5811:** Puttgarden – Burg und weiter aufs Festland nach Oldenburg (etwa einmal stündlich zwischen 5 und 21.30 Uhr, So seltener).

Bürgerbus

Der Bürgerbus befährt von Anfang April bis Ende Oktober fünf Routen (Montag bis Freitag), grundsätzlich vormittags, mittags und nachmittags. Ausgangspunkt ist immer der Busterminal in Burg am Niendorfer Platz, danach wird auch noch an der Kirche gehalten.

Der Bürgerbus fährt auf folgenden **Strecken:**

■ **Tour 1:** Burg – Avendorf – Camping Miramar – Burg

■ **Tour 2:** Burg – Wulfen – Burgstaaken – Burg

■ **Tour 3:** Burg – Staberndorf – Meeschendorf – Südstrand – Burg

- **Tour 4:** Burg – Katharinenhof – Klausdorf – Burg
- **Tour 5:** Burg – Landkirchen – Albertsdorf – Lemkenhafen – Burg
- **Tour 6:** Burg – Landkirchen – Wallnau – Burg (fährt nur Mo, Mi, Fr von April bis Ende Sept.; Preise: Erw. 2 €, Kinder 1 €, Sechserkarte Erw. 10 €, Kinder 5 €, es gibt auch eine Familien- oder Gruppenkarte für 7 €).
- **Infos:** www.buergerbus-fehmarn.de

Mit dem Taxi

- **Taxi-Lenz,** Tel. (04371) 33 49.
- **Taxi Lensinger und Minicar,** Tel. (04371) 68 44 oder 67 96.

feh13-049 hjf

Strandprofil

Fehmarn hat 78 km Küstenlinie, und die Insel wird fast durchgehend von Strand umschlossen. Das klingt gut, aber ein klein wenig muss es doch relativiert werden. An vielen Stellen zeigt sich der Strand nämlich recht schmal und „naturbelassen" – eine feine Umschreibung für die Tatsache, dass er eben so ist, wie die Natur ihn geschaffen hat, vor allem von Steinen durchsetzt.

Der schönste Strand liegt auf dem Nehrungshaken bei der Inselhauptstadt Burg und wird **Südstrand** genannt. Dort entstanden in den 1960er/-70er Jahren

dann auch riesige Ferienwohnungs-Komplexe, darunter drei Betonmonster von 17 Etagen! Allerdings mit einem unschätzbaren Vorteil: Ausnahmslos alle FeWos haben Seeblick!

Am Südstrand findet der Gast auch die einzige Strandpromenade, denn auf der ganzen Insel liegen nur **wenige Orte direkt am Meer.** Neben Südstrand sind das Orth, Lemkenhafen, Presen und Puttgarden. Alles kleinere Orte, in denen der Tourismus keine so große Rolle spielt. Wer also auf Fehmarn Urlaub macht und weder auf einem Campingplatz noch in einem der strandnahen Orte wohnt, muss immer ein paar Kilometer fahren, um zum Strand zu gelan-gen. Das stellt keine echte Hürde dar, denn mehr als 2–5 km sind es in der Regel kaum. Das schafft sogar ein ungeübter Radfahrer. Wer unbedingt mit seinem Auto fahren will, wird schnell vor Parkplatzprobleme gestellt.

An einigen Stellen, vor allem in **Osten,** erhebt sich eine Steilküste, dort zeigt sich der Strand von einer ziemlich rauen Seite. Er ist relativ schmal, von Kieseln oder gar größeren Steinen durchsetzt. Zwischen Marienleuchte und Presen kann man auf dem Deich

☑ Strandprofile auf Fehmarn: links Bojendorf, rechts Südstrand

feh13-050 hjf

Bernstein – das Ostseegold

Auch auf Fehmarn kann man Bernstein finden. Auf der Suche nach ihm wandern immer mehr Urlauber mit engelsgleicher Geduld in leicht gebückter Haltung an den Stränden entlang. Wer es einfacher haben will, kauft sich eine Bernsteinkette im Geschäft, beispielsweise in Burg. Mit ziemlicher Sicherheit wird man hier keine Falsifikate bekommen, dennoch kann es ja nicht schaden zu wissen, wie man **Fälschungen** erkennt.

Zwei Möglichkeiten der schnellen Prüfung hat auch der Tourist. Bei der sogenannten **Zahnprobe** klopft man leicht mit dem Bernstein gegen die Zähne, bei Bernstein ergibt sich ein dumpfer, weicher Klang, bei einer Fälschung aus Stein klingt es heller und härter. Diese Probe wird kaum ein Händler verwehren können, folgende Beispiele schon eher, sie sind dafür aber auch eindeutiger. Wer ein Feuerzeug bei sich hat, kann die **Feuerprobe** versuchen. Der Bernstein wird mit einer ruhigen Flamme brennen und ein Aroma verbreiten, während Kunststoffe bei unruhiger Flamme beißend riechen.

Für die dritte Möglichkeit wird wohl niemand die Gelegenheit und die nötigen Utensilien haben, sie sei dennoch hier erwähnt. Wird der Bernstein in einen Topf mit gesättigter Salzwasserlösung geworfen, schwimmt er an der Oberfläche, Steine und die meisten Kunststoffe versinken.

fotolia © Erikas Visakavicius

spazieren gehen, weiter bis Klausdorf ist es dann hinter dem Deich möglich.

An der **Nordküste** weist der Strand dann nicht mehr so viele Steine auf. Er zieht sich durchgängig von Puttgarden bis zum äußersten Nordwestzipfel entlang. Zumeist feinsandig, wenn auch vereinzelt mit Steinen durchsetzt, misst er in der Breite zwischen 5 und 20 Meter. Begrenzt wird der Strand von einem kleinen Deich und über weite Strecken von einem Wäldchen. Ziemlich genau in der Mitte liegt obendrein das Naturschutzgebiet Grüner Brink. Speziell an der Nordwestspitze pfeift der Wind ziemlich heftig, kein Wunder, dass sich hier die Surfer treffen.

Die **Westseite** wird im nördlichen Teil von einem relativ schmalen Strand geprägt, der überwiegend steinig ist. Bei Bojendorf liegt ein beliebter Strand mit guter Infrastruktur (Strandkörbe, Parkplatz, WC, DLRG). Im Süden der Westseite nimmt das Wasservogelreservat Wallnau viel Platz ein, hier dürfen Urlauber die Strandzonen nicht betreten.

Die **südwestliche Seite** zeigt sich als ruhiges Gebiet, ein Nehrungshaken schützt gewissermaßen die Küste. Dieser langsam entstehende Binnensee wird Orther Reede genannt und gilt als beliebtes Surfrevier für Anfänger. Der Strand ist durchgängig recht schmal. Von Orth über Lemkenhafen bis Gold öffnet sich eine Bucht, die beliebt ist bei Wassersportlern (Segler, Surfer, vor allem Einsteiger).

Die **südöstliche Seite** weist ebenfalls eine schmale Strandzone auf, diese wird durch den Burger Binnensee unterbrochen. Zwei Nehrungshaken wandern hier aufeinander zu und bilden den oben erwähnten Südstrand. Außerdem liegt

hier bei Wulfener Hals nicht nur ein großer und sehr guter Campingplatz, sondern neben dem Binnensee auch ein relativ schmaler Strand, der bei Surfern sehr beliebt ist.

Surfen

Unter Windsurfern gilt Fehmarn als **eines der besten Reviere,** da sowohl Einsteiger als auch Erfahrene hier ihre jeweiligen Ecken finden. Hier ein kurzer Überblick über die Reviere.

Orther Reede

Dieses Revier liegt auf der Südwestseite Fehmarns und gilt mit maximal 1,50 m Tiefe als **Stehrevier.** Hier können sowohl Anfänger gefahrlos üben, als auch gestandene Surfer entlangsausen. Wer ins Wasser plumpst, wird zumeist hüfthoch im Meer stehen. Die Bucht ist derart geschützt durch einen Nehrungshaken (Naturschutzgebiet, nicht anlanden!), dass sich nur selten Wellen bilden. Bei Westwinden herrschen ideale Bedingungen.

Zugänge sind in Orth, in Lemkenhafen und in Gold zu finden. In Orth parkt man am Hafen und schleppt seine Ausrüstung ein paar hundert Meter um den Segelhafen herum zum Surfplatz. In Lemkenhafen kann das Auto an der Straße direkt am Wasser oder auf einem kleinen Parkplatz abgestellt werden. Gold wiederum wird über eine ziemlich schmale Straße erreicht, die unmittelbar am Deich endet. Dort wird es schnell

6

feh13-051 hjf

voll, vor allem am Wochenende parken hier Dutzende von Campingmobilen auf sehr begrenztem Raum.

Ostküste

Die gesamte östliche Inselseite eignet sich weniger zum Surfen, die **Steilküste** mit Steinen und Felsbrocken im Wasser ist einfach zu rau.

Nordküste

Die Nordküste eignet sich **nur für Könner.** Hier können Surfer vor allem bei Westwind Brandungssurfen betreiben,

der Grüne Brink hingegen wird bei Ostwind geschätzt. Da dort eine knapp 2 km lange Sandbank parallel zur Küste verläuft, können hier auch noch nicht ganz so sichere Surfer Erfahrungen sammeln.

Zugänge sind vor allem über Westermarkelsdorf, Grüner Brink, Altenteil und Niobe möglich. Zufahrten sind unterschiedlich, in Westermarkelsdorf kann gegen Gebühr direkt hinter dem Deich geparkt werden. Altenteil hat ebenfalls Parkmöglichkeiten, und ein Campingplatz liegt direkt am Strand. Bei Niobe muss das Gerät ziemlich weit geschleppt werden, Parkraum gibt es in kleinem Rahmen, wer möchte, geht gleich auf den strandnahen Campingplatz. Grüner Brink ist ein Naturschutzgebiet, entsprechend ist die Küste in weiten Bereichen tabu. Zugang besteht beispielsweise beim Campingplatz Puttgarden oder über die Zufahrt bei Johannisberg. Dort landet man aber direkt vor

Kurze Verschnaufpause

dem Naturschutzgebiet und muss sein Board noch etliche Meter schleppen, bevor man ans Wasser gelangt.

Burger Binnensee

Der Burger Binnensee liegt an der Südwestseite und gilt ebenfalls als **Stehrevier.** Bei Ostwinden sausen die Könner vom Südstrand hinüber zum Hafen Burgstaaken oder zum Campingplatz Wulfener Hals.

Damit wären auch schon die drei **Zugänge** benannt, beim Campingplatz in Wulfen werden sogar perfekte Surfer-Bedingungen geboten. Wohnmobile können gegen Gebühr außerhalb des Campingplatzes stehen, von dort sind es nur ein paar Meter bis zum Wasser. Außerdem bietet eine Surfschule Kurse auf dem Zeltplatz an.

Westseite

Im Westen Fehmarns versuchen sich einige Könner am **Flügger Strand.** Auf dem strandnahen Campingplatz kann man übernachten. Das Revier ist aber nicht ganz einfach, Steine und Buhnen im Wasser gilt es zu beachten.

Preisniveau

Nein, Fehmarn kann man generell nicht als teures Pflaster bezeichnen. Wahrscheinlich werden die wenigsten Urlauber längere Zeit in einem Hotel verbringen, denn das käme natürlich immer teuer. Die meisten Gäste mieten sich eine Ferienwohnung (FeWo) oder gehen auf einen der **16 Campingplätze.** Zum Thema Camping muss nicht viel gesagt werden, billiger übernachten kann man nur im Schlafsack am Strand. Und die Campingplätze auf Fehmarn genießen einen guten Ruf, immerhin stufte der ADAC mehrere davon als europäische Superplätze ein. Die Zeiten, wo man sein Zelt aufbaute und ansonsten gerade noch eine Einkaufsgelegenheit bestand, sind schon lange vorbei. Die besten Plätze bieten ein reichhaltiges Animationsprogramm, nicht nur für Kinder.

Ferienwohnungen liegen im Preis in der Hauptsaison bei 50–80/90 €, selten darunter, vereinzelt darüber. In der Nebensaison kann der Preis ganz beachtlich sinken, leider definiert jeder Vermieter den Termin „Nebensaison" anders. Die Preiskategorien für Campingplätze, Hotels, Pensionen und Privatzimmer sowie Ferienwohnungen und Ferienhäuser: siehe „Unterkunft, Preise".

Wer eine FeWo mietet, wird sich meist selbst verpflegen. Die meisten der kleinen Fehmarner Dörfer haben keinen eigenen Laden, aber das spielt keine große Rolle, denn die Entfernungen sind gering. Die größte Auswahl an **Supermärkten** gibt es in Burg, an der Landkirchener Straße. Dorthin kommen vereinzelt sogar dänische Reisegruppen, kaufen ein und fahren mit der nächsten Fähre zurück. Neben Burg kann vor allem in Landkirchen und Petersdorf eingekauft werden, auch in Wulfen ist es möglich, aber dann hört es doch recht schnell auf.

Und selbst wer einmal zum Essen ins **Restaurant** gehen möchte, wird nicht erschrocken zurückzucken. „Sylter" Preise gibt es auf Fehmarn nicht, alles bleibt im

6

Die Kurtaxe – eine Polemik

Die Kurtaxe: Meere von Tinte sind bereits vergossen worden, sowohl von schimpfenden Kritikern als auch von sich rechtfertigenden Kurdirektoren. Wer die jeweiligen Prospekte durchblättert, gewinnt den Eindruck, dass die kleineren Orte den größten **Rechtfertigungsdruck** haben. Vielleicht, weil das Kurangebot doch manchmal arg dünn ausfällt. Zitieren wir einmal: „Sie ist ein echtes Entgelt zur Finanzierung bestimmter Veranstaltungen und Leistungen, die für den Kurgast bereitgehalten und von der großen Mehrzahl auch gewünscht werden."

Wirklich? Will die große Masse wirklich im Lesesaal einer großen Kurhalle hocken und die örtliche Zeitung lesen? Dem Kurkonzert lauschen? Heilwasser schlucken? Ich wage zu behaupten: Nein. Am Strand liegen, sich die Sonne auf den Bauch brennen lassen und baden, das sind die Bedürfnisse des durchschnittlichen Urlaubers. „Halt", schreien da die Kurdirektoren, „genau deshalb musst du ja zahlen, wir halten den

Strand sauber und sorgen für Sicherheit." Ach so. Lustig ist nur, dass Nachbarländer wie Dänemark oder die Niederlande es ohne diese Abgabe schaffen, von den Mittelmeerländern ganz zu schweigen.

Was, wenn nun der Gast sagt, er wolle all die Kurangebote gar nicht nutzen, er wolle nur baden. Ist nicht, belehrt § 3, Abs. 2 der **Kurabgabesatzung:** „Die Kurabgabe ist ohne Rücksicht darauf zu zahlen, ob und in welchem Umfang die öffentlichen Kur- und Erholungseinrichtungen benutzt werden." Eine Illustrierte bezeichnete die Kurtaxe einmal als „moderne Strandräuberei", das hagelte vielleicht Proteste!

Ohne Kurtaxe kommt man in den meisten Ostseebädern nicht an den Strand – darf man deshalb von **„Eintrittsgeld"** sprechen? Welche Kurvorteile genießt ein Tagesgast neben Sonne, Strand und Wellen? Eine Dusche vielleicht, einen Klobesuch möglicherweise, aber dafür mancherorts bis zu 2,50 €?

204fe hjf

Kurstrand
Nur für Inhaber von Kurkarten
Hunde ob groß, ob klein
dürfen nicht am Strande sein
Tageskurkarten sind bei den
Strandwärtern zu lösen

Kein Wunder, dass sich hartnäckig jenes Gerücht hält, die Kurdirektoren würden einmal im Jahr die Vertreter des Preußischen Landtages hochleben lassen. Diese hatten **1893** verfügt, dass Gemeinden von Bade- und Kurorten Gebühren erheben dürfen, um Kureinrichtungen zu unterhalten. Seitdem wird gemurrt und gezahlt. Und anscheinend lohnt es sich, denn 1997 entschloss man sich in Eckernförde, die Kurtaxe wieder einzuführen, nachdem sich die Urlauber 20 Jahre lang abgabenfrei gesonnt hatten.

Rechtzeitig zur Sommersaison 1998 meinte *Heide Simonis,* damals Ministerpräsidentin von Schleswig-Holstein, die **Kurtaxe sei ersatzlos zu streichen.** An ihre Stelle müsse ein gerechteres und preiswerteres System treten. Obendrein bezeichnete die Ministerpräsidentin die Kurtaxe als ein sehr deutsches System – wohl allzu wahr! Sofort gab es Gegenwind, der Nordseebäderverband konterte, dass bislang kein Modell bekannt sei, das ebenfalls 35 Mio. Euro (für ganz Schleswig Holstein) in die Kassen bringe.

Also ich hätte da ja einen **Vorschlag.** Wie wäre es, wenn statt der Kurtaxe ein **„Getränkegroschen"** eingeführt wird. Auf jedes an der Küste geleerte Glas Bier, Wein oder Korn 5 Cent draufschlagen, mehr nicht. Es merkt eh niemand, es tut keinem weh und erfüllt auch seinen Zweck. Das Kind muss nur einen netten Namen bekommen, etwa „Schluck-Abgabe" oder „Trunk-Fünfer". Und das Ganze dann verkaufen unter dem Motto „Trinken für einen guten Zweck!"

Wäre das gerechter? Nein, natürlich nicht, aber vielleicht lustiger. Außerdem: Es sollte doch wohl möglich sein, an der gesamten Küste während einer Saison 700 Millionen Gläser zu leeren, oder? Dann wären nämlich die 35 Mio. Euro durch Kurtaxen wieder drinnen. Also, auf geht's, es gibt viel zu tun, packen wir die Gläser an!

Rahmen. Die meisten Restaurants glänzen nicht mit teuren Gerichten, sie wollen eher die breite Masse locken.

Was bleibt sonst noch an Kosten? **Kurtaxe** wird überall fällig (s.u.), und **Strandkörbe** werden nur vereinzelt angeboten (7 € pro Tag, ab 15 Uhr 5 €, Wochenkorb 35 €, Beispiel Südstrand). Dazu kämen noch die Kosten für ein **Mietfahrrad** (zumeist 5–7 € pro Tag). Da gute Möglichkeiten zum Bummeln und damit zum Geldausgeben sowieso nur in Burg gegeben sind, kann ein Fehmarn-Urlaub durchaus preiswert ausfallen. Nicht jedes Dorf hat eine Shopping-Möglichkeit oder Szenekneipe. Auch irgendwie tröstlich.

Kurtaxe

Seit 2009 wird die Kurtaxe inselweit **das ganze Jahr über** erhoben. Dafür können die Gäste u.a. überall kostenlos an den Strand und vor allem kostenfrei parken. Außerdem werden Vergünstigungen auf diverse Eintrittspreise gewährt.

- **15.5. bis 15.9.:** 1 € pro Tag
- **16.9. bis 14.5.:** 0,50 € pro Tag

Kinder und Jugendliche bis zur Vollendung des 18. Lebensjahres sind von der Zahlung befreit.

OstseeCard

Seit einigen Jahren gibt es entlang der Ostseeküste in Schleswig-Holstein eine optisch einheitliche OstseeCard in 18 kurtaxepflichtigen Orten. Diese Karte ermöglicht den **freien Strandbesuch** in allen teilnehmenden Orten sowie **weitere Leistungen** wie Rabatte beim Einkauf, in der Gastronomie oder beim Besuch von diversen Museen, Kultureinrichtungen und Freizeitparks. Es ist auch möglich, sich weitere Pakete auf die Karte buchen zu lassen.

■ **Infos:** www.ostseecard.de.

Essen

Schon von den Wikingern hieß es, dass sie einen unstillbaren Hunger auf Met, Frauen und Schweinefleisch hatten. Falls das stimmt, ist uns Holsteinern zumindest die Grundrichtung der Speisen vererbt worden, nämlich dass die **Küche kräftig** sein muss. Ein zweiter Merksatz: „Wat de Buer nich kennt, dat fritt he nich" (Was der Bauer nicht kennt, das frisst er nicht). Soll heißen, dass Kulinarisches von außerhalb, das über Pizza und Chop Suey hinausgeht, schwer in Holstein Fuß fasst. **Bodenständigkeit** ist eben ein Merkmal der Bewohner, das drückt sich auch in der Küche aus. Und wie sieht die nun aus?

Fisch

Da wäre zunächst einmal Fisch zu nennen: **Seezunge, Scholle, Aal, Makrele, Hering,** hier besonders der zarte Matjes zu erwähnen, bekommt man überall an der Küste. Fisch wird gebraten, gedünstet, gekocht oder auch geräuchert serviert, soweit nichts Neues, aber da taucht auch schon eine Besonderheit auf, was ist **Grüner Aal?** Nichts weiter als in Wasser und Wein gekochter Aal, wer hätte das gedacht?

Oder wie wäre es mit **Kieler Sprotten,** die zumeist aber gar nicht aus der Landeshauptstadt kommen? Sie werden mit Haut und Haaren verputzt, soll heißen mit Gräten, nicht aber mit Kopf und Schwanz.

Fleisch, Gemüse, Obst

Auch nicht jedermanns Sache ist **Swattsuer,** Schwarzsauer, eine Speise, bei der kleingeschnittene Fleischstückchen in Blut gekocht werden.

Rübenmus wird gerne im Herbst gegessen, wenn die Rüben geerntet worden sind. Man zerkleinert zunächst Steckrüben, lässt sie lange garen, kocht dann Möhren (oder auch Kartoffeln) und zermust schließlich das ganze Gemüse in einem Topf. Serviert wird das Rübenmus mit kleingewürfeltem Speck und Kochwurst.

Grünkohl mit Schweinebacke, Kochwurst und gezuckerten Kartoffeln ist ein weiteres Gericht, das wohl auch den Wikingern gemundet hätte. Serviert wird es in der kalten Jahreszeit.

⊡ Spezialitäten von der Küste: Fischbrötchen und Labskaus

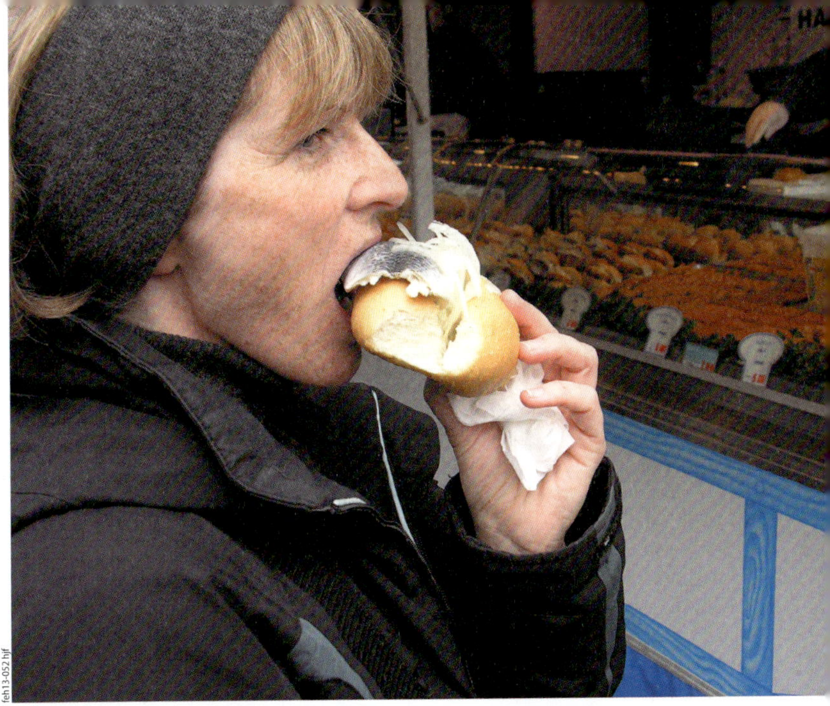

feh13-052 hjf

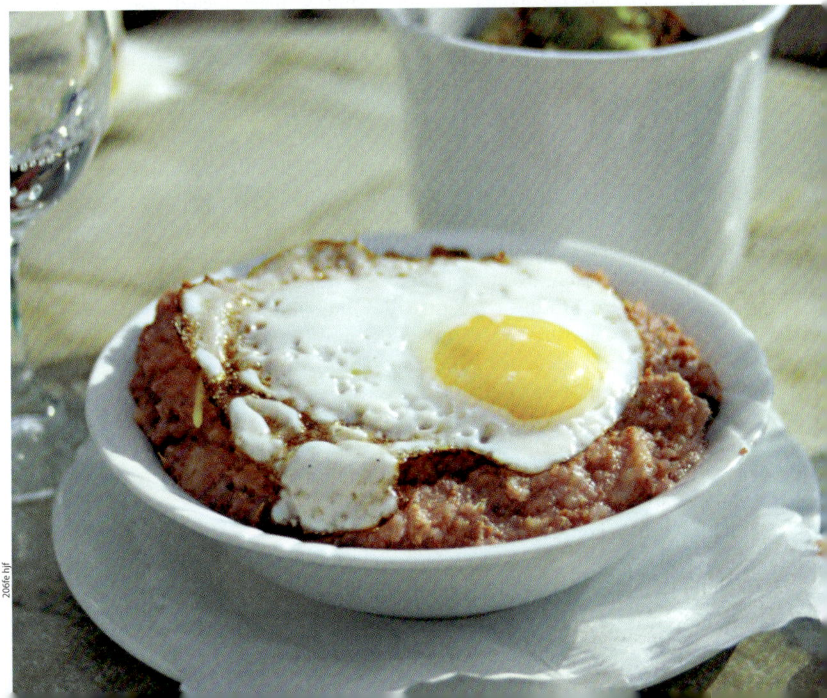

206fe hjf

Im Sommer wird gerne **Rote Grütze** angeboten, ein leckerer Nachtisch aus eingekochten Himbeeren, Johannisbeeren oder Kirschen mit Milch oder Vanillesauce.

Und dann wäre da noch **Labskaus**, ein eigenwilliges Essen, das nicht jeder mag. Das liegt aber mehr an seinem Aussehen, denn das Gericht leuchtet rot. Die Bestandteile sind: Pökelfleisch vom Rind oder Schwein, Gurken, Matjesfilets, Rote Bete (daher die Farbe), Kartoffeln. Alles wird gut vermischt und mit einem Spiegelei garniert. Es schmeckt definitiv besser, als es aussieht.

Wer im Frühsommer kommt, sollte einmal **Spargel** mit geräuchertem Katenschinken probieren, dazu ein paar Salzkartoffeln – und fertig!

Und wer auf der Speisekarte ein **Bauernfrühstück** entdeckt, ist endgültig überzeugt, dass die Holsteiner Bauern von den Wikingern abstammen. Dieses „Frühstückchen" besteht nämlich aus Bratkartoffeln, Würfelschinken, Gurken und Rührei.

Ostseegericht

Ein **Tipp** zum Schluss: Seit ein paar Jahren läuft eine interessante Aktion an der Küste, unter dem Motto „Die Ostsee tischt auf – Ostseegericht" veranstalten verschiedene Verbände einen kulinarischen Wettbewerb. Grundbestandteil ist zumeist Fisch, der dann unter bestimmten Vorgaben verarbeitet werden muss. Die Gerichte gibt es in einigen Fehmarner Restaurants, es lohnt sich also, gezielt nach dem Ostseegericht zu fragen.

Trinken

Schnaps und Bier

Wer so deftig isst, benötigt einen **Klaren** zum Nachspülen, einen „Verteiler", wie es schön an der Küste heißt, oder auch einen Lütten, gemeint sind Korn oder besser noch Aquavit, wobei die dänischen und norwegischen Schnäpse von Kennern bevorzugt werden. Eiskalt serviert, das Glas muss noch eisbeschlagen sein, heißt es dann: „Nich' lang schnacken, Kopp in' Nacken" – und hinunter damit!

Dazu gibt es **Bier** und sonst nichts! Die Bügelflasche mit dem Plopp-Geräusch aus Flensburg hat ja mittlerweile fast Kult-Status, aber auch andere, meist kräftige Biere fließen aus dem Hahn. Wein ist nicht so verbreitet, nur in Lübeck gibt es ganz ausgezeichneten Rotwein, „Rotspon" genannt.

Grog mit Variationen

Wer im Winter die Küste besucht, kommt um einen **heißen Grog** nicht herum. Norddeutsch-trockene Beschreibung: „Rum mut, Water dörv, Zucker kann" (Rum muss, Wasser darf, Zucker kann). Damit sind die Bestandteile schon genannt. Ein Grog wärmt herrlich durch nach einem ausgedehnten Spaziergang am winterlichen Strand. Serviert wird er in dünnen, hohen Gläsern. Ein Stößel steckt im Glas, mit dem man den Zucker zerkleinert und umrührt.

Mischt man den Rum nicht mit Wasser sondern mit Rotwein, entsteht ein

„Eisbrecher", da taut dann sogar der Norden auf.

Harmloses mit Schuss

Tja, und dann gibt es noch so nette Getränke wie **Pharisäer, Tee-Punsch** oder **Tote Tante.** Allen gemein ist, dass die Gläser vermeintlich „nur" Tee oder Kaffee beinhalten, sich aber in Wirklichkeit immer einen Schuss Rum oder Korn darin versteckt. Früher soll nämlich ein Pastor, der immer erbittert von der Kanzel gegen den Alkohol gewettert hatte, nach dem Kirchgang noch zum Mittagessen eingeladen worden sein. Die männlichen Gäste tranken Kaffee mit Sahnehäubchen und wurden langsam aber sicher immer lustiger. Was der gute Pastor erst viel zu spät bemerkte, war, dass die plietschen Bauern sich immer einen Schuss Rum unter die Sahnehaube ins Glas gossen. Als er es endlich bemerkte, rief er verzweifelt aus: „Ihr seid mir ja schöne Pharisäer!" So ist der Name entstanden, und das zeigt, dass die Bauern doch manchmal etwas „fressen", was sie nicht kennen.

Eine „Tote Tante" besteht aus einer halben Tasse süßer Schokolade, in die ein großes Schnapsglas Rum gegossen wird, darauf kommt anschließend eine Haube geschlagener Sahne, die noch mit Schokostreuseln garniert wird.

Feste feiern

Januar

Am Monatsanfang findet das traditionelle **„Anbaden"** der Landjugend Fehmarn am Südstrand statt.

Februar

Inselkarneval am Samstag vor Rosenmontag in Burg auf dem Marktplatz, der Norden taut auf.

April

Grabenspringen über die Kopendorfer Au. Ein Spektakel, das die Landjugend veranstaltet. Mit einem 4 m langen Stab springt man über den Graben. Anfang des Monats.

Osterfeuer, an mehreren Orten.

Mai

Rapsblütenfest in Petersdorf. Steht der Raps in voller Blüte, wird ein dreitägiges Fest gefeiert. Höhepunkt ist die Wahl der Rapskönigin.

Fischmarkt, Hafen Burgstaaken.

Mai bis Juli

Burger Kunsttage, ein buntes Programm mit Autorenlesungen, Kunstausstellungen und klassischen Konzerten im Senator-Thomsen-Haus.

Juni

Fehmarn Pferde Festival. Mit Dressur- und Springreiten, Burg.

Fehmarn-Marathon beim Strand-camping Wallnau. Im Westen der Insel wird am und vor dem Deich gelaufen – auch auf unbefestigten Wegen. Es sind auch kürzere Strecken als die 42 km im Angebot. www.fehmarn-marathon.eu.

Juli

Monatsanfang: **Ringreiten.** Traditionelles Fest, bei dem junge Reiter im vollen Galopp eine Lanze durch einen schmalen Ring stoßen müssen.

Monatsanfang: **Hafenfest in Burg-staaken** (findet alle zwei Jahre statt, 2013, 2015 etc.). Gucken, Shoppen, „Freten un Supen" und Live-Musik.

Weinfest in Burg.

Ostseekabarett findet immer diens-tags statt: Comedy, Konzerte etc. an unterschiedlichen Orten. Infos: www.ostseekabarett.de.

Ende des Monats: **Altstadtfest in Burg.** Alle zwei Jahre (2014 etc.) wird auf dem Marktplatz das Tanzbein geschwungen, ein bunter Festumzug bildet den Höhepunkt.

August

Beach-Volleyball Masters am Süd-strand. Spitzenspieler treten im Rahmen des Master Cup zur deutschen Meisterschaft an.

Monatsmitte: **Fest der tausend Lich-ter** in Burg. Ein Laternenumzug, wo der Spielmannszug mit Fackeln vorausgeht und viele Kinder mit selbstgebastelten Laternen folgen.

Fehmarn Days of American Bikes in Burg, Treff von Harley-Fahrern.

Kite-Surf-Trophy am Südstrand. Deutsche Meisterschaften im Kite-Surfen. www.kitesurf-trohy.de.

September

Altertumsfest in Burg und **Fischmarkt** in Burgstaaken (Hafen).

Oktober

Monatsmitte: **Drachenfest.** Die kuriosesten Drachen flattern im Herbstwind am Südstrand.

Oktoberfest und Herbstmarkt in Burg.

Aktives und Sportives

Die folgenden Tipps bieten einen Überblick, Details sind in den jeweiligen Ortskapiteln zu finden.

Altstadtbummel

Altstadtbummel durch **Burg** unter kenntnisreicher Führung in den Monaten März bis Juni und September bis Oktober. Genaue Termine über die Insel-Information, Tel. (04371) 50 63 00.

feh13-055 hjf

Angeln

■ **Fischereischeine** aus anderen Bundesländern werden anerkannt, wer keinen Schein besitzt, bekommt eine Ausnahmegenehmigung für maximal 40 Tage über das Bürgerbüro, Bahnhofstr. 5 in Burg, Tel. (04371) 50 66 40.

■ **Angelsport,** Landkirchener Weg 24, Burg, Tel. (04371) 50 21 63.

■ **Baltic-Kölln,** Am Hafen, Burgstaaken 50, Tel. (04371) 31 51.

■ **Hochseeangeltouren** werden im Hafen von Burg organisiert: *Thomas Lüdtke* und *Willy Lüdtke,* Tel. (04371) 21 49 bzw. 12 63.

■ Die **„MS Antares"** sticht vom Hafen Orth in See. Infos unter Tel. (04372) 611.

Bücher

■ **Bücherei mit Ernst-Ludwig-Kirchner-Haus,** Bahnhofstr. 47, Burg, Tel. 50 61 44, Mo bis Fr 9.30–12 und 14.30–18.30 Uhr, Mittwochnachmittag geschlossen. Über 12.000 Bücher stehen zur Auswahl, auch CDs und Spiele.

Busfahrten

Busfahrten **zum Vogelreservat Wallnau** inklusive einer Führung in der Zeit von Anfang Juli bis Ende August mit dem Bürgerbus (siehe auch „Burg" und „Unterwegs auf Fehmarn").

Fahrradverleih

In folgenden **Orten** können Fahrräder gemietet werden, genaue Adressen siehe dort: Burg, Dänschendorf, Camping Klausdorf, Landkirchen, Lemkenhafen,

„Adventure Golf" in Meeschendorf

6

Pfeif-Verbot beim Segeln

Klarer Fall, die Ostsee ist ein tolles Segelrevier. Tausende von Booten liegen in den Häfen, kaum ein Ostseeort ohne Hafen. Im Sommer sind alle **Liegeplätze** belegt, wenn nicht, ist der Platzinhaber selbst auf große Fahrt gegangen, und der Platz kann von einem anderen kurzfristig über Nacht genutzt werden. Das zeigen übrigens kleine Schildchen an den Liegeplätzen an.

Man steht jedenfalls staunend vor all den **Segelyachten,** die teilweise ein Vermögen gekostet haben. Herrliche alte Holzschiffe, 12-Meter-Dickschiffe oder auch kleine, wendige 470er, erkennbar an eben dieser Zahl im Segel. Jedes Boot hat seinen eigenen Reiz.

Wer möchte da nicht mitsegeln, einen kleinen Törn auf der Ostsee unternehmen oder wenigstens einmal aus dem Hafen hinausschippern? Vielleicht ergibt sich ja die Möglichkeit, denn in den Häfen von Burgstaaken und Orth werden sogenannte **Schnuppertörns** angeboten. Allzu viele seglerische Vorkenntnisse muss dafür niemand haben, aber es ist sehr sinnvoll, wenn man wenigstens die wichtigsten Grundbegriffe kennt.

Und wenn es dann endlich losgeht, muss auch eine „Landratte" die **seemännischen Bräuche** beachten, sonst fängt man sich schnell einen deftigen Anpfiff ein.

feh13-053 hjf

Also, bereits beim **Einsteigen aufpassen,** besonders die kleinen Schiffe sind ziemlich „kabbelig", soll heißen, sie schwanken sehr leicht. Mit forschem Schritt schnellstmöglich in die Mitte gelangen, im Zweifel hinhocken, möglichst **nicht zu weit außen langbalancieren.** Die kleinen Jollen kippen dann sofort weg und Sie ins Wasser. Wichtig sind auch **Schuhe** ohne grobes Profil – hier können sich Steine festsetzen, die den Boden zerschrammen.

An Bord hat nur einer das Sagen – das ist der Mann, der das Ruder führt. Hier gibt es keine zwei Meinungen, also **Anweisungen befolgen** und nicht lange über Sinn und Unsinn diskutieren. Der Rudergänger muss freie Sicht haben, also **nicht im Weg stehen,** sondern brav an die Seite setzen, aber bitte nicht alle Mann nur auf eine …

Kein Mensch erwartet, dass ein Neuling all die **seemännischen Begriffe** kennt, aber eine Leine ist kein „Band" oder Ähnliches, und steue-R-bord (R-echts) sollte man schon von backbord (links) unterscheiden können. Außerdem: Vorne ist der Bug, hinten das Heck.

An Bord darf man **rauchen,** aber der Käptn muss seine Zustimmung geben. Und wenn es dann endlich **„einen aus der Buddel"** gibt, wird der erste Schluck immer über Bord gekippt und Rasmus (dem Meeresgott der Wikinger) geopfert. Und, ganz wichtig, **ja nicht an Bord pfeifen!** Das lockt nur den Klabautermann an und gibt starken Wind.

Hat man schließlich den ersten Törn erfolgreich abgeschlossen, wieder in den Hafen zurückgefunden und sauber angelegt, dann **nicht gleich von Bord laufen.** Zuerst müssen die Segel eingeholt und verstaut werden, und dann gibt's ja auch noch den „Festmacherschnaps".

Puttgarden, Westermarkelsdorf, Camping Wulfener Hals.

Golf

■ Der **Golfclub Fehmarn** in Wulfen hat eine 18-Loch-Anlage mit Driving Range und einen 9-Loch-Platz. Infos: Tel. (04371) 69 69 oder www.golfclub-fehmarn.de.

Hochseilgarten

Klettern in luftiger Höhe über Seile und Balken, aber natürlich doppelt gesichert. Zu finden in Meeschendorf.

■ **Infos:** Tel. (04371) 21 89, www.hochseilgarten-fehmarn.de.

Inline Skates

■ **Windsport Fehmarn,** Osterstr. 45, Burg, Tel. (04371) 87 792.
■ **Windsurfing Fehmarn,** Am Hafen 2, Orth, Tel. (04372) 10 52, u.a. auch Verleih von Inlinern.

Kartbahn

■ **Insel-Indoor-Kart-Bahn** an der Hafenstraße 69B in Burgstaaken, Infos: Tel. (04371) 50 24 30.

Kegeln

■ **Kegelbahn** im Gasthof Bannesdorf in Bannesdorf, Tel. (04371) 38 48.

Kino

■ **Burg-Film-Theater,** Breite Straße 13A in Burg, Tel. (04371) 67 28, Programmansage: Tel. (04371) 95 55.

Minigolf

Minigolfanlagen gibt es bei den Campingplätzen „Miramar" (bei Fehmarnsund) und „Wallnau" (Bojendorf). Weiterhin gibt es am Hafen Burgstaaken die Indoor-Minigolf-Anlage „Funtasia", geöffnet von Mai bis Mitte Oktober, Tel. (04371) 60 92 16, und in Meeschendorf liegt „Adventure Golf", wo ein Mix aus Golf und Minigolf gespielt wird.

Reiten

Etliche **Ponyhöfe und Reitställe** gibt es auf Fehmarn, z.B.:

■ **Familie Kroll** in Altjellingsdorf, Tel. (04371) 22 52.
■ **Gestüt Rüder** in Blieschendorf, Tel. (04371) 32 06.
■ **Heinz Rickert** in Gahlendorf, Tel. (04371) 22 94.
■ **Peter Rauert** in Klausdorf, Tel. (04371) 43 66.
■ **Ferienhof Rießen** in Presen, Tel. (04371) 86 220.
■ **Hof Clausen** in Sahrensdorf, Tel. (04371) 31 39.
■ **Ferienhof Ogriseck,** Rosenstr. 14, Bannesdorf, Tel. (04371) 879269.
■ **Campingplatz Wulfener Hals,** Tel. (04371) 98 62 80.
■ **Campingplatz Wallnau,** Tel. (04372) 99 16 16.

Rundflüge

Rundflüge werden von Deutschlands kleinstem Flugplatz in **Neujellingsdorf** unternommen. In der kleinen Cessna ist Platz für drei Erwachsene oder für zwei Erwachsene und zwei Kinder. Infos beim Piloten *Klaus Skerra*, Tel. (04371) 91 00, am Flugplatz Tel. (0171) 99 10 931, www.fehmarn-air.de. Preis: ab 17 € pro Person.

Segeln

■ **Segelschule Dübe,** Am Yachthafen 5–7, Burgtiefe, Tel. (04371) 64 26. Segelkurse.
■ **Segel- und Katamaranschule Gold,** Albertsdorf-Gold, Tel. (04371) 69 59, www.windsurfing-gold.de.

Silo-Climbing

Eine 40 m hohe Silowand hochklettern ist am **Hafen von Burg** möglich.

■ **Infos** unter Tel. (04371) 50 31 02 oder www.siloclimbing.de.

Strandaktivitäten

Strandgymnastik für jedermann wird von März bis Oktober auf der Spielwiese oder im Kurmittelhaus am Südstrand (Burg) angeboten.

Geologische Strandwanderungen bietet *Beate Burow* im Juli und August an verschiedenen Stränden an. Die Spaziergänge dauern etwa 1½ Stunden, Infos: Tel. (04371) 50 66 54.

Tauchen

■ **Camping Miramar,** Fehmarnsund, Tel. (04371) 32 20, Tauchausbildung nach PADI-Richtlinien.
■ **Tauchbasis Katharinenhof,** Tauchausrüstung und -ausbildung, Dorfstr. 27, Katharinenhof, Tel. (04371) 54 93.

Tennis

Ein **Tenniscenter** befindet sich im Nordwesten der Insel, Inselhof Fehmarn in Westermarkelsdorf, Tel. (04372) 80 66 88. Weitere Anlagen liegen am Südstrand (Burg), Tel. (04371) 98 22, sowie auf dem Campingplatz Miramar (Fehmarnsund), Tel. (04371) 32 20.

Windkraftanlage erkunden

Auf der ganzen Insel drehen sich die Rotoren der Windkraftanlagen, aber wie funktioniert so etwas? Aufklärung bieten **Führungen** mit *Uwe Beyer* zwischen April und Oktober immer donnerstags, im Juli/August zusätzlich dienstags; Tel. (04371) 91 31.

Wind-/Kitesurfen

■ **Windsurfing-Schule Charchulla,** die Zwillingsbrüder *Charchulla* bieten am Südstrand (Burg) Kurse an, Tel. (0171) 92 67 893, www.windsurfing-charchulla.de, bzw. am Campingplatz Strukkamphuk, Tel. (0160) 17 89 055.
■ **Surfen und Segeln,** Gold (bei Albertsdorf), Tel. (04371) 69 59, www.surfenundsegeln.de.
■ **Windsurfing Fehmarn,** Am Hafen 2, Orth, Tel. (04372) 10 52, www.windsurfing-fehmarn.de.

- **Windsurfing Wulfen,** Campingplatz Wulfener Hals, Tel. (04371) 81 21, www.windsurfing-wulfen.de.
- **Windsport Fehmarn,** Osterstr. 45, Burg, Tel. (04371) 87 792, www.windsport.de.
- **Windgeister Fehmarn,** Am Hafen 4, Orth, Tel. (04372) 18 06, www.windgeister.de.
- **Surfshop Fehmarn,** Landkirchen, Hauptstraße 44, Tel. (04371) 58 88, www.surfshopfehmarn.de.

Wochenmarkt

Ein Wochenmarkt findet jeden Mittwoch in **Burg** auf dem Marktplatz von 7 bis 14 Uhr statt.

Tipps für Kids

Nicht immer nur am Strand im Sand buddeln, auch mal was unternehmen! Hier zusammengefasst ein paar Vorschläge:

- Toben im neuen FehMare, der 4500 m² großen **Badewelt** am Südstrand (siehe Kapitel „Burg").
- Spiele spielen im **Vitarium** am Südstrand – auf 3000 m² können unabhängig vom Wetter unter einem Glasdach die unterschiedlichsten Spiele genutzt werden (siehe Kapitel „Burg").
- Haie und Unterwasserlandschaften anschauen im **Meereszentrum** in Burg (siehe Kapitel „Burg").
- In der Stadtbücherei, Bahnhofstr. 47 in Burg, gibt es **Vorlesestunden** für Kids ab 4 Jahre (siehe Kapitel „Burg"), Do 14–14.30 Uhr.
- **Experimenta,** eine Physik-Show zum Anfassen und Ausprobieren für Kinder und Erwachsene. Am Hafen von Burgstaaken (siehe Kapitel „Burg").

- **Ponyreiten** – verschiedene Pony-Höfe bieten erste Reitversuche an, so auf dem Wulfener Campingplatz, dem Campingplatz Wallnau bei Bojendorf, Ferienhof Rießen in Presen oder bei Familie *Kroll* in Altjellingsdorf (siehe oben, „Aktives und Sportives").
- **Geologische Strandwanderung** – was findet man am Strand? Wird im Sommer an verschiedenen Stränden veranstaltet; eine Expertin erklärt die Muscheln und Steinfunde. Dauer ca. 1½ Stunden. Infos: Tel. (04371) 50 66 54.
- **Hansa Park** in Sierksdorf, ein Freizeit- und Erlebnispark mit einer Vielzahl von spektakulären Attraktionen, über die Autobahn Richtung Lübeck zu erreichen oder auch per Bahn, da der Park sehr nah am Bahnhof liegt (siehe „Ausflüge").
- **Karl-May-Spiele** in Bad Segeberg – im Sommer kämpfen Old Shatterhand und Winnetou gegen die Bösewichter des Wilden Westens. Jedes Jahr ein anderes Programm (siehe „Ausflüge").
- **Marionettentheater/Museum für Figurentheater** in Lübeck. Der Welt des Kasperletheaters, der Marionetten und anderer Spielfiguren wurde hier ein eigenes Museum gewidmet, außerdem finden regelmäßig Aufführungen statt. Zu finden mitten in der Lübecker Altstadt, die über die Autobahn gut zu erreichen ist (siehe „Ausflüge").
- **Marzipan naschen.** Wenn man schon in Lübeck ist, lohnt sich ein Besuch im Café Niederegger oder im Marzipan-Speicher, an der Untertrave 98, wo man auch das „Marzipan-Abitur" bestehen kann (siehe „Ausflüge").
- Im **Eselpark Nessendorf** können die lieben Kleinen toben, reiten und Kutsche fahren, alles mit Eseln (siehe „Ausflüge").
- Im **Safaripark Knuthenborg** kann man 800 Tiere der afrikanischen Steppe anschauen und einige davon sogar hautnah erleben (siehe „Ausflüge").

7 Mensch und Natur

◁ Kunstwerk Natur

Die Insel

Statistik

Zuerst die Fakten: Fehmarn hat eine **Fläche** von 185 km², die **Küste** misst in der Gesamtlänge 78 km. Von den ca. 13.000 **Einwohnern** leben 6000 in der einzigen Stadt Burg, der Rest verteilt sich auf insgesamt 42 Dörfer. Anfang 2003 kam es zu einer richtungsweisenden Gebietsreform. Die Stadt Burg fusionierte mit allen Inselgemeinden und Dörfern zu einem neuen politischen und administrativen Gebilde namens „Stadt Fehmarn". Somit wurde die ganze Insel zur Stadt erklärt, die damit nach Lübeck die zweit-größte Stadt in Schleswig-Holstein ist. Grund des Zusammengehens war u.a. die Straffung der Bürokratie.

Landwirtschaft

Trotz gut 300.000 Touristen, die alljährlich kommen, ist die Insel von der Landwirtschaft geprägt. In beinahe jedem Dorf stehen noch **Bauernhöfe,** und wenn auch eine ganze Reihe von Fehmarnern schon ihre alten Scheunen und Ställe zu Ferienwohnungen umgebaut haben, bleibt die Landwirtschaft doch eine wichtige Einnahmequelle. Dafür sind die **Böden** einfach zu gut, und die Bauern konnten seit Jahrhunderten ihre Höfe vergrößern. Im Gegensatz zu vielen

feh13-056 hjf

Mensch und Natur

anderen Gegenden konnte der Adel sich hier nie breit machen, die Fehmarner Bauern waren immer Herren ihrer eigenen Scholle. Hauptsächlich angebaut werden Raps, Gerste, Weizen, Kohl und Zuckerrüben. Im Mai, wenn der Raps blüht, oder Ende August, wenn der Weizen geerntet wird, streift das Auge über riesige hell- oder goldgelbe Flächen, eine Farbenpracht sondergleichen.

ten meist einen Teich als Viehtränke („Soll" genannt), heute ist es eher der örtliche Löschteich. Meist waren die Dörfer lang gestreckt gebaut, oft in Nord-Süd-Ausrichtung, und die durchaus stattlichen Bauernhäuser standen und stehen sich parallel gegenüber. Nur ganz wenige Orte wie Orth oder Lemkenhafen entstanden als Fischersiedlungen am Wasser.

Die Dörfer

Die Dörfer der Insel waren **Gründungen slawischer Einwanderer,** oder es waren von Kolonisten gegründete Bauernsiedlungen durch **Friesen, Holsteiner** oder auch **Dänen.** Diese Dörfer hat-

☑ Fehmarner Landschaftsbild

Tourismus

Tourismus findet überall statt, aber geballt tritt er nur an einer Stelle auf, nämlich am **Südstrand.** Hier und nur hier wurden in den 1970er Jahren Hunderte von Ferienwohnungen für Touristen gebaut, dazu ein großer Yachthafen und eine Straße zur Inselhauptstadt. Da sich gleichzeitig der schönste Strand der Insel dort befindet, war diese Entwicklung beinahe zwangsläufig.

In beinahe allen **Dörfern,** und seien sie noch so klein, werden Unterkünfte angeboten. Dies hat zur Folge, dass sich der Tourismus über die ganze Insel verteilt. Es kommt – mit Ausnahme vom Südstrand – kaum zu Überfremdungen oder touristischen Ballungen. Der Urlauber lebt in dem Dorf und passt sich zwangsläufig dem Rhythmus an. Allzuviel an Abwechslung kann man da nicht erwarten, vielfach beschränkt sich das Angebot auf die einzige Dorfkneipe. Selbst die gibt es nicht überall. Wer also ein flottes Nachtleben erwartet, sollte sich in Burg einquartieren oder gar nicht erst kommen. Fehmarn-Urlauber wollen überwiegend den Kontakt mit der Natur, und den bekommen sie unmittelbar. Der nächste Acker beginnt meist schon in Sichtweite am Ortsrand, eine Unterkunft auf einem Bauernhof bietet „Tiere live". Wer großes Glück hat, dem zeigt der Bauer dann auch mal, wo denn die Milch nun herkommt. Für Kinder, die in einer Stadt aufwachsen, eine prägende Erfahrung.

Landschaft

Die Insel ist flach wie ein Brett. Ein alter Bauernschnack besagt, dass man morgens schon sehe, wer abends zu Be-

feh13-057 hjf

such kommt. Ja, das mag schon so sein, an den Rändern zeigt sich die Insel aber dann doch etwas eigenwillig.

An vielen Stellen wird sie von einer **Steilküste** geprägt, vor allem im Osten, aber vereinzelt auch im Süden. Wo sich eine Steilküste erhebt, auch Kliff genannt, ist nur ein schmaler, steiniger Strand vorhanden. Im Laufe der Zeit passiert es immer wieder, dass durch Sickerwasser und durch Anbrandungen das Kliff unterspült wird. Langsam, aber sicher wird so das Erdreich unterhöhlt. Und dann bricht eines Tages die überstehende Kliffkante ab, das Spiel beginnt wieder von vorn.

Im Süden befinden sich zwei beinahe klassische Beispiele eines **Nehrungshakens,** sowohl der Flügger Krummensteert als auch der Wulfener Hals. Bei einer Nehrung handelt es sich um einen parallel zum Strand verlaufenden Landstreifen. Dieser entsteht durch Ablagerungen, die von der Strömung an die Küste getrieben werden. Da die Strömungsverhältnisse konstant bleiben, lagern sich immer an der gleichen Stelle Partikel ab, woraus sich im Laufe der Zeit ein Landstreifen, Nehrung genannt, entwickelt. Passiert dies im größeren Stil, wird die Bucht langsam, aber sicher vom Meer abgeschnitten. Es entsteht ein Haff. Ist die Bucht schließlich vollständig vom Meer abgetrennt, ist ein Strandsee entstanden. Die Natur hat dann ihr eigentliches Ziel erreicht, nämlich eine neue Küstenlinie gezogen. Dies kann auf Fehmarn im Nordwesten bei Wallnau und im Norden beim Grünen Brink beobachtet werden.

Fehmarn ist brettflach, wurde weiter vorn gesagt, aber eine natürliche Erhebung gibt es doch: die **Wulfener Höhe.** Nun ja, unter „Höhe" versteht man gemeinhin etwas anderes als einen gerade mal 20 m hohen Hügel. Geologisch betrachtet zeigt sich hier jedoch eine Besonderheit. Grundmoränenschutt wurde hier während der letzten Eiszeit von den vorbeiwandernden Eismassen langsam, aber sicher oval geschliffen. Dieses Phänomen gibt es sonst auf der ganzen Insel nicht.

Naturschutzgebiete

Es gibt drei Naturschutzgebiete auf Fehmarn: Grüner Brink, Krummsteert und Wasservogelreservat Wallnau.

Der **Grüne Brink** liegt im Nordwesten der Insel unweit von Puttgarden und ist ein 2,5 km langes Feuchtgebiet. Hier können Besucher auf dem Deich spazieren und die Landschaft bewundern, denn hier gibt es mehrere Naturlandschaften mit Pflanzen des Strandes, der Dünen und sogar der Heide. Außerdem liegt hier ein Strandsee, vor dem Rinder friedlich grasen.

Das **Wasservogelreservat Wallnau** liegt im Westen und ist ein Schutzgebiet für Zugvögel. Es ist 300 ha groß und besteht aus Teichen, Feuchtwiesen, Grün- und Schilflandschaften. Etwa 100 Arten brüten hier und 270 Vogelarten nutzen die Zone als Ruhe- und Rastgebiet. Neben einem Info-Zentrum können Besucher auf markierten Wegen zu Beobachtungsständen gehen.

◁ Klatschmohn so weit das Auge reicht

Windstärken

Im Folgenden werden die Windstärken nach der **Beaufort-Skala** (1–12) mit den jeweils charakteristischen Bewegungen der See aufgelistet.

Bft	km/h	Wind	Zustand der See
0	< 1	Stille	Es herrscht Windstille, Rauch steigt senkrecht auf, das Meer ist glatt
1	1–5	Leiser Zug	Leichte Kräuselung der See
2	6–11	Schwache Brise	Leichter Wind spürbar
3	12–19	Leichte Brise	Vereinzelte Schaumköpfe auf dem Meer, Fahnen stehen im Wind gestreckt
4	20–28	Mäßige Brise	Vermehrt Schaumköpfe auf dem Meer
5	29–38	Frische Brise	Überall Schaumköpfe auf dem Meer
6	39–49	Starker Wind	Große Wellen entstehen, etwas Gischt wird gebildet
7	50–61	Steifer Wind	Wellen türmen sich, weißer Schaum in Windrichtung, ganze Bäume schwanken
8	62–74	Stürmischer Wind	Relativ hohe Wellenberge, gegen den Wind gehen fällt schwer
9	75–88	Sturm	Hohe Wellenberge entstehen, Dachziegel können abgeweht werden
10	89–102	Schwerer Stum	Sehr hohe Wellenberge, weißer Schaum auf dem Meer, Bäume können entwurzelt werden
11	103–117	Orkanartiger Sturm	Sehr hohe Wellenberge
12	118–133	Orkan	Das Meer ist vollständig weiß, die Luft ist mit Gischt durchsetzt

Mensch und Natur

Der **Krumm Steert** ist eine Nehrungshalbinsel im Südwesten Fehmarns. Er wächst jedes Jahr mehrere Meter durch die Sandablagerungen, die von der ewig gleichen Meeresströmung angespült werden. So entstanden fragile Sanddünen und urwüchsige Schilfgürtel, außerdem Salzwiesen, was die Halbinsel zu einem beliebten Rastplatz für Zugvögel macht. Das Gebiet kann nur aus der Ferne, vom Deich aus Richtung Orth kommend, beobachtet werden.

Die Ostsee

Entstehung und Charakteristika

Baltische Eissee

Erdgeschichtlich betrachtet ist die Ostsee ein Säugling, kaum 12.000 Jahre jung und am **Ende der letzten Eiszeit** entstanden. Als durch die allmähliche Erwärmung Nordeuropas die Eismassen langsam schmolzen, sammelte sich das Schmelzwasser in der Baltischen Senke. Der Baltische Eissee entstand, ein Süßwassersee, der in etwa die **Umrisse der heutigen Ostsee** hatte, wenn auch mit Unterschieden; beispielsweise waren Dänemark und Südschweden eine zusammenhängende Landmasse.

Yoldiameer

Ein paar tausend Jahre später, mittlerweile schmolzen die Eismassen immer weiter ab, bekam der **Baltische Eissee eine Verbindung zum Meer.** Die Folge: Salzwasser floss ein, ein Meer entstand: das Yoldiameer, abgeleitet von einer eingewanderten Atlantikmuschel. Das Wasser war jetzt brackig, also Süß- und Salzwasser waren vermischt. Die Eismassen schmolzen derweil weg, und befreit von der Last des Eises, das an bestimmten Stellen 3000 m dick gewesen war, hob sich das Land. Dies bewirkte, dass das Yoldiameer, die spätere Ostsee, **wieder zu einem Binnensee** wurde, die Verbindung zum Meer wurde gekappt.

Verbindung zur Nordsee

Mittlerweile waren wieder 5000 Jahre vergangen. Das Eis schmolz weiter ab, und das Schmelzwasser füllte den Binnensee derart, dass **weite Teile des Landes wieder überflutet** wurden, und zwar für immer. Dadurch entstand die noch heute existierende Verbindung zwischen Norddänemark und Südschweden zur Nordsee. Der **Meeresspiegel** steigt übrigens noch heute, allerdings nur noch einen Millimeter pro Jahr.

Süßwasserüberschuss

Die Ostsee hat nur eine **sehr schmale Verbindung zur Nordsee,** und das wirkt sich langfristig ungesund aus, denn langsam wird der Sauerstoff knapp. In der Ostsee bildet sich allmählich ein Süßwasserüberschuss, was auch nicht verwunderlich ist, münden doch annähernd 200 **Flüsse** ein. Weiterhin sorgen die ständigen **Regenfälle** des Nordens für einen Süßwasseranstieg.

7

feh13-058 hjf

Austauschhindernisse

Ein **Austausch mit dem salzhaltigeren Nordseewasser** erfolgt nur durch drei relativ enge und vor allem flache Zuflüsse, denn die Ostsee ist nur **an drei Stellen** mit der Nordsee verbunden, durch den Kleinen Belt, den Großen Belt und den Sund zwischen Kopenhagen und Malmö. Doch damit nicht genug, hinzu kommt, dass der gesamte **Ostseeboden** aus mehreren riesigen Becken mit hohen Rändern besteht. Diese Ränder werden Schwellen genannt, und genau an der schmalen Verbindung zur Nordsee liegt die **Darßer Schwelle**, ein echtes Hindernis für Salzwasser, denn salzhaltiges Wasser ist schwerer als Süßwasser, fließt also nicht an der Oberfläche. Umgekehrt kann das salzarme Wasser „oben" relativ problemlos abfließen, das schwerere Salzwasser findet dagegen „unten" so manches Hindernis (u.a. die Darßer Schwelle), da die Ostsee an den entscheidenden Stellen ziemlich flach ist.

Sauerstoffgehalt

Und dies ist letztendlich fatal für die Ostsee, bringt doch das **frische Salzwasser** eine gehörige Sauerstoffzufuhr für das Tiefenwasser der Ostsee mit. Dies geschieht nun viel zu selten. Etwa nach 25 Jahren ist das gesamte Wasser der Ostsee ausgetauscht, in der Nordsee passiert dies bereits nach drei Jahren. Vor allem die heftigen Herbststürme sorgten in der Vergangenheit für eine größere Sauerstoffzufuhr, häufig aber hat es gar

keine entscheidenden **Salzwassereinbrüche** gegeben, die entsprechenden Stürme fielen aus. Das prägt langfristig die Situation der Ostsee, der Salz- und **Sauerstoffgehalt sinkt.** In bestimmten Gebieten ist der Sauerstoff bereits verschwunden, der **Meeresboden** gilt dort als Wüste. Dies ist leider auch eine lebensfeindliche Situation für die **Tierwelt.** Die Tiere ziehen sich entweder zurück in sauerstoffreichere Gegenden oder sterben im Extremfall.

Verschmutzungen

Leider wird diese Situation noch durch die von Menschen verursachte Verschmutzung verstärkt. Speziell über die Flüsse des ehemaligen Ostblocks gelangen große Mengen von **Phosphaten und ungeklärte Abwässer** in die Ostsee, die die Abnahme des Sauerstoffgehaltes beschleunigen.

Erkannt wurde diese Gefahr bereits 1974, als von den damals noch sieben Anrainerstaaten zum ersten Mal ein Übereinkommen, die **Helsinki-Konvention zum Schutz der Ostsee,** verabschiedet wurde. Die Umsetzung der Beschlüsse kostet allerdings viel Geld, und dadurch fällt sie auch sehr uneinheitlich aus. Finnland beispielsweise wird als vorbildlich eingestuft, während die ehemaligen Ostblockstaaten in der Abwäs-

⌃ Stimmungsvolle Ostsee

serreinigung immer noch deutliche Mängel haben. Die EU spendiert jährlich 17 Millionen Euro, viel zu wenig angesichts der Probleme.

Die Helsinki-Kommission hatte schon 1990 eine Reihe von sogenannten **Hot Spots** lokalisiert, insgesamt 132 Punkte, an denen Soforthilfe nötig ist. 98 davon liegen in Staaten des ehemaligen Ostblocks, und da fehlt das Geld für derartige Aktionen besonders. 1996 kam dann endlich Bewegung in die Sache. 14 Staaten verabschiedeten ein gemeinsames Aktionsprogramm, nach dem jährlich eine Milliarde Dollar zur ökologischen Stabilität investiert werden sollen. Weltbank, EU und einige weitere bedeutende Institutionen wollten dieses Vorhaben tatkräftig unterstützen. Bis 2006 waren etwa die Hälfte der Hot Spots verbessert, kein Wunder, dass Experten nur von „positiven Tendenzen" sprechen. Eine entscheidende Verbesserung steht also noch aus – die Zeit aber drängt.

Weitere Gefahren

Im Jahr 2000 lief ein **Tanker** mit 55.000 t Öl in der sogenannten Kadet-Rinne (zwischen Darß und der dänischen Insel Falster) auf Grund und drohte zu zerbrechen. Das war nicht die erste Grundberührung eines Schiffes an dieser engen und relativ flachen Stelle. Experten äußerten die Befürchtung, dass es zur größten **Ölkatastrophe** in der Ostsee kommen könne, wenn solch ein Schiff tatsächlich einmal zerbreche. Zum Glück ging noch mal alles gut.

Eine weitere Bedrohung soll hier nicht unerwähnt bleiben. Nach Ende des Zweiten Weltkrieges wurde die Ostsee als **Endlager für Giftgasgranaten** genutzt. Giftige Kampfstoffe wie Phosgen, das Nervengas Tabun oder Lost wurden kistenweise über Bord geworfen und versenkt. Nun liegt das Zeug **auf dem Meeresgrund** und rostet vor sich hin. Die Menge macht schwindlig, angeblich sind es zwischen 42.000 und 65.000 Tonnen. Gefahren sollen aber nicht drohen, da sich einige Kampfstoffe im Wasser zersetzen sollen, hoffentlich stimmt's.

Steinfischerei

Auf Fehmarn stehen viele Häuser, aber woher nahmen die Menschen früher die Steine? Einen Steinbruch gibt es nicht auf der Insel. Die Antwort: aus der Ostsee. Seit Ende des 18. Jh. wurden Steine aus der **Ostsee gefischt.** Und zwar in so großen Mengen, dass sie sogar exportiert wurden. Gefischt, oder wohl besser gesammelt, wurde zunächst in flachen Booten in Küstennähe – was auch nicht ganz so einfach war: Stieg die Sonne höher, blendete sie so sehr, dass man im Wasser oft nicht die Steine richtig sehen konnte, sondern nur die Reflektion auf der Wasseroberfläche. Das kann jeder heute noch in Ufernähe ausprobieren.

Später fuhr man weiter raus und sammelte die Steine auch aus mehreren Metern Tiefe ein. Dazu kamen **Helmtaucher** zum Einsatz, die unter Wasser eine große Zange um den Stein legten, um ihn hochzuhieven. Dies war nicht ganz ungefährlich, wenn der Stein abrutschte und zurück ins Wasser fiel, wo der ahnungslose Taucher den nächsten Brocken suchte. An Land wurden die Steine dann klein geschlagen und kamen beim **Hausbau** zum Einsatz, aber auch bei der

Befestigung von **Hafenmolen,** wie in Burgstaaken, im dänischen Rødby oder auch in Kiel. Und wer sich jemals über die holprige Straße von Burgstaaken nach Burg geärgert hat, dem sei gesagt, dass auch sie aus Ostseesteinen besteht. Na, jetzt fährt man hier doch gleich mit etwas mehr Respekt entlang, oder?

Lebensraum Ostsee

Die Ostsee gilt als **artenarm,** zumindest verglichen mit anderen Ökosystemen, wie beispielsweise der nahen Nordsee. Der Urlauber wird aber auf seinen Spaziergängen bestimmte Tier- und Pflanzenarten immer wieder antreffen, und seien es Fische im Bauch eines Fischkutters. Hier ein kleiner Überblick über die gängigsten Arten.

Krabben

Die **Strandkrabbe** wird launig „Dwarslöper" (Querläufer) genannt wegen ihrer Eigenart, sich seitlich fortzubewegen. Sie ist häufig am Strand in Wassernähe unterwegs und sucht nach Nahrung. Bei Gefahr buddelt sie sich schnell ein oder spreizt ihre Scheren.

Muscheln

Die **Herzmuschel** kommt nur im westlichen Bereich der Ostsee vor und ist relativ klein, sie gräbt sich gern ein. Die blaugraue leere Schale ist oft am Strand zu finden.

Die blauschwarze Färbung macht eine **Miesmuschel** unverwechselbar, in der salzärmeren Ostsee fällt sie kleiner aus als sonst. Noch immer gilt die alte Warnung, dass man in den Monaten ohne den Buchstaben R keine Miesmuscheln essen darf, in dieser Zeit kann sich giftiges Plankton in den Tieren sammeln.

Quallen

Eine **Ohrenqualle** kann bis zu 40 cm groß werden und tritt, unangenehm für Badende, oft in riesigen Schwärmen auf. Vier bläuliche Punkte schimmern ohrenförmig durch, dies ist das markanteste Merkmal. Da ihre Nesselkappen nicht die menschliche Haut durchdringen, verursacht ein Kontakt glücklicherweise kein Brennen. Man kann diese Qualle oft angespült am Strand finden.

Die **Kompassqualle** wird bis zu 30 cm groß und weist 16 markante rötlichbraune Streifen auf, die sich zum Rand gabeln, mit etwas Fantasie erkennt man den namensgebenden Kompass.

Seesterne

Ein Seestern ist ein **fünfarmiges, geschicktes Wesen,** das in der Hauptsache Miesmuscheln aussaugt. Seine Farbe wechselt zwischen rotbraun, violett und gelb.

Fische

Aus der Familie des Herings kommt der **Ostseehering,** er wird etwa 20 cm lang und wurde in früheren Jahren überfischt, heute haben sich die Bestände wieder stabilisiert. Heringe laichen ent-

Krabben-Salat

„Ein Krabbenbrötchen, bitte schön", „Jo, dat mokt veer Euros, bidde". Das Geld über den Tresen geschoben, das Brötchen in der Faust balanciert, randvoll gepackt mit den kleinen, rötlichen Tierchen. Nun herzhaft hineingebissen und hoffentlich nicht zu viele herunterpurzeln lassen. Mhhmm, das schmeckt! Aber auch nicht ganz billig. Tja, liebe Nicht-Insulaner, das hat seinen Grund. Wahrscheinlich hat die Krabbe, die Sie gerade verspeisen, einen längeren Weg nach Fehmarn zurückgelegt als Sie selbst.

Die **Crangon crangon** oder **Granat** oder auch **Nordseekrabbe** ist nur eine von annähernd 2000 Arten des sogenannten Zehnfußkrebses, die überwiegend im Meer leben. Die meisten Arten sind relativ klein, vielleicht 2 cm, eher kleiner, und haben eine etwas rötliche Farbe. In der Ostsee werden übrigens selten Krabben gefangen, *Palaemon squilla* genannt, aber die landen dann zumeist in Konserven.

Krabben werden **draußen auf dem Meer** gefangen und landen sofort im Kochtopf. Dort werden sie abgekocht und mit Benzoesäure beträufelt, ohne diese Behandlung würden sie gerade einen Tag halten. In dem Kessel bekommen die Tierchen auch ihre unverwechselbare rötliche Farbe.

Dann geht's an Land, und sofort wird die Ware an einen Verarbeitungsbetrieb weitergegeben. Der garantiert die Abnahme. Früher wurden die Krabben nun gepult und an die verschiedenen Händler weiterverkauft.

Der **Großabnehmer** kalkuliert anders, packt die gesamte Fracht in einen Kühlwagen und transportiert die Krabben nach **Polen**. Dort wird jetzt gepult, der Kühlwagen bringt das herausgepulte Krabbenfleisch auf dem Rückweg mit. Keine drei Tage dauert das Ganze. Die Händler versichern, dass die Kühlkette nirgends unterbrochen wird, die Ware in einwandfreiem Zustand sei. Das bestätigen auch Veterinäre.

Niederländische Unternehmen gehen noch einen Schritt weiter, sie lassen mittlerweile **in Marokko pulen**. Allein in Tanger, der Stadt, die schon in Sichtweite zum spanischen Festland liegt, verdienen sich 2000 Frauen ihr Geld damit. Sie schaffen es, die Ware eines ganzen Lkw in 6 Stunden zu pulen, stolze 21 Tonnen!

Aus 1 kg Krabben bleiben zum Schluss etwa 300 g Fleisch übrig. Und wohin mit dem Abfall? Eine schleswig-holsteinische Firma gewinnt aus den Krabbenschalen einen wertvollen Rohstoff, Chitosan. Der wiederum wird vielfältig eingesetzt, als Lösungsmittel in der Lackherstellung ebenso wie als Kompostbeschleuniger. Eine beachtliche Menge kommt da zusammen, immerhin werden allein an Schleswig-Holsteins Westküste jedes Jahr ein paar tausend Tonnen Krabben gefischt.

In richtig frische Krabbenbrötchen beißen kann man auf Fehmarn also nicht, da müsste man an die Nordseeküste nach Büsum oder Husum fahren, am Hafen dem Fischer zwei Pfund abkaufen – und dann selber pulen!

weder im Frühjahr oder im Herbst, sodass es zweimal im Jahr in vielen Orten
zu sogenannten Matjeswochen kommt.
Dann wird junger Hering (Matjes) angeboten und verzehrt, schmeckt lecker, ist
aber nicht jedermanns Sache.

Sprotten sind mittlerweile schon in
den allgemeinen Sprachgebrauch einge-
gangen als „Kieler Sprotten". Sie sind
kleiner als der Hering und werden gerne
als Räucherfisch angeboten.

Der **Dorsch** ist unverkennbar am
Bartfaden zu identifizieren, der an seinem Unterkiefer wächst.

Eine **Scholle** kann bis zu 50 cm groß
werden, ist recht voluminös, dafür aber
sehr dünn, oder, wie wir sagen, *platt*. Da
sie in der ersten Jahreshälfte laicht, bieten viele Restaurants die sogenannte
Mai-Scholle an, also eine sehr junge
Scholle mit zartem Fleisch.

Der **Steinbutt** zählt ebenfalls zu den
Plattfischen und gilt unter Fischkennern
als Delikatesse, markantes Merkmal sind
kleine, raue Höcker.

Aale gibt es auch in der Ostsee, nicht
zuletzt seit der drastischen Szene aus
dem Buch/Film „Die Blechtrommel"
sind sie als Aasfresser bekannt. Autor
Günter Grass ließ seinen Protagonisten
einen Pferdekopf in der Ostsee versen-
ken – nach ein paar Tagen hatten sich etliche Aale festgefressen.

Seehunde und Wale

Seehunde und **Wale (Schweinswal)** gibt
es zwar auch in der Ostsee, sie werden
aber vom Urlauber **in freier Natur** kaum
gesehen.

Wer einmal nach **Kiel** kommt, kann
dort an der Uferpromenade, der „Kiel-
Linie", ein **Seehundbecken** besuchen
und den quicklebendigen Tieren beim
Umhertollen zuschauen.

⌄ Seehund

Algen

Grob kann man **vier Gruppen** von Algen unterscheiden, die Grün-, Braun-, Gold- und Rotalgen. Jede Gruppe weist Tausende von Arten auf, völlig unmöglich, diese hier auch nur annähernd beschreiben zu wollen.

Algen sind wichtige **Bestandteile der Nahrungskette.** Es gibt eine Vielzahl, die mit dem bloßen Auge nicht erkennbar sind. Aber auch die größeren sind natürlicher Bestandteil des Ökosystems Ostsee. So ist beispielsweise die **Braunalge** häufig zu finden, sie gedeiht bevorzugt in flachem Wasser in Küstennähe. Am auffälligsten ist hier vielleicht der **Blasentang** mit seinen unübersehbaren Schwimmblasen.

Vögel

Vögel werden an der Küste nach **echten** und **sekundären Seevögeln** unterschieden. Nur die „echten" holen sich ihre Nahrung ausschließlich aus dem Meer, die sekundären sind dagegen vermehrt an Flüssen oder Binnenseen zu finden.

Möwen wird wohl jeder einmal erspähen, sie treiben sich gerne im Küstenbereich herum, nicht selten im Sand pickend am Strand. Silbermöwen, Lachmöwen und Sturmmöwen sind die häufigsten Vertreter. Es sind gar nicht mal so kleine Vögel mit meist weißem Gefieder.

Kormorane sind dunkel gefiedert und weisen einen langen Hals mit einem an der Spitze hakenförmig gebogenen Schnabel auf. Kormorane erreichen gut und gerne die Größe einer Gans. Sie gelten als Meer-Raben, sind also nicht sonderlich beliebt unter Fischern.

Seeschwalben sind nicht nur bei Gewitterluft mit ihren Flugkünsten zu bewundern. Sie weisen lange, spitze Flügel auf und haben einen markant gegabelten Schwanz. Sie sind wahre Flugkünstler, sausen mal elegant, mal ruckartig hakenschlagend am Strand entlang. Und wieso der Hinweis auf Gewitter? Durch die dann entstehende „drückende" Luft halten sich Mücken in tieferen Regionen auf, und die Schwalbe fliegt auf Nahrungssuche entsprechend tief, manchmal nur einen Meter über dem Boden. Daher auch die Bauernweisheit „fliegen die Schwalben tief, gibt es Gewitter".

An den Binnenseen leben die sogenannten sekundären Vogelarten, das sind vor allem Schwäne, Enten und Gänse. Die **Kolbenente** ist mit ihrem auffällig rot leuchtenden Schnabel und Kopf ein besonders schönes Exemplar. Die **Tafelente** hat einen kastanienbraunen Kopf und hellgraues Rückengefieder. Beiden Arten ist gemein, dass die Weibchen schlichter gefärbt sind, eine Schutzfunktion, damit sie beim Brüten im Schilf nicht aufgestöbert werden.

Das Klima

Klimarekorde

Über kaum etwas wird in Schleswig-Holstein häufiger geredet als über das Wetter. Zumeist hat man ja etwas zu meckern. Entweder ist es zu kalt oder zu feucht oder auch, doch, doch, das gibt's auch, zu heiß. Auf Fehmarn kennt man Sorgen mit schlechtem Wetter kaum, denn, und jetzt folgt eine handfeste

feh13-059 hjf

Überraschung: Fehmarn ist **einer der sonnenreichsten Flecken Deutschlands** neben der anderen großen Ostseeinsel Rügen und einem Gebiet im Breisgau. Zwischen 1900 und 2200 Sonnenstunden zählten die Meteorologen auf Fehmarn. Zum Vergleich: Über Hamburg schien die Sonne nur knapp 1600 Stunden, und die Hansestadt liegt weniger als zwei Autostunden entfernt. Auch die Statistik der **geringsten Niederschläge** führen die Ostseeinseln an. Auf Rügen regneten nur 461 mm, auf Fehmarn 475 mm, in Hamburg wurden 737 mm gemessen. Weitere Zahlen: Auf Fehmarn gab es sogar zwei absolute Klimarekorde. In Westermarkelsdorf wurden 1959 nur 319 mm Niederschlag gemessen, und in Marienleuchte bei Puttgarden schien im gleichen Jahr die Sonne 2319 Stunden lang! Die jährlichen Durchschnittswerte

⌂ Fehmarn gilt als die „Sonneninsel"

Windkraft – Für und Wider

Unübersehbar stehen sie auf dem Acker, drehen ihre drei gewaltigen Arme im Takt. Unermüdlich kreisen sie, erzeugen ein ganz leicht surrendes Geräusch. Das nimmt aber erst wahr, wer schon in unmittelbarer Nähe der **Windräder** steht. Speziell im Osten der Insel um Klausdorf und im Westen bei Westermarkelsdorf wird versucht, den ständig wehenden Wind in Energie umzuwandeln. So entstanden regelrechte Windparks, weiß Gott nicht von allen Fehmarnern geschätzt. **„Zu laut – zu hässlich – passen nicht in die Landschaft",** so lauten die gängigen Ablehnungen. Kritiker verweisen außerdem auf ein anderes Problem. Die Anlagen benötigen große Flächen, da die Windkrafträder in bestimmten Abständen zueinander stehen müssen, um optimal zu funktionieren. Die optische Dominanz in der Landschaft, verbunden mit Schattenwurf und Lichtreflexen durch Drehbewegungen der Rotoren, wurde immer ins Feld geführt. Und tatsächlich: Dass die dreiflügeligen Riesen sich in die Landschaft integriert haben, kann nun wirklich nicht behauptet werden.

Andererseits, der Wind weht sowieso, über die flachen Äcker besonders stark. Erscheint es da nicht konsequent, diese Energie zu nutzen? Und nun läuft **Deutschlands größter Windpark** bereits seit 1994. Rund 130 Windräder drehen sich und schaffen auf Fehmarn sogar mehrere Arbeitsplätze in der Wartung. Der durch Windkraft erzeugte Strom wird den Energieerzeugern zur Verfügung gestellt, die etwa 9 Cent pro Kilowattstunde dafür zahlen. Aber genau darüber gibt es immer noch Streit, denn die Kosten für Errichtung und Unterhalt der Windkrafträder sind damit nicht gedeckt.

Dennoch, eine umweltfreundlichere Energiegewinnung lässt sich kaum denken, abgesehen von Sonnen- oder Wasserkraft. Die Windparks stehen außerdem im nötigen Abstand zu bewohnten Gebieten. Und mittlerweile gelten die Windräder sogar als **eine Art Touristenattraktion,** es werden gezielt Führungen dorthin unternommen.

feh13-061 hjf

bescheren Fehmarn nur etwa 550–600 mm Niederschlag und, wie schon gesagt, bis zu 2200 Sonnenstunden im Jahr, Rekordwerte, die in ganz Deutschland nur auf Rügen und im Breisgau ähnlich ausfallen. Wie kommt das?

Regenwolken und Fehmarn

In Schleswig-Holstein weht zumeist Westwind, der **atlantische Tiefausläufer an die Nordseeküste** bringt. Von dort ziehen die Regenwolken über Land nach Osten, regnen sich über den Altmoränen, aber vor allem im Gebiet des Bungsberges in Ostholstein ab. Je weiter die Wolken über Land getrieben werden, desto langsamer werden sie, die Bodenreibung nimmt zu, die **Wolken regnen sich ab.** Das Gebiet der Altmoränen liegt im Westen des Landes. Dann folgt ein Geestrücken, der äußerst flach ist, die Wolken brausen darüber hinweg und erreichen Ostholstein mit dem dortigen Hügelland, hier herrscht wieder erhöhte Regentätigkeit.

Dann fliegen die Wolken über die Küste zur Ostsee. Hier herrscht wenig Reibung, der Wind nimmt zu, die Wolken lösen sich auf, Fehmarn wird regelmäßig verschont. Somit ist gerade dort beinahe täglich ein wirklich beeindruckendes „himmlisches" Schauspiel zu beobachten. Wolkenfetzen rasen vorbei, lösen sich auf, bilden sich ständig neu. Eben noch zeigt sich der Himmel bedeckt, dass man meint, gleich stürzt er ein, schon reißt er wieder auf und die Sonne bricht durch. Selbst als Schleswig-Holsteiner Jung an Wind und Wetter gewöhnt, beeindruckt mich dieses Fehmarner Phänomen stets aufs Neue.

Wind

Und damit wären wir beim Wind. Der weht hier wirklich ständig und nicht selten etwas heftiger, ohne dass man gleich von **Sturm** sprechen könnte. Nein, so schlimm kommt es nicht allzu häufig, aber wenn doch mal, dann wird die Fehmarnsundbrücke gesperrt. Zumindest für unbeladene Lkw und für Gespanne; d.h. Urlauber, die hinter ihrem Auto einen Wohnwagen schleppen, dürfen die Brücke nicht passieren. Ein entsprechendes Hinweisschild wird dann vor der letzten Ausfahrt unweit von Großenbrode ausgeklappt. Durch Ignoranten kommt es leider immer wieder zu Unfällen auf der Brücke, die Windböen können ein Gespann glatt umwerfen. Aber, wie gesagt, so schlimm wird es nicht oft.

Ein Fehmarn-Urlauber muss mit Wind rechnen, und zwar ständig. Das kann Radfahrer nerven, genau wie den abendlichen Grillspaß verderben. Wer am Strand liegt und sich die Sonne auf den Bauch scheinen lässt, wird die kühle Brise gerne mal (unter-)schätzen. Spätestens am Abend wird dann klar, dass es doch keine gute Idee war, sich nicht bedeckt zu haben.

Die Menschen

„Wi fört na Europa" (wir fahren nach Europa), so verabschiedeten sich die Fehmarner, wenn sie einmal aufs Festland reisen mussten. Stolzes Wissen um einen besonderen Status. Lange bevor der Tourismus Geld in viele Kassen spülte, kam schon ein gewisser Wohlstand auf die Insel. Fischfang, Handel und vor allem die Landwirtschaft sorgten dafür. Im Gegensatz zum nahen Ostholstein verwaltete Fehmarns Bevölkerung sich selbst, ein altes Landrecht aus dem Jahre 1329 garantierte die Gleichheit aller Bürger. In Ostholstein gehörten die meisten Ländereien dem Adel, zumeist vom jeweiligen König für besondere Dienste vergeben. Und die Bewohner gleich mit, die dann als Tagelöhner oder als mit hohen Abgaben belastete Bauern schuften durften. Nicht so auf Fehmarn. Einen ausbeutenden Adel hat es hier nie gegeben, die Bauern wirtschafteten in die eigenen Taschen. Geschickt wurden dabei auch Felder vergrößert und nicht durch Erbteilung verkleinert. So manchen Fehmarner trieb es darum allerdings auch in die Fremde, in die USA, Kanada oder gar nach Australien.

Aber zusammengehalten wird, und wie! Dazu gibt es die **Vetternschaft.** In früheren Jahrhunderten existierten von diesen Vereinigungen etliche, heute gibt es nur noch eine, die „Vetternschaft der Mackenprange und Witten". Männliche Mitglieder der Familien *Mackeprang* oder *Witt,* die auf Fehmarn geboren sind oder dort ihre Wurzeln haben, können Vetter werden. Diese halten auch heute noch zusammen und helfen sich gegenseitig, ganz wie früher. Und einmal im Jahr kommt die Vetternschaft feierlich zusammen, am Dienstag nach dem zweiten Vollmond im neuen Jahr.

Auch das **Gildewesen** wird auf Fehmarn noch gepflegt und zwar bereits seit Jahrhunderten. Ursprünglich waren es Zusammenschlüsse von zumeist Berufsgruppen zum gegenseitigen Schutz und zur Hilfe. Beispielsweise sorgten die Gilden für eine feierliche Beerdigung ihrer

220fe hjf

Mitglieder, dazu musste jeder in eine Sterbekasse einzahlen und wurde dann von allen Gildemitgliedern feierlich in Schwarz gekleidet zum Friedhof geleitet.

So gab und gibt es auch noch heute reine **Totengilden.** An solchen Tagen tragen die Gildemitglieder schwarze Tracht mit Zylinder und ziehen in einer Prozession durch die Stadt, je nach Anlass mit Fahnen und Musik oder ohne. So geht es auch noch heute zum **Königsschießen,** wenn der alljährliche König ausgeschossen wird.

Die älteste Gilde ist die **Sankt Nicolai Gilde Petersdorf** von 1399. Ähnlich alt sind die Osewald Gilde Dänschendorf von 1430 oder die Bürger Compagnie Burg von 1494. Diese schenkte im Jahr 1900 der Stadt Burg den Wilhelminenplatz (heute Stadtpark), ein Gedenkstein erinnert daran.

Insulaner gelten oftmals als etwas eigensinnig oder **starrköpfig.** Das mag so sein, sie sind auch in weit größerem Maße den Elementen ausgesetzt und weniger dem Kontakt mit Fremden. Dass von denen zumeist nichts Gutes kommt, erfuhren auch die Fehmarner im Laufe vieler Jahrhunderte. Wenn Fremde kamen, gab es oft Krieg, bei einem besonders schlimmen Einfall wurde beinahe die ganze Insel ausgerottet. Kein Wunder, dass die Fehmarner sich etwas verschlossen zeigten. Das ist alles längst vorbei, Fehmarn ja auch keine richtige Insel mehr, und die Fremden, die heute kommen, bringen eher Wohlstand und Segen. Gleichwohl, das stolze Wissen um etwas Besonderes ist vielfach geblieben. Bodenständigkeit und eine gute Portion Sinn fürs Geschäft haben sich die Fehmarner allemal bewahrt. Und damit sind sie auch ganz gut gefahren.

Ein wenig Platt

Schweigen auf Platt

Kennen Sie den: Zwei Fischer hocken am Tresen, schweigen sich an. Zum Nachbestellen werden nur zwei Finger gehoben – abwechselnd, weil das ja gerecht ist. Nach ein paar Stunden sagt einer der beiden: „Tjaaaa, neeech!" Sagt der andere: „Wat sabbelst du blots hüüt wieder so viel!" So sind sie, oder besser gesagt, so sind sie auch, die Fehmarner, **schweigsam** und **nicht aus der Ruhe zu bringen.**

Scharwenzeln, ein Fehmarner Kartenspiel

Bei dem Kartenspiel bilden **vier, sechs oder acht Personen** zwei Gruppen, die aber nicht zusammensitzen. Die Gruppen heißen einfach „wir" und „ihr". Für dieses Spiel gibt es spezielle Ausdrücke, so ist z.B. „de Olsch" („die Alte") die Kreuz-Dame und damit der höchste Trumpf. Die Pik-Dame, „Basta" genannt, wäre Nummer drei bei den Trümpfen. Die Buben werden „Scharwenzel" genannt. Ziel des Spiels ist es, möglichst viele Stiche zu machen, bei erreichten 24 Punkten gibt es einen „Faden" oder „Balken". Wenn alle Stiche in einem Spiel von einer Mannschaft durchgebracht werden, gibt es einen „Tout", einen Schnaps für alle.

Plattdüütsch

Wen es erstmalig nach Norddeutschland verschlägt, wird vielleicht manchmal etwas verständnislos den Gesprächen der „Eingeborenen" lauschen und möglicherweise **nur „Bahnhof verstehen".** Das ist auch kein Wunder, denn beispielsweise folgender typischer Monolog, der die Küstenbewohner ein wenig charakterisiert, muss auch nicht auf Anhieb verstanden sein.

Dat schall ober Minschen geben, de dat Stormwedder besonners geern möögt. De fort in Harvst an de See un freut sik, wennt so richdich störmt un jüm de stiebe Wind um de Ohrn haut. „Sleech Wedder gifft dat nich," seggt se, „ober falsche Kledasch." Un wenn denn noch ´n poor nördliche Grogs mit wenich Woter achter de Binn kippt ward, kannt nich mehr schöner warrn.

Na, etwas verstanden? Ist doch gar nicht so schwer, oder? Falls doch nicht, die „Übersetzung" steht unten.

Platt ist weit verbreitet, mit einigen Begriffen wird auch ein „Quiddje" („Zugereister" – ein Hamburger Schnack) immer mal wieder konfrontiert werden. Damit es Ihnen nicht nur Spanisch vorkommt, hier eine kleine Übersicht.

achtern	hinten
Adjüüs	Tschüss
Appeln	Äpfel
Beer	Bier
Börgermeister	Bürgermeister
Bug	vorderer Teil vom Schiff
Deern	Mädchen (Dirne, ist aber nicht im heutigen Sinn zu verstehen)
Dokter	Arzt
Dörpstrot	Dorfstraße
Duckdalben	Pfahl, an dem Boote festmachen
Eerdbeern	Erdbeeren
Fleesch	Fleisch
Fofftein moken	Pause einlegen (Fünfzehn machen)
Füürwehr	Feuerwehr
Gewidder	Gewitter
Goden Dag ok	Guten Tag auch
Gröönhöker	Gemüsehändler
Heck	hinterer Teil vom Schiff
Hitten	Hitze
Höker	Kaufmann
Kantüffeln	Kartoffeln
Kark	Kirche
Karkhoff	(Kirchhof) Friedhof
Kiek mol wedder in	Schau mal wieder rein
Klöben	Gebäck mit Rosinen
klönen	plaudern, reden
Klönschnack	ruhige Unterhaltung
Köm (Kümmel)	Schnaps
Kröger	Gastwirt
Krog (Krug)	Gastwirtschaft
de Luft ward bruddich	die Luft wird schwül
Melk	Milch
Moin moin	(nicht nur Guten Morgen, wird den ganzen Tag über gesagt)
Muster	Senf
neerich	geizig
Paster	Pastor
Putz	Polizist
Putzbüdel	Frisör
Reet	zum Dachdecken genutztes getrocknetes Schilf
Reetdachkate	ein mit Reet eingedecktes Haus
Regenwedder	Regenwetter
Rundstückn	(Rundstück) Brötchen
schnacken	reden, unterhalten
Schüün	Scheune
Slachter	Schlachter
Sommerdach	Sommertag
Sprütenhuus	Spritzenhaus

de Sünn schient	die Sonne scheint
sutsche	schön langsam
Stuten	Weiß- oder Rosinenbrot
dat is noch lang	(das ist noch lange kein Scheiß)
keen Schiet	das ist gut, so muss es sein
Schietbüdel	(Scheißbeutel) sagt man als Kosewort zu Kindern

Na, mal einen zarten Versuch wagen? Probieren Sie es doch einmal mit folgendem Gruß:

Moin moin, wo geid? – Morgen (oder auch „Hallo" bzw. „Tag"), wie geht's?

Die Antwort wird plattdeutsch-trocken ausfallen: Mut jo! – Muss ja!

Damit ist alles gesagt, jetzt wäre das Wetter als Thema dran, und damit kommen wir zur **Übersetzung** unseres kleinen Exkurses vom Beginn:

Es soll aber Menschen geben, die das Sturmwetter besonders gerne mögen. Sie fahren im Herbst an die See und freuen sich, wenn es so richtig stürmt und ihnen der steife Wind um die Ohren haut. „Schlechtes Wetter gibt es nicht", sagen sie, „aber falsche Kleidung." Wenn dann noch ein paar nördliche Grogs mit wenig Wasser hinter die Binde gekippt werden, kann es nicht mehr schöner sein.

☑ Fehmarner Flagge

feh13-064 hjf

Reden auf Platt

Wenn sie dann aber mal reden, dann geht's vielfach noch „op Platt". Plattdeutsch ist **auf Fehmarn wie überall an der Küste verbreitet,** keine Frage, viel mehr in den Dörfern als in der einzigen Stadt Burg. In den **Dörfern** wächst die Jugend sozusagen zweisprachig auf.

Verstehen Sie Platt?

Platt ist eigentlich keine schwere Sprache, sie drückt viele Sachverhalte **knapp und bündig** aus und klingt **gemütlich,** selbst derbe Beleidigungen werden auf Platt abgefedert. Wer zum ersten Mal nach Fehmarn kommt und zwei Fischer Platt schnacken hört, wird dennoch wohl kaum etwas verstehen. **„Moin, moin"** ist ein Allerweltsgruß, je weiter man nach Norden kommt, desto verbreiteter ist er als Guten-Tag-Ersatz. Zuerst stutzt man sicherlich, wenn kurz vor der Tagesschau jemand mit *Moin* grüßt, aber der Gruß geht nicht auf das Wort *Morgen* zurück, sondern auf *moi,* gut. Man wünscht sich also schlicht einen „Guten".

Die holsteinische **Gelassenheit** drückt sich gern mit „Immer sutsche" aus – schön ruhig, **keine Panik,** nicht herumstressen. Wenn man das als Besucher übernimmt, ist man schon ganz nah bei der Stimmungslage der Einheimischen.

Schimpfwörter auf Platt

Holsteiner sind ruhige Genossen; wenn sie sich was zu **sagen** haben, dann meist ohne Schnörkel, eben **direkt ins Ge-**

sicht. Auf Platt klingt das aber halb so schlimm, ein „Schietbüdel" wird nie übersetzbar sein, denn dann würde aus dem plattdeutschen Kosewort eine veritable hochdeutsche Beleidigung, nämlich „Scheißbeutel" – brrr, wie das klingt!

Hierzu passt eine **Anekdote:** 1994 beriet die Bürgerschaft in Hamburg über einen Antrag auf Aufnahme des Plattdeutschen in die Europäische Charta für Minderheitssprachen, natürlich *op Platt.* Selten wurde bei einer Politikerdebatte so gelacht wie an diesem Abend, schenkelklopfend brüllten die Abgeordneten über Beiträge wie: „De Hamborger Senoot un sien Beamten sitt dor mit 'n breden Mors und kiekt nur to" (der Hamburger Senat und seine Beamten sitzen auf ihrem breiten Arsch und gucken nur zu). Das war selbst auf Platt nicht mehr fein genug, und unter Feixen und Gelächter ermahnte der Sitzungspräsident den Sprecher zur Ordnung: „Mors, dat geiht nich!" (Arsch, das geht nicht). Darauf der Sprecher: „Denn seg ik Achtersteven" (Dann sag ich Hinterteil). Natürlich wurde der Antrag angenommen, einstimmig.

Platt am Tresen

Wer in eine kleine Dorfkneipe kommt, hat manchmal nicht viel Auswahl an Sitzmöglichkeiten. Vielleicht sind alle Tische besetzt, vielleicht ist gerade noch ein Eckchen am Tresen frei. Egal wo man sich niederlässt, eine **holsteinisch-kurze Begrüßung** muss sein: Dazu dreimal kurz auf den Tisch klopfen und einfach sagen „Ik mok mol so" (Ich mach mal so), das kürzt das Begrüßen ab, man muss nicht jedem einzeln die Hand geben, nicht lange „sabbeln" – und man ist sofort als Kenner ausgewiesen.

Zwei Sätze sind noch **wichtig für das Überleben am Tresen:** „Gif mi noch'n Lütt un Lütt" (Gib mir noch ein Kleines und einen Kurzen), gemeint sind ein kleines Bier und ein Schnaps. Der andere Satz lautet: „Gif mi noch een ut de Buddel" – Gib mir noch einen aus der (Schnaps-)Flasche. Und wer eine **Runde Schnaps** ausgibt, der muss diesen „freigeben", also zum Trinken auffordern. Dazu genügt eigentlich „Prost", aber plattdeutscher wäre „Nich lang schnacken – Kopf in' Nacken". Übersetzung überflüssig, oder? Soll es noch „norddeutscher" sein? Bitte sehr: „k.v.!", das heißt „kannst vernichten".

Platt zum Lesen

Wer sich schon mal einstimmen will, kann es ja mit **Asterix** versuchen. Ein Abenteuer des streitbaren Galliers gibt es jetzt *op Platt,* der Titel: „De Törn för nix", Original: „Die Odyssee". Kleine Kostprobe: „Wi schrievt dat Johr 50 v. Chr. Heel Gallien is in Römsche Hand." Das kommt einem bekannt vor, nicht wahr?

Und dann sind da noch die **Werner-Bücher.** Die Anarcho-Abenteuer der Motorrad fahrenden Langnase sind bis ins tiefste Bayern vorgedrungen. Werner, die unschlagbare Comicfigur, treibt seine Scherze mit der Polizei, seinen Saufkumpels und mit Meister Schurich, seinem alten Lehrherren. Der ist übrigens der einzige, der richtig Platt schnackt, bitte nicht Werners Jargon als Plattdeutsch auffassen, auch wenn *Tass Kaff* und *Flasch Flens* mittlerweile Umgangs-

sprache sind, zumindest im Land zwischen den Deichen.

„**Plattdüütsch – das echte Norddeutsch":** Der Autor veröffentlichte in Zusammenarbeit mit seinem Vater diesen Band der Reihe Kauderwelsch im REISE KNOW-HOW Verlag.

Geschichte

3000 v. Chr.

Erste Spuren einer **Besiedlung** hat es schon um 3000 v. Chr. gegeben, verschiedene Chronisten sprechen von einer „dichten Besiedelung". Darauf deuten Megalithgräber hin, von denen aber nur wenige die Jahrtausende überdauert haben, beispielsweise bei Katharinenhof.

2000 v. Chr.

Etwa um 2000 v. Chr., nach dem Abschmelzen der Eismassen nach der letzten Eiszeit, hob sich das Land. Fehmarn wurde durch den entstehenden Fehmarnsund eine **Insel.**

8. Jahrhundert

Das Fenster zur Geschichte wird nachweislich aufgestoßen, slawische **Wagrier** besiedelten Ostholstein, davon zeugen Reste von Burgen und Wällen, so im ostholsteinischen Oldenburg. Noch heute wird die Gegend nach den slawischen Bewohnern benannt: Wagrien. Auf Fehmarn ließen sich auch einige Wagrier

Die Hanse – Europas erste Wirtschaftsgemeinschaft

„Europe's first Common Market", so charakterisierte die Zeitschrift „National Geographic" die Hanse. Das ist nicht einmal übertrieben, gleichwohl bleibt fasziniertes Erstaunen, schaut man auf die Hintergründe. Immerhin war die Hanse nur ein loser Städteverbund, ohne gemeinsame Verwaltung, Kasse und militärische Macht im Hintergrund. Wie konnte sie also zur Wirtschaftsmacht aufsteigen?

Im 12. Jh. wurden im Ostseeraum **verschiedene Städte** gegründet, zunächst Lübeck, später Rostock, Danzig, Reval und weitere. Schnell blühte der Handel zwischen diesen Orten. Die Kaufleute schlossen sich zusammen, fuhren gemeinsam von einem Ort zum nächsten, kauften fremde Waren ein und transportierten sie nach Hause. Sie bildeten eine „Schar" oder „Gemeinschaft", eine „Hanse" eben.

Damals war die **schwedische Insel Gotland** Hauptumschlagplatz für russische Waren, also mussten alle Kaufleute nach Visby, dem Hauptort, fahren und dort Waren einkaufen. Schnell kam der Gedanke, gleich ein Büro, ein Kontor, wie es damals hieß, vor Ort in Gotland einzurichten, um ständig präsent zu sein. So konnte man Ware zu jeder Zeit aufkaufen und per Schiff nach Lübeck transportieren.

Da das so gut funktionierte, wurden **weitere Kontore** in Schweden, in Nowgorod, später in Brügge und London errichtet, die Hanse in ihrer neuen Funktion war geboren. Bald saßen Leute der Hanse in allen wichtigen Handelsplätzen. Die „Hanseaten" machten sich breit, verdrängten alteingesessene Kaufleute und trotzten den Regenten **Sonderrechte** ab: Sicherheit für die Kaufleute und ihre Waren und vor allem ermäßigte Zölle. Gehandelt wurde mit den jeweiligen Hauptprodukten der einzelnen Länder: Pelze aus Russland, Kupfer und Eisen aus Schweden, Heringe aus Dänemark, Stockfisch aus Norwegen, Stoffe und Tuche aus Flandern und England, Wein und Salz aus Südfrankreich.

Transportiert wurde dies alles mit speziellen Schiffen, den **Hansekoggen.** Das waren kleine, bauchige Schiffe von knapp 20 Metern Länge; zeitweise sollen an die 1000 Koggen die Ostsee durchpflügt haben. Eine Nachbildung liegt noch im Museumshafen in Kiel. Heutige Experten beurteilen diese Schiffe übrigens ziemlich kritisch. So zitierte der „Spiegel" einen Kieler Bootsbaumeister, der über eine vier Jahre getestete Nachbildung sagte: „Es waren lecke Kisten mit haarsträubenden Konstruktionsmängeln." Gleichwohl beherrschte die Hanse mit ihren Koggen die Ostsee und Teile der Nordsee. Eine fahrplanmäßige Handelsroute lag bereits im 13. Jh. fest: Nowgorod – Reval – Visby – Lübeck – Hamburg – Brügge – London und zurück.

Jahrzehntelang hielt dieser lose Bund, Probleme und Bündnisse wurden auf einem **„Hansetag"** beratschlagt. Dennoch erwies sich der lose Zusammenhang schließlich als Schwäche. Die Städte wurden politisch stärker, kontrollierten die Hansekontore genauer und beschnitten sogar die Privilegien der Hanseaten. Die eigenen Kaufleute gewannen langsam wieder Oberwasser. Letztlich fehlte auch ein politisches und militärisches Druckmittel, und somit begann der Niedergang. Hinzu kam das Aufstreben süddeutscher Kaufleute, die massiv in den Handel eingriffen, hier sei nur der bekannteste Name, die Familie *Fugger,* erwähnt. Der lose Bund zerbröselte langsam.

1669 fand in Lübeck der **letzte Hansetag** statt, nur noch neun Städte nahmen teil. Ohne besondere Beschlüsse ging man auseinander, die Hanse war erledigt. Drei Städte versuchten noch eine Fortsetzung, Lübeck, Hamburg und Bremen, das klappte aber auch nicht sonderlich gut.

In der Gegenwart ist nicht mehr viel von der Hanse geblieben. Im Autokennzeichen der drei Städte Lübeck, Hamburg und Bremen findet man heute als schmückenden Zusatz jeweils den Buchstaben „H" für „Hansestadt". Nach dem Fall der Mauer kamen weitere Städte hinzu: z.B. steht HRO heute für Hansestadt Rostock. Und die Rostocker gingen noch einen Schritt weiter: Der Fußballclub der Stadt erinnert an alte Zeiten im Namen und Wappen, denn die Spieler von Hansa (!) Rostock tragen eine Hanse-Kogge als Vereinssymbol auf dem Trikot.

◁ Frühform der Kogge um 1250

▽ Kogge aus dem 15. Jh.

nieder, nannten die Insel „Vemorje", etwa: „im Meer". Ein anderer überlieferter Name ist „Fembre".

11. Jahrhundert

Ein **erstes schriftliches Zeugnis** über Fembre stammt von 1076. *Adam von Bremen* beschrieb in seiner Kirchenchronik die Insel als „von Seeräubern und blutigen Banditen" bewohnt.

12. bis 13. Jahrhundert

Die **Christianisierung** erreichte Ostholstein. Auf Fehmarn wurden vier Kirchen errichtet (in Burg, Landkirchen, Petersdorf, Bannesdorf – sie stehen heute noch). Der Ort Burg trug den Namen „to der Borch uppe Vermeren" und unterstand lübischem Recht. Die restliche Insel wurde vom dänischen König regiert, sein Statthalter residierte auf der Burg Glambeck (beim heutigen Südstrand).

15. Jahrhundert

1420 verwüstete **Dänenkönig** *Erich der Pommer* die Insel derart, dass nur drei Fehmarner überlebt haben sollen. Sie trugen der Legende nach die Namen *Rauert, Witte* und *Mackeprang,* die heute noch als Familiennamen existieren.

Fehmarn erholte sich nur langsam. Der dänischen Krone ging es so schlecht, dass die Insel bis 1490 **an die Stadt Lübeck verpfändet** wurde. Die Lübecker befreiten die Insulaner von Steuern und ließen sie beim Neuaufbau gewähren.

Seefahrt und Handel hatten einen bescheidenen Wohlstand beschert, als Piraten auftauchten, die sich „Vitalienbrüder" nannten. Sie hausten ein paar Jahre auf der Burg Glambeck und verschwanden dann von der Bildfläche. Die Vitalienbrüder errangen eine gewisse Berühmtheit durch ihren Anführer *Klaus Störtebeker.*

17. Jahrhundert

Der **Dreißigjährige Krieg** hatte sogar auf Fehmarn Auswirkungen, kaiserliche Truppen zerstörten 1627 die Burg Glambeck.

☑ Megalithgrab bei Gold

1644 versuchten die **Schweden,** die Insel einzunehmen, Fehmarner und Dänen organisierten die Verteidigung. Zwar eroberten die Schweden tatsächlich die Insel, aber nur kurze Zeit später kam Verstärkung für die Dänen. Dänenkönig *Christian IV.* persönlich griff in die Schlacht ein, brachte seine Kriegsflotte in Stellung und vertrieb die Schweden. Etwa 75 Fehmarner starben dabei.

feh13-062.hjf

Hohe Steuern und die Folgen des Dreißigjährigen Krieges trugen wieder zur **Verarmung** bei. Das änderte sich erst im nächsten Jahrhundert.

18. Jahrhundert

In Frieden konnten die Bauern frei wirtschaften, wodurch ein erneuter **Wohlstand** entstand. Wichtig war dabei, dass der Adel auf Fehmarn keinen Einfluss hatte. Die Bauern blieben frei und mehrten den Inhalt der Geldtruhen. „Vollbukstid" (Vollbauchzeit) wird diese Periode später genannt.

19. Jahrhundert

Lange Zeit blieb es ruhig, sodass die Fehmarner größere Projekte in Angriff nahmen. 1857 wurde der **Hafen Burg** erbaut, 1871 die **Fehmarn-Linie** eingeweiht. Genau um die Jahrhundertwende zählte die Insel schon zehn Fernsprechteilnehmer.

In Schleswig-Holstein kämpften Dänen und Preußen um das ganze nördliche Gebiet. 1864 wurde Schleswig-Holstein **Preußen** zugeschlagen und gehörte ab 1871 zum **Deutschen Reich.** Fehmarn wurde weiter von freien Bauern bewohnt und galt als die Kornkammer des Landes.

20. Jahrhundert

1945: Nach **Ende des Zweiten Weltkrieges** versuchten die Sowjets, die Insel ihrer Zone zuzuschlagen, ein britischer Unterhändler verhinderte dies nach zä-

Feste Beltquerung

Ein **Großprojekt** soll auf Fehmarn verwirklicht werden und sorgt für viel Unruhe, eine 19 km lange feste Querung über den Belt zum dänischen Nachbarn. Zunächst war eine Straßen- und Eisenbahnbrücke geplant, nun wird ein **Absenktunnel** favorisiert.

Während auf dänischer Seite dieses Projekt sehr positiv gesehen wird und die Dänen sogar bereit sind, die **5,5 Milliarden Euro** Baukosten fast alleine zu tragen (30 % übernimmt die EU),

herrscht auf Fehmarns Seite große Skepsis. Fehmarn wurde 1963 mit der **Fehmarnsundbrücke** an das deutsche Festland angeschlossen, die Verbindung nach Dänemark besorgen seitdem **Fährschiffe,** die alle halbe Stunde ablegen und 45 Minuten für die Überfahrt benötigen. Dies klappte bislang reibungslos, aber seitdem in Skandinavien mehrere große Brückenprojekte erfolgreich durchgeführt wurden, um weit entfernt liegende Inseln zu verbinden, ändert sich in den Nachbarländern die Meinung.

So wurden die beiden Großstädte Kopenhagen (Dänemark) und Malmö (Schweden) durch die gigantische Öresundbrücke verbunden. Und auch die Tunnel- und Brückenverbindung zwischen den dänischen Inseln Seeland (mit Kopenhagen) und Fünen waren richtungsweisend. Der Bahn-Güterverkehr rollt jetzt hauptsächlich über diese Verbindung nach Deutschland, Personenzüge fahren noch immer über Fehmarn (mit der Fähre), wenngleich es auch einige Züge gibt, die über Fünen nach Hamburg fahren.

Die Strecke über Fehmarn ist etwa 160 km kürzer, durch die Fähre aber zeitintensiver. Das soll die Brücke, oder ein Tunnel, nun ändern. Speziell die skandinavische Wirtschaft im Großraum Kopenhagen und in Südschweden hat Interesse an einer schnelleren Verbindung. Bislang wird der Lkw-Verkehr zwar auch teilweise über Fehmarn abgewickelt, aber sehr viel fließt über Fähren, beispielsweise über die Lkw-Fähre zwischen Malmö und Lübeck-Travemünde.

◁ Auf Fehmarn umstritten, von Dänemark unterstützt

Die Landesregierung von Schleswig-Holstein gab ein grundsätzliches Okay, zumal die Dänen die Verbindung finanzieren wollten, dafür aber auch die Maut kassieren möchten. Gegen die zuerst geplante Brücke gab es starke Vorbehalte, u.a. weil der **Vogelzug** stark gefährdet werden würde. Außerdem bestünde immer die Gefahr, dass die Brücke bei Herbststürmen gesperrt werden müsse, wie es schon jetzt nicht so selten auf der Fehmarnsundbrücke passiert.

Seit 2010 wird nun ein Tunnel geplant. Auf deutscher Seite gibt es aber immer noch starke Vorbehalte, so befürchtet man große **Nachteile für Fehmarns Tourismussektor** während der Bauphase. Auch würde der Tunnel gravierende Nachteile für die Fähren und deren Belegschaft bedeuten. Dies ist aber umstritten, denn selbst zwischen Malmö und Kopenhagen pendeln noch immer Fähren.

Probleme stellt auch die **Hinterlandanbindung** dar. Die Autobahn verläuft nur bis Oldenburg, die letzten 25 km bis Fehmarn gehen heute nur über eine einspurige Bundesstraße, die ausgebaut werden müsste.

Größer sind die Probleme bei der Schiene. Momentan verläuft eine **Bahnverbindung** von Lübeck nach Fehmarn sehr nahe an mehreren Ostseeferienorten vorbei, stellenweise nur eingleisig. Die Strecke müsste zweigleisig ausgebaut und vor allem auch elektrifiziert werden, was wiederum zu Protesten in diesen Ferienorten führen würde. Nun sind in diesem Bereich völlig neue Trassen im Gespräch.

Wenn alles einmal fertig ist, soll sich die Fahrtzeit eines Autos für die Strecke von **Hamburg nach Kopenhagen** von 4 auf 3 Stunden verringern. Die Fahrtzeit der Züge soll sich dann, je nach Geschwindigkeit, um 100 Minuten auf 3 Stunden (bei Tempo 160 km/h) und auf knapp 2 Stunden (bei Tempo 200 km/h) verkürzen.

hem Widerstand. Jahre später dankten es die Fehmarner dem Lord *Strang of Stonesfield* mit einem Zinnteller.

Neuer Aufschwung – **die Fehmarnsundbrücke** wurde 1963 eröffnet, seitdem ist die Insel keine „richtige" Insel mehr. Die Touristenzahlen steigen.

1974: Burg wird **Ostseeheilbad.**

Seit dem Mauerfall 1989 ist Fehmarn nicht mehr einzige bundesdeutsche Ostseeinsel. Was Kriege, Eroberer und Piraten nicht schafften, das erledigte bei der Tagesschau ein Grafiker: Nach der **Vereinigung der beiden deutschen Staaten** musste eine neue Wetterkarte gezeichnet werden, dabei „vergaß" man doch glatt die Insel Fehmarn! Nach heftigsten Protesten tauchte sie wieder auf.

21. Jahrhundert

2003: Burg und die drei Gemeinden sowie die 40 Dörfer schließen sich in einer Gebietsreform zur **Stadt Fehmarn** zusammen.

2009: Lange wurde diskutiert, doch nun ist ihr Bau beschlossene Sache: Eine **feste Straßen- und Bahnverbindung** zum dänischen Nachbarn soll entstehen.

2010: Im Januar kommt es zu einer **Schneekatastrophe** mit bis zu drei Meter hohen Schneeverwehungen, was zu einem totalen Stromausfall auf der Insel führt. Nach wenigen Tagen aber haben die Fehmarner die Lage im Griff.

Im Laufe des Jahres schwenken die Planer der **festen Beltquerung** um und nehmen Abstand von der Idee einer Brücke. Jetzt wird ein **Absenktunnel** favorisiert (siehe Exkurs).

8 Anhang

◁ Großzügige Spielwiese in Westermarkelsdorf

Literatur

■ *Almstädt, Eva:* **Ostseefluch.** Eine Leiche liegt im Garten eines etwas abseitigen Hauses, und sogleich wispern die Einheimischen was von einem alten Fluch, der auf dem Haus laste. Pia Korittki, toughe Ermittlerin aus Lübeck, wühlt sich durch das Gestrüpp von Fakten, Aberglauben und familiärem Zwist und muss sich am Ende doch mit eben diesem Fluch beschäftigen. Bastei Lübbe.

■ *Clausen, Anke:* **Ostseegrab.** Sophie Sturm, erfolgreiche Klatschreporterin aus Hamburg, gönnt sich eine Auszeit auf Fehmarn, wo ihre ehemals beste Freundin mit Familie lebt. Kurz nach Sophies Ankunft findet sie eine tote Surferin am Strand. Die Polizei, in Gestalt des Ehemanns ihrer Freundin, glaubt an einen Unfall, Sophie nicht. Deshalb beginnt sie auf eigene Faust zu schnüffeln und begibt sich in tödliche Gefahr. Flott geschrieben, sind die Figuren in Klischees gepackt, die hier aber ganz gut zur Geschichte passen. Nette Strandkorblektüre. Gmeiner-Verlag 2007.

■ *Fründt, Hans-Jürgen:* **Ostseeküste Schleswig-Holstein.** Reiseführer über die gesamte schleswig-holsteinische Ostseeküste von der Lübecker Bucht bis zur Flensburger Förde. REISE KNOW-HOW Verlag, Bielefeld.

■ *Fründt, Hermann u. Hans-Jürgen:* **Plattdüütsch – das echte Norddeutsch.** Vom Autor des vorliegenden Bandes, gemeinsam mit seinem Vater geschrieben. Reihe Kauderwelsch, REISE KNOW-HOW Verlag, Bielefeld.

■ *Haman, Piet u. Tiedemann, Axel:* **Wir hier im Norden.** Piet Haman, genialer Cartoonist, und Arne Tiedemann, Meister der spitzen Worte, haben ein „Handbuch für Norddeutschversteher" zusammengestellt. Sie gewähren Einblicke in die kleinen und großen Geheimnisse der Nordlichter, verraten beispielsweise was „Fofftein" bedeutet, und charakterisieren liebevoll die Menschen nördlich vom Weißwurstäquator mit ihren Macken und Eigenarten. Eine wunderbare Strandkorblektüre! Und, ach ja.

„Fofftein" bedeutet „Pause machen", ist Plattdeutsch und heißt eigentlich „Fünfzehn", meint also eine kurze Pause von 15 Minuten.

■ *Holfelder, Moritz:* **Das Buch vom Strandkorb.** Unterhaltsames und Informatives zum „eigentümlich bergenden Sitzgehäuse" (Thomas Mann), ein vergnüglicher Lesespaß. Husum Verlagsgesellschaft, Husum 1998.

■ *Hubrich-Messow, Gundula:* **Sagen und Märchen von der Insel Fehmarn.** Auf Inseln lebt der Aberglaube oftmals ein bisschen heftiger, kein Wunder, dass die Autorin 81 Sagen und Märchen zusammentragen konnte. Sowohl mythische als auch historisch belegte Gestalten werden vorgestellt. Eine schöne Sammlung, die auch geschichtliche Einblicke gewährt. Husum Verlagsgesellschaft, Husum 1998.

■ *Landeck, Horst-Dieter:* **Wandern auf Fehmarn.** Zehn Wanderrouten „mit Ostseeblick" (das verspricht der Autor und hält das Versprechen auch) mit Zeitangaben. Boyens Verlag, Heide 2002.

■ *Petersen, Dietrich:* **Strandraub.** Ein Mord geschieht auf Fehmarn. Der Kommissar, Jaguarfahrer und Windhundbesitzer, richtet sich auf einem Campingplatz ein, um den Fall zu lösen. So erhält der Leser – und auch der Kommissar – einen tiefen Einblick in das Camperleben und auch in die unterschiedlichen Menschen, die auf Fehmarn ihren Interessen nachgehen. Da wäre der Investor, der ein gigantisches Bauprojekt hochziehen will. Da wären Lokalpolitiker, die in dessen Windschatten glänzen wollen, und da wären die aktiven Gegner des Projekts. Wo lässt sich der Täter finden? Und dann kommt dem Kommissar auch noch die Liebe in die Quere. Leda Verlag.

Anhang

feh13-066 hjf

Langfristige Sommerferienregelung

Bundesland	2013	2014	2015
Baden-Württemberg	29.07.–10.09.	28.07.–10.09.	26.07.–08.09.
Bayern	02.08.–13.09.	30.07.–12.09.	01.08.–12.09.
Berlin	08.07.–21.08.	30.06.–12.08.	20.06.–03.08.
Brandenburg	08.07.–21.08.	30.06.–13.08.	21.06.–03.08.
Bremen	24.06.–04.08.	07.07.–17.08.	23.07.–31.08.
Hamburg	08.07.–18.08.	30.06.–10.08.	24.06.–01.08.
Hessen	05.07.–14.08.	27.06.–05.08.	02.07.–10.08.
Meckl.-Vorpommern	12.07.–21.08.	04.07.–13.08.	23.06.–04.08.
Niedersachsen	24.06.–04.08.	07.07.–17.08.	23.07.–31.08.
Nordrh.-Westfalen	15.07.–27.08.	25.07.–06.09.	09.07.–21.08.
Rheinland-Pfalz	05.07.–13.08.	27.06.–05.08.	02.07.–10.08.
Saarland	05.07.–14.08.	24.06.–05.08.	02.07.–14.08.
Sachsen	28.06.–06.08.	11.07.–19.08.	23.07.–31.08.
Sachsen-Anhalt	24.06.–04.08.	11.07.–24.08.	23.07.–05.09.
Schleswig-Holstein	12.07.–21.08.	04.07.–13.08.	25.06.–04.08.
Thüringen	24.06.–04.08.	11.07.–19.08.	23.07.–31.08.

8

REISE KNOW-HOW
das komplette Programm
fürs Reisen und Entdecken

**Weit über 1000 Reiseführer, Landkarten, Sprachführer und Audio-CDs
liefern unverzichtbare Reiseinformationen und faszinierende Urlaubsideen
für die ganze Welt – *professionell, aktuell und unabhängig***

Reiseführer: komplette praktische Reisehandbücher für fast alle touristisch interessanten Länder und Gebiete **CityGuides:** umfassende, informative Führer durch die schönsten Metropolen **CityTrip:** kompakte Stadtführer für den individuellen Kurztrip **world mapping project:** moderne, aktuelle Landkarten für die ganze Welt **Edition REISE KNOW-HOW:** außergewöhnliche Geschichten, Reportagen und Abenteuerberichte **Kauderwelsch:** die umfangreichste Sprachführerreihe der Welt zum stressfreien Lernen selbst exotischster Sprachen **Kauderwelsch digital:** die Sprachführer als eBook mit Sprachausgabe **KulturSchock:** fundierte Kulturführer geben Orientierungshilfen im fremden Alltag **PANORAMA:** erstklassige Bildbände über spannende Regionen und fremde Kulturen **PRAXIS:** kompakte Ratgeber zu Sachfragen rund ums Thema Reisen **Rad & Bike:** praktische Infos für Radurlauber und packende Berichte außergewöhnlicher Touren **sound)))trip:** Musik-CDs mit aktueller Musik eines Landes oder einer Region **Wanderführer:** umfassende Begleiter durch die schönsten europäischen Wanderregionen **Wohnmobil-TourGuides:** die speziellen Bordbücher für Wohnmobilisten mit allen wichtigen Infos für unterwegs